本专著系 2023 年度浙江省哲学社会科学规划课题“共同富裕视域下民营企业社会责任测度评价体系和实现机制研究”(23NDJC335YB)的研究成果

共同富裕视域下家族企业社会责任研究

苏赛尔　王人扬　朱　菲　著

中国财经出版传媒集团
中国财政经济出版社

图书在版编目（CIP）数据

共同富裕视域下家族企业社会责任研究／苏赛尔，王人扬，朱菲著. --北京：中国财政经济出版社，2022.11

ISBN 978 -7 -5223 -1502 -7

Ⅰ.①共… Ⅱ.①苏… ②王… ③朱… Ⅲ.①家庭企业-企业责任-社会责任-研究-中国 Ⅳ.①F279.245

中国版本图书馆 CIP 数据核字（2022）第 103335 号

责任编辑：彭　波　　　　责任印制：史大鹏
封面设计：孙俪铭　　　　责任校对：胡永立

中国财政经济出版社 出版
URL：http：//www.cfeph.cn
E-mail：cfeph@cfeph.cn

社址：北京市海淀区阜成路甲 28 号　邮政编码：100142
营销中心电话：010 -88191522
天猫网店：中国财政经济出版社旗舰店
网址：https：//zgczjjcbs.tmall.com
北京财经印刷厂印刷　各地新华书店经销
成品尺寸：170mm×240mm　16 开　15.5 印张　238 000 字
2022 年 11 月第 1 版　2022 年 11 月北京第 1 次印刷
定价：68.00 元
ISBN 978 -7 -5223 -1502 -7
（图书出现印装问题，本社负责调换，电话：010 -88190548）
本社质量投诉电话：010 -88190744
打击盗版举报热线：010 -88191661　QQ：2242791300

前　言

党的十八大以来，中国共产党对共同富裕的认识达到了新的高度。党的十九届五中全会提出“十四五”期间要“扎实推动共同富裕”。习近平总书记指出，共同富裕是马克思主义的一个基本目标，也是自古以来我国人民的一个基本理想；是社会主义的本质要求，是我们党的重要使命。共同富裕是我们百年大党继续奋斗的根本动力和重大历史使命，是中华民族几千年孜孜以求的美好梦想，是人类文明发展史上新的壮举。习近平总书记在2021年10月发表了《扎实推动共同富裕》的重要文章，强调“共同富裕是社会主义的本质要求，是中国式现代化的重要特征，要坚持以人民为中心的发展思想，在高质量发展中促进共同富裕”。

民营企业是社会主义市场经济的重要组成部分，是促进共同富裕的重要主体之一。民营企业具备激发经济活力、创造财富、促进经济增长、做大蛋糕的作用。1978～2020年，中国GDP增长了39倍，民营经济贡献了50%以上的税收，60%以上的国内生产总值，70%以上的技术创新成果，80%以上的城镇劳动就业，以及90%以上的企业数量。截至2020年底，我国民营企业已经达到4000多万家，在各行各业都发挥了重要的作用。而据不完全统计，其中85%的民营企业都是家族企业。家族企业作为世界上最常见的企业组织形式，在世界经济中发挥着重要作用。在世界各国，无论是发达国家还是发展中国家，家族企业都在不断成长和发展。

共同富裕背景下，全社会对于民营企业社会责任提出了更高的要求。在新的发展阶段，世界正在经历百年未有之大变局，国内外政治、经济等环境进一步剧烈变化，百年来最严重的传染病大流行、全球产业链供应链重塑的加速、联合国2030年可持续发展目标的落实、中国对实现碳达峰与碳中和这场广泛而深刻的经济社会系统性变革的推进，以上皆促使企业社会责任在新发展阶段呈现新内涵、新变化和新演进。民营企业要立足于共同富裕战略，淡化利己的工具性，强化利他的功能性，转变商业逻辑，重新识别利益相关者，真正兼顾社会效率与公平，实现企业经营与社会发展的共生共益。

随着国内经济文化的飞速发展，企业社会责任（Corporate Social Responsibility，CSR）在近10年来广受社会各界关注，相关理论与实践的探索也在不断扩展延伸。然而，频频发生的企业社会责任危机事件，如“毒奶粉事件”“员工跳楼事件”“PX项目事件”“新能源汽车行业性骗补”等，都从一个侧面说明企业对于其所应承担的社会责任还存在不足，政府、各行业和有识之士均在强烈呼吁企业应积极承担相应的社会责任。同时，随着信息社会的发展和民众期望水平的提高，企业及其生产带来的生态环境、财富分配、隐私和健康、可持续发展等社会问题受到人们的普遍关注。此外，随着企业在“全球化”生产供应链中的嵌入，国际市场和合作企业也对国内企业的社会责任履行提出了更高要求。

企业社会责任概念自产生以来，已经被社会各界广泛接受。但仍有一部分研究者认为，企业承担社会责任违背了古典经济学理论的自由主义思想，会损害企业的利益，管理者没有权力将所有者的钱花费在无利可图的目标上（Levitt，1958；Manne，1962）。因此，企业社会责任与财务绩效之间的关系成了支持者与反对者争论的焦点，目前的观点主要包括正相关性、负相关性、无相关性和非线性关系等几种（李国平等，2014）。Ruf et al.（1998）从理论和方法两方面总结了目前研究结论不一致的五个具体原因：缺乏统一的理论基础、缺乏全面和系统的企业社会责任评价指标、缺乏严密的研究方法、样本选择差异较大、对财务绩效变量的度量标准不统一。李国平等（2014）也对可能涉及的原因进行了归纳总结，即企业社会责任的定义不同、具体内容不同、衡量标准不同、实证研究中的计量技术存在缺陷等。

在我国，环境保护、食品安全、劳工权益和慈善捐赠等企业社会责任问题已经引起消费者和社会公众的广泛关注，沪深证券交易所发布政策性文件指引上市公司披露社会责任报告。中国商务部《WTO 经济导刊》杂志社所主办的企业社会责任中国网（CSR - China）和润灵环球等第三方评级机构成为重要的企业社会责任信息发布平台，国内外学者也对企业社会责任进行了深入研究。股东至上理论认为，企业应该追求经济利益最大化，承担社会责任是一种额外的经济负担，然而 Carrol（1979）创造性地提出社会责任的概念和内涵，认为企业承担社会责任对经济指标会产生积极的作用（McWilliams & Siegel, 2000）。Freeman（2010）提出了利益相关者理论，认为企业应该对政府、消费者、环境和社会公众等承担相应的责任。随后，Porter 和 Kramer（2006）从企业战略视角分析发现企业社会责任有助于企业保持竞争优势。企业承担社会责任逐渐得到社会公众支持。资源基础理论认为，良好的企业社会责任形象能够为企业带来收益，同时也是一种无形资源（Russo & Fouts, 1997）。现有研究更多关注 CSR 行为对企业绩效指标产生的影响，如企业社会责任与财务绩效、企业成长、竞争优势和企业价值的关系。

根据普华永道的《2021 年全球家族企业调查》显示，在改革开放经济政策的不断支持下，家族企业蓬勃发展，参与推动了国家技术创新的发展，创造了大量就业机会。近年来，慈善捐赠在中国大陆的家族企业中变得越来越普遍。根据中国慈善研究院的数据，截至 2018 年底，全国共有 268 家家族基金会，占全国基金会总数的 4%。尽管数量不多，但从 2005 ~ 2017 年，家族基金会的捐款从 873 万元呈指数增长到 37 亿元。这些捐款主要用于扶贫、基础教育（希望工程）和大学。在新冠肺炎疫情期间，中国企业迅速采购和分发个人防护装备，支持医院和医务人员，组织志愿者，并协助宣传和公众教育工作。最成功的家族企业是追求企业的可持续发展，而不是只关注短期利润，追求与利益相关者保持长期关系。新冠肺炎疫情发生后，家族企业自身的ESG管理动力进一步增强。公共卫生危机表明，低概率、高影响的事件可以以超乎寻常的速度扰乱企业运营。不为利益相关者和社会做出贡献的家族企业将落后于竞争对手，甚至会受到批评和歧视，进而给企业公众形象、品牌声誉等带来负面影响。

因此，家族企业履行社会责任的理念意识、路径方法、测度评价和成效，决定了中国企业社会责任的质量和水平。企业社会责任作为一种契合于政府创造公共社会价值目标的实践行为，企业通过履行社会责任能够创造基于利益相关方的市场合法性与社会合法性。企业社会责任的有效履行已成为影响我国企业、社会和环境健康可持续发展的重要因素。而研究共同富裕视域下家族企业社会责任的履行，将促进家族企业精准、高效地履行企业社会责任，并为浙江乃至全国推进高质量、高起点建设共同富裕提供强有力的智力支持。

全书一共六个章节：第一章从共同富裕的重大意义、共同富裕的主要特征以及共同富裕的实践路径三方面论述共同富裕的科学内涵。第二章梳理了企业社会责任相关的理论基础，主要包括利益相关者理论、科学发展观、可持续发展理论、社会契约理论、企业影响力理论。第三章论述了共同富裕视域下家族企业社会责任的发展现状，包括家族企业的发展现状，共同富裕视域下家族企业社会责任发展现状，以及共同富裕视域下企业社会责任的新战略、新战术和新制度。并且，本章部分内容选取浙江宁波家族企业作为典型案例，阐述家族企业履行企业社会责任的现状。第四章提出共同富裕视域下家族企业社会责任的测度评价模型，从共同富裕战略目标的重要指标，到企业社会责任的一般测量方法，再到综合性地构建共同富裕视域下家族企业社会责任测度评价模型。第五章从共同富裕视域下家族企业履行社会责任动机，不同路径与评价，以及家族企业社会责任的披露情况这些方面，围绕共同富裕视域下家族企业履行社会责任的机制与评价展开论述，重点强调了家族企业社会责任与企业创新、家族企业社会责任与企业绩效、家族企业社会责任与企业成长、家族企业社会责任与家族企业传承。第六章提出共同富裕视域下家族企业履行社会责任的未来展望和研究方向。

特别感谢宁波财经学院财富管理学院楼颖莹的大力参与，还要感谢在本书撰写过程中一直陪伴、关心和帮助的人们。在所有人的积极参与和不断研讨下，本书得以顺利完成。本书在撰写过程中吸收和借鉴了国内外研究学者的最新研究成果，引用了大量的相关文献，也得到了宁波财经学院及其二级学院财富管理学院的大力支持和帮助，在此深表感谢。书中不足之处，敬请批评指正。

苏赛尔

目　　录

第一章　共同富裕的科学内涵 ······ 1
第一节　共同富裕的重大意义 ······ 1
第二节　共同富裕的主要特征 ······ 7
第三节　共同富裕的实现路径 ······ 13

第二章　企业社会责任的相关理论基础 ······ 21
第一节　企业社会责任的相关概念 ······ 21
第二节　利益相关者理论 ······ 34
第三节　科学发展观 ······ 38
第四节　可持续发展理论 ······ 42
第五节　社会契约理论 ······ 48
第六节　企业影响力理论 ······ 51

第三章　共同富裕视域下家族企业社会责任发展现状 ······ 54
第一节　家族企业发展现状 ······ 54
第二节　共同富裕视域下家族企业社会责任发展现状 ······ 68

第三节　共同富裕视域下企业社会责任的新发展 …… 105

第四章　共同富裕视域下家族企业社会责任测量 …… 111
第一节　共同富裕战略重要指标 …… 111
第二节　企业社会责任测量 …… 117
第三节　共同富裕视域下家族企业社会责任测度 …… 127

第五章　共同富裕视域下家族企业社会责任机制与评价 …… 144
第一节　共同富裕视域下家族企业社会责任动机 …… 144
第二节　共同富裕视域下家族企业社会责任评价 …… 154
第三节　共同富裕视域下家族企业社会责任披露 …… 188

第六章　共同富裕视域下家族企业社会责任研究展望 …… 198
第一节　共同富裕视域下家族企业社会责任研究的基础 …… 199
第二节　共同富裕视域下家族企业社会责任研究的展望 …… 212

参考文献 …… 223

| 第一章 |

共同富裕的科学内涵

第一节　共同富裕的重大意义

习近平总书记深刻指出："共同富裕是中国特色社会主义的本质要求，是人民群众的共同期盼，是中国式现代化的重要特征。"实现共同富裕是广大人民群众对美好生活的向往，也是中国共产党矢志不渝为之奋斗的重要目标。中国共产党在建党之初，就义无反顾地肩负起实现中华民族伟大复兴的历史使命，把为中国人民谋幸福、为中华民族谋复兴作为党的初心和使命，把促进全体人民共同富裕作为为人民谋幸福的着力点（厉以宁等，2022）。历经百年奋斗，党中央带领全党全国各族人民在实现共同富裕的道路上砥砺前行，取得了全面建成小康社会的伟大胜利，历史性地解决了困扰中华民族几千年的绝对贫困问题。

一、共同富裕是中国共产党人的政治主张

1953 年，中共中央通过了《中共中央关于发展农业生产合作社的决议》，首提"共同富裕"的概念。该项决议指出："为进一步提高农业生产力，党在农村中工作的最根本的任务，就是要善于用明白易懂而为农民所能够接受的道理和办法去教育和促进农民群众逐步联合组织起来，逐步实行农业的社会主义改造，使农业能够由落后的小规模生产的个体经济变为先进的大规模生产的合作经济，以便逐步克服工业和农业这两个经济部门发展不相

适应的矛盾，并使农民能够逐步完全摆脱贫困的状况而取得共同富裕和普遍繁荣的生活。”毛泽东指出：“现在我们实行这么一种制度，这么一种计划，是可以一年一年走向更富更强的，并强调‘这个富，是共同的富，这个强，是共同的强，大家都有份’。”新中国成立后不久，农村开始出现两极分化的苗头。毛泽东认为：“这个问题，只有在新的基础之上才能获得解决。这就是在逐步地实现社会主义工业化和逐步地实现对于手工业、对于资本主义工商业的社会主义改造的同时，逐步地实现对于整个农业的社会主义的改造，即实行合作化，在农村中消灭富农经济制度和个体经济制度，使全体农村人民共同富裕起来。”毛泽东试图让农民在过于单一的集体经济形式下摆脱贫困，实现共同富裕，并确保能够提高公有制程度，以达到促进生产力发展的目的。他确立的社会主义基本制度，为实现共同富裕奠定了根本前提。

邓小平科学系统地阐述了共同富裕的原则、目标和“一部分人先富起来，先富带动后富，最终实现共同富裕”的实现路径。邓小平首先定调：“共同富裕是社会主义制度不能动摇的原则。”邓小平在党的十一届三中全会上提出了社会主义建设的新思路：“在经济政策上，我认为要允许一部分地区、一部分企业、一部分工人农民，由于辛勤努力成绩大而收入先多一些，生活先好起来。一部分人生活先好起来，就必然产生极大的示范力量，影响左邻右舍，带动其他地区、其他单位的人们向他们学习。这样，就会使整个国民经济不断地波浪式地向前发展，使全国各族人民都能比较快地富裕起来。”他认为这是一项重大政策，可以影响和推动整个国民经济。邓小平善于把远大理想与现实可能结合起来，善于把党和国家的重大决策转化为人民群众自觉自愿的切实行动；他既注重发挥群众的革命热情，又注重物质利益原则，力求做到政治与经济统一、思想教育与物质利益统一。此外，邓小平指出：“要在建设高度物质文明的同时，提高全民族的科学文化水平，发展高尚的丰富多彩的文化生活，建设高度社会主义精神文明。”因此，物质生活的富裕、精神文化生活的丰富、人的自身文明素质的提高，这些方面的有机结合才能构成社会主义共同富裕的鲜明特征。

中共十一届三中全会召开20周年之际，江泽民总结了国内外经验，就如何更好地实现社会公平和共同富裕作了如下讲话：“在整个改革开放和现代化建设的过程中，都要努力使工人、农民、知识分子和其他群众共同享受到经济社会发展的成果。”共享成果，其实是这个阶段实现共同富裕的最基本要求。从根本上说，建设中国特色社会主义，就是要在大力发展生产力和不断完善社会主义基本制度的基础上，实现发展成果的共享共有，要“努力使广大工人、农民、知识分子和其他群众共同享受到经济社会发展的成果，使他们不断得到看得见的物质文化利益，从而使他们愈来愈深刻地认识到实行改革开放和实现社会主义现代化是祖国的富强之道，也是自己的富裕之道，也从而使他们更加自觉地为之共同奋斗”［江泽民论有中国特色社会主义（专题摘编），2002］。

以胡锦涛同志为总书记的党中央总结国内外经验，提出“要始终把实现好、维护好、发展好最广大人民的根本利益作为党和国家一切工作的出发点和落脚点，尊重人民主体地位，发挥人民首创精神，保障人民各项权益，走共同富裕道路，促进人的全面发展，做到发展为了人民、发展依靠人民、发展成果由人民共享”。以人为本，注重人的各种需求和全面发展，从而大大拓展了“共同富裕”的内涵。胡锦涛同志反复强调：“实现发展成果由人民共享，必须实现好、维护好、发展好占我国人口大多数的农民群众的根本利益。”在我国社会主义现代化建设过程中，经济建设的“长腿”和社会建设的“短腿”一直是影响广大人民群众共享改革发展成果、走共同富裕道路的重大问题。2006 年，党的十六届六中全会通过了《中共中央关于构建社会主义和谐社会重大问题的决定》，对构建社会主义和谐社会提出了许多要求，“实现全面建设惠及十几亿人口的更高水平的小康社会的目标，努力使全体人民各尽其能、各得其所而又和谐相处的局面。”在十六届六中全会第二次全体会议上，胡锦涛同志提及既要从“大社会”着眼，又要从“小社会”着手，“以解决人民群众最关心、最直接、最现实的利益问题为重点，着力发展社会事业、促进社会公平正义、建设和谐文化、完善社会管理、增强社会创造活力，走共同富裕道路”。

二、以习近平同志为核心的党中央关于共同富裕的重要论述

党的十八大以来，习近平总书记反复强调，共同富裕是中国特色社会主义的根本原则，实现共同富裕是我们党的重要使命。消除贫困、改善民生，

逐步实现全体人民共同富裕，是社会主义的本质要求，是我们党的重要使命，是我们党矢志不渝的奋斗目标。共同富裕是社会主义的本质要求，是人民群众的共同期盼。我们推动经济社会发展，最终实现全体人民共同富裕。在党的十九大报告中，习近平总书记指出，经过长期努力，中国特色社会主义进入了新时代，这个新时代是全国各族人民团结奋斗、不断创造美好生活、逐步实现全体人民共同富裕的时代。这将“全体人民共同富裕”进一步提升到时代方略的高度。以习近平同志为核心的党中央就实现共同富裕做出一系列重要论述和指示，并把“扎实推动共同富裕”作为新时代新阶段的战略任务提上工作日程。

2012 年 11 月 15 日，习近平在十八届中央政治局常委同中外记者见面时强调，“我们的责任，就是要团结带领全党全国各族人民，继续解放思想，坚持改革开放，不断解放和发展社会生产力，努力解决群众的生产生活困难，坚定不移走共同富裕的道路”。

2012 年 11 月 17 日，习近平总书记在十八届中央政治局第一次集体学习时的讲话，提出“共同富裕是中国特色社会主义的根本原则，所以必须使发展成果更多更公平惠及全体人民，朝着共同富裕方向稳步前进”。

2012 年 12 月 29 日至 30 日习近平总书记在河北省阜平县考察扶贫开发工作时提出，“消除贫困、改善民生、实现共同富裕，是社会主义的本质要求”。

2015 年 10 月 29 日，习近平总书记在党的十八届五中全会第二次全体会议上讲话强调，“我们必须坚持发展为了人民、发展依靠人民、发展成果由人民共享，作出更有效的制度安排，使全体人民朝着共同富裕方向稳步前进，绝不能出现‘富者累巨万，而贫者食糟糠’的现象”。

2016 年 1 月 18 日，习近平总书记在省部级主要领导干部学习贯彻党的十八届五中全会精神专题研讨班上的讲话，提出“共同富裕，是马克思主义的一个基本目标，也是自古以来我国人民的一个基本理想。孔子说：“不患寡而患不均，不患贫而患不安。”孟子说：“老吾老以及人之老，幼吾幼以及人之幼。”《礼记·礼运》具体而生动地描绘了“小康”社会和“大同”社会的状态。按照马克思、恩格斯的构想，共产主义社会将彻底消除阶级之间、城乡之间、脑力劳动和体力劳动之间的对立和差别，实行各尽所能、按需分配，真正实现社会共享、实现每个人自由而全面的发展”。

2017 年 10 月 25 日，习近平总书记在同中外记者见面时，强调“全面建成小康社会，一个也不能少；共同富裕路上，一个也不能掉队”。

2018 年 3 月 20 日，习近平总书记在第十三届全国人民代表大会第一次会议上发表讲话，“我们要以更大的力度、更实的措施保障和改善民生，加强和创新社会治理，坚决打赢脱贫攻坚战，促进社会公平正义，在幼有所育、学有所教、劳有所得、病有所医、老有所养、住有所居、弱有所扶上不断取得新进展，让实现全体人民共同富裕在广大人民现实生活中更加充分地展示出来”。

2019 年 4 月 15 日，习近平总书记在重庆考察时讲话，“发展才是社会主义，发展必须致力于共同富裕”。

2020 年 10 月，习近平关于《中共中央关于制定国民经济和社会发展第十四个五年规划和二〇三五年远景目标的建议》的说明，重点阐述“共同富裕是社会主义的本质要求，是人民群众的共同期盼。我们推动经济社会发展，归根结底是要实现全体人民共同富裕”。2020 年 10 月 29 日，习近平总书记在党的十九届五中全会第二次全体会议上讲话，提出“我国现代化是全体人民共同富裕的现代化。共同富裕是中国特色社会主义的本质要求，我国现代化坚持以人民为中心的发展思想，自觉主动解决地区差距、城乡差距、收入分配差距，促进社会公平正义，逐步实现全体人民共同富裕，坚决防止两极分化”。

2021 年 1 月 11 日，习近平在省部级主要领导干部学习贯彻党的十九届五中全会精神专题研讨班上的讲话，提出“实现共同富裕不仅是经济问题，而且是关系党的执政基础的重大政治问题。我们决不能允许贫富差距越来越大、穷者愈穷富者愈富，决不能在富的人和穷的人之间出现一道不可逾越的鸿沟”。2021 年 1 月 28 日，习近平在十九届中央政治局第二十七次集体学习时的讲话，“共同富裕本身就是社会主义现代化的一个重要目标。我们不能等实现了现代化再来解决共同富裕问题，而是要始终把满足人民对美好生活的新期待作为发展的出发点和落脚点，在实现现代化过程中不断地、逐步地解决好这个问题”。“促进全体人民共同富裕是一项长期任务，也是一项现实任务，急不得，也等不得，必须摆在更加重要的位置，脚踏实地，久久为功，向着这个目标作出更加积极有为的努力。”

2021 年 2 月 25 日，习近平在全国脱贫攻坚总结表彰大会上的讲话，“治国之道，富民为始。我们始终坚定人民立场，强调消除贫困、改善民生、实现共同富裕是社会主义的本质要求，是我们党坚持全心全意为人民服务根本宗旨的重要体现，是党和政府的重大责任”。2021 年 6 月，正式发布《中共中央国务院关于支持浙江高质量发展建设共同富裕示范区的意见》。

2021 年 8 月，中央财经委员会第十次会议研究扎实促进共同富裕问题。2021 年 8 月 17 日，习近平在中央财经委员会第十次会议上的讲话，“党的十八大以来，党中央把握发展阶段新变化，把逐步实现全体人民共同富裕摆在更加重要的位置上，推动区域协调发展，采取有力措施保障和改善民生，打赢脱贫攻坚战，全面建成小康社会，为促进共同富裕创造了良好条件。现在，已经到了扎实推动共同富裕的历史阶段”。“共同富裕是社会主义的本质要求，是中国式现代化的重要特征。我们说的共同富裕是全体人民共同富裕，是人民群众物质生活和精神生活都富裕，不是少数人的富裕，也不是整齐划一的平均主义。”“全体人民共同富裕是一个总体概念，是对全社会而言的，不要分成城市一块、农村一块，或者东部、中部、西部地区各一块，各提各的指标，要从全局上来看。”

2021 年 10 月 16 日，习近平总书记在《求是》发表重要文章《扎实推动共同富裕》，系统阐述了共同富裕的重大意义、基本原则和工作思路。习近平总书记特别指出，要“坚持以人民为中心的发展思想，在高质量发展中促进共同富裕，正确处理效率和公平的关系，构建初次分配、再分配、三次分配协调配套的基础性制度安排，加大税收、社保、转移支付等调节力度并提高精准性，扩大中等收入群体比重，增加低收入群体收入，合理调节高收入，取缔非法收入，形成中间大、两头小的橄榄型分配结构，促进社会公平正义，促进人的全面发展，使全体人民朝着共同富裕目标扎实迈进”。实现共同富裕是构建新发展格局的必然要求，是“中国式现代化的重要特征”。

2021 年 12 月 8 日，习近平总书记在中央经济工作会议上的讲话，指出“在我国社会主义制度下，既要不断解放和发展社会生产力，不断创造和积累社会财富，又要防止两极分化，切实推动人的全面发展、全体人民共同富裕取得更为明显的实质性进展”。党的十九届五中全会首次提出把“全体人民共同富裕取得更为明显的实质性进展”作为现代化建设的远景目标之一，国家“十四五”规划纲要明确提出“更加积极有为地促进共同富裕”，并研究制定促进共同富裕行动纲要。

2022 年 8 月，习近平在辽宁考察时的讲话，“中国式现代化是全体人民共同富裕的现代化，不能只是少数人富裕，而是要全体人民共同富裕；中国式现代化是物质文明和精神文明相协调的现代化，要弘扬中华优秀传统文化，用好红色文化，发展社会主义先进文化，丰富人民精神文化生活”。

适应我国社会主要矛盾的变化，更好满足人民日益增长的美好生活需要，必须把促进全体人民共同富裕作为为人民谋幸福的着力点，不断夯实党长期执政基础。促进共同富裕已经成为我国社会主义现代化建设新征程中的一项重大历史使命，也是新时代我们必须要答好的一份顺应广大人民群众期盼的历史答卷，需要科学理解共同富裕的丰富内涵，确保沿着正确的方向扎实推动共同富裕，不断增强人民群众获得感、幸福感、安全感，不断夯实中国共产党长期执政基础。实现共同富裕既是重大经济问题，也是关系党的执政基础的重大政治问题。

第二节　共同富裕的主要特征

一、全民共富

从共同富裕的主体范围来看，共同富裕不是少数人的富裕，而是涵盖全体人民的共同富裕，是要通过共同努力、不懈奋斗，脚踏实地、久久为功，循序渐进、分阶段、分步骤扎实推进的共同富裕。新中国成立初期，毛泽东同志就指出，我们的“这个富，是共同的富，这个强，是共同的强，大家都有份”。中国特色社会主义进入新时代，习近平总书记强调，“我们推动经济社会发展，归根结底是要实现全体人民共同富裕”。共同富裕路上，一个也不能掉队，我们决不能允许贫富差距越来越大、穷者愈穷富者愈富，决不能在富的人和穷的人之间出现一道不可逾越的鸿沟。迈向第二个百年奋斗目标新征程，要深刻把握，共同富裕的主体是中国最广大的人民。

因此，共同富裕需要继续做好“富裕”的文章，进一步做好“共同”的文章，继续做大“蛋糕”，同时分好“蛋糕”。通过不断完善收入分配制度，不断完善先富带后富机制，确保低收入群体也能实现富裕，从而实现全体人民走上共同富裕的道路，过上幸福美好的生活，使发展成果能够惠及全体人民。1985 年首次提出一部分地区、一部分人可以先富起来，推动解放和发展社会生产力。2012 年中共十八大以来，中共中央把逐步实现全体人民共同富裕摆在更加重要的位置上。2015 年 10 月 29 日，习近平总书记在党的十八届五中全会第二次全体会议上讲话强调，“我们必须坚持发展为了人民、发展依靠人民、发展成果由人民共享，作出更有效的制度安排，使全体人民朝着共同富裕方向稳步前进，绝不能出现‘富者累巨万，而贫者食糟糠’的现象”。

2021 年 1 月 28 日，习近平总书记在十九届中央政治局第二十七次集体学习时，指出“进入新发展阶段，完整、准确、全面贯彻新发展理念，必须更加注重共同富裕问题。党的十九届五中全会向着更远的目标谋划共同富裕，提出了‘全体人民共同富裕取得更为明显的实质性进展’的目标”。

2021 年 2 月 20 日，习近平总书记在党史学习教育动员大会上的讲话中强调，“要教育引导全党深刻认识党的性质宗旨，坚持一切为了人民、一切依靠人民，始终把人民放在心中最高位置、把人民对美好生活的向往作为奋斗目标，推动改革发展成果更多更公平惠及全体人民，推动共同富裕取得更为明显的实质性进展，把 14 亿中国人民凝聚成推动中华民族伟大复兴的磅礴力量”。

2021 年 2 月 25 日，习近平总书记在全国脱贫攻坚总结表彰大会上的讲话，指出“在全面建设社会主义现代化国家新征程中，我们必须把促进全体人民共同富裕摆在更加重要的位置，脚踏实地、久久为功，向着这个目标更加积极有为地进行努力，促进人的全面发展和社会全面进步，让广大人民群众获得感、幸福感、安全感更加充实、更有保障、更可持续”。同时，习近平总书记强调，“‘治国之道，富民为始’我们始终坚定人民立场，强调消除贫困、改善民生、实现共同富裕是社会主义的本质要求，是我们党坚持全心全意为人民服务根本宗旨的重要体现，是党和政府的重大责任”。

2021 年 4 月 25 日至 27 日，习近平总书记在广西考察时指出：“让人民生活幸福是‘国之大者’。全面推进乡村振兴的深度、广度、难度都不亚于脱贫攻坚，决不能有任何喘口气、歇歇脚的想法，要在新起点上接续奋斗，推动全体人民共同富裕取得更为明显的实质性进展。”

2021 年 7 月 1 日，习近平总书记在庆祝中国共产党成立 100 周年大会上的讲话，谈及“新的征程上，我们必须紧紧依靠人民创造历史，坚持全心全意为人民服务的根本宗旨，站稳人民立场，贯彻党的群众路线，尊重人民首创精神，践行以人民为中心的发展思想，发展全过程人民民主，维护社会公平正义，着力解决发展不平衡不充分问题和人民群众急难愁盼问题，推动人的全面发展、全体人民共同富裕取得更为明显的实质性进展！”

并且，党的十九届六中全会通过的《中共中央关于党的百年奋斗重大成就和历史经验的决议》（以下简称《决议》）指出，人民是党执政兴国的最大底气，民心是最大的政治，正义是最强的力量。推进实现共同富裕，必须坚持人民至上，坚持人民主体地位，坚持人民共建、共治、共享。《决议》强调，实现共同富裕，要坚持敢于斗争，增强斗争本领，凝聚起全党全国人民的意志和力量，以英勇无畏的精神，通过不懈努力，战胜一切风险挑战。要不断凝聚共识和力量，形成人人不“躺平”、不“等靠要”的良好社会氛围，创造人人参与、各尽所能、各尽其责的良好社会环境，不断激发奋斗者内生动力、保障社会公平正义（刘晓泉，2022）。同时，《决议》指出，团结就是力量。要实现共同富裕，必须始终坚持大团结大联合，团结一切可以团结的力量，调动一切可以调动的积极因素，形成海内外全体中华儿女心往一处想、劲往一处使的生动局面，最大限度凝聚起共同奋斗的力量。（1）通过充分发挥统一战线的作用，团结一切可以团结的党外知识分子，在实现共同富裕的路径、方法等方面进行积极的理论探索与政策研究，为实现共同富裕建言献策、献计出力。（2）通过充分发挥统一战线在价值创造中的作用，积极动员党外人士，进一步发展当地已有产业，规划发展新产业，做大“蛋糕”。（3）通过充分发挥统一战线在成果共享中的作用，协助推进收入分配体制改革，为进一步促进收入分配公平，优化我国收入分配结构，提升人民幸福感与获得感，最终实现共同富裕（刘晓泉，2022）。

最终，从全民共富视角出发，坚持发展为了全体人民，坚持以人民为中心的发展思想，坚定不移走全体人民共同富裕道路。坚持发展依靠全体人民，营造人人参与勤劳致富的发展环境，鼓励全体人民勤劳实干，同时给予全体人民创造致富的平等机会，为人民提高受教育程度、增强发展能力创造更加普惠公平的条件，畅通向上流动通道，调动全体人民创造更多财富。坚持发展成果由全体人民共享，构建初次分配、再分配、三次分配协调配套的基础性制度安排，扩大税收、社保、转移支付等调节力度并提高精准性，形成能够体现全体人民共享发展成果的分配结构，使全体人民朝着共同富裕目标扎实迈进。实现共同富裕，就是要支持、鼓励全体人民通过勤劳致富、创新致富、发展致富、改革致富，在全面深化改革开放中为全体人民创造更多的机会和条件，比如形成人人享有的合理分配格局。因此，实现共同富裕是一个长期性、系统性的重大任务；不仅要惠及城镇居民，也要惠及农村居民；不仅要惠及中等收入者，也要惠及低收入者；不仅要惠及当代人，也要惠及后代人。

二、全面共富

从共同富裕的客体对象来看，共同富裕是人民群众物质生活和精神生活都富裕。党的十九大报告指出，中国特色社会主义进入新时代，我国社会主要矛盾已经转化为人民日益增长的美好生活需要和不平衡不充分的发展之间的矛盾。人民对美好生活的向往，不仅包括物质文化生活的更高要求，而且包括民主、法治、公平、正义、安全、环境等方面的要求。

新时代的共同富裕不仅追求物质层面的富足，不仅仅是指“钱包鼓起来”，而且是使人民群众物质生活和精神生活都富裕，是多维度的富裕，是人的全面发展和社会的全面进步，是物质文明、政治文明、精神文明、社会文明、生态文明的全面提升。因此，共同富裕的内涵和形式向着追求更高质量更高品质的美好生活不断扩展，以人的全面发展为目标，在高质量发展中推进人民物质生活和精神生活都富裕。

习近平总书记指出，促进共同富裕与促进人的全面发展是高度统一的。共同富裕不仅要促进人民物质生活的共同富裕，也要同步促进精神生活的共同富裕。并且，《决议》强调，实现共同富裕，必须坚持开拓创新，敢闯敢为，突破仅仅追求物质生活富裕的传统思维，努力寻求物质生活和精神生活共同富裕的新思路、新方法。一方面，坚持创新驱动发展，全面塑造发展新优势，推进人民物质生活富裕。以改革创新精神，加快构建以国内大循环为主体、国内国际双循环相互促进的新发展格局，助推经济持续高质量发展，为实现全体人民共同富裕打好坚实的物质基础。另一方面，创新发展社会主义先进文化，创造社会公平公正发展环境，推动人民精神生活富裕。强化社会主义核心价值观引领作用，弘扬伟大建党精神，传承百年红色基因。用好各种信息化平台，不断满足人民群众多样化、多层次、多方面的精神文化和美好生活需求，实现物质富裕与人的全面发展、精神富足高度统一。同时，加强社会主义精神文明建设，加强爱国主义、集体主义、社会主义教育，推动形成适应新时代要求的思想观念、精神面貌、文明风尚、行为规范，厚植共同富裕理念。加强舆论引导，澄清各种模糊认识，向广大人民群众讲清楚说明白，实现共同富裕是一个长远目标，不可能一蹴而就，“办好这件事，等不得，也急不得”；共同富裕不是同步富裕，更不是“劫富济贫”。

当前，共同富裕的奋斗目标就是普遍达到生活富裕富足、精神自信自强、环境宜居宜业、社会和谐和睦、公共服务普及普惠，最终实现人的全面发展和社会全面进步。实现共同富裕目标，是一个长期的历史过程。习近平总书记指出：“要深入研究不同阶段的目标，分阶段促进共同富裕：到‘十四五’末，全体人民共同富裕迈出坚实步伐，居民收入和实际消费水平差距逐步缩小。到2035年，全体人民共同富裕取得更为明显的实质性进展，基本公共服务实现均等化。到21世纪中叶，全体人民共同富裕基本实现，居民收入和实际消费水平差距缩小到合理区间。”从“十四五”到21世纪中叶，从全体人民共同富裕迈出坚实步伐到全体人民共同富裕基本实现，促进共同富裕既等不得也急不得，是一个需要耐心、实打实把一件件事办好的长期过程。

三、企业在共同富裕中的重要作用

中国官方数据显示，截至2020年底，我国民营企业已经达到4000多万家，数量多、分布广、作用大。截至2021年最新数据显示，全国市场主体总量已经突破1.5万亿户，推动了中国经济总量迈过百万亿元大关，带动了

7 亿多人就业，其中仅仅个体工商户就带动了接近 3 亿人就业。企业作为市场主体，具备激发经济活力、创造财富、促进经济增长、做大蛋糕的作用，是参与高质量发展、促进共同富裕的重要主体。百年未有之大变局下，越来越多的企业主动作为，在共同富裕的推进中扮演者越来越重要的角色。

北京大学张维迎团队的一项研究表明，市场化程度的提高，民营经济的发展，不仅不会扩大收入差距，反而有助于减小收入差距。在广东、浙江、江苏这些民营经济最为发达的地方，城乡差距、地区差距、贫富差距都是全国最小的。因此，民营企业的发展是共同富裕的基础，民营企业不仅可以把蛋糕做大，而且可以使得分配更为公平。根据中国统计局和发改委公布的数据，过去 15 年中国数字经济以每年 22% 的速度增长，带动就业人口 1.9 亿，相关产业占到全国 GDP 总量的 1/3。企业着眼数字经济、生物科技、新材料等战略性新兴产业发展，推动合作创新，形成产业链上下游、大中小企业协同创新生态系统。而创新是引领发展的第一动力，企业则是创新的主体，是推动创新创造的生力军。企业参与共同富裕进程，加大科技投入，让技术普惠更多大众。科技创新作为经济发展的关键动力源，持续的创新和经济活力能带动更多的生产力和就业，扩大就业容量，提升就业质量，营造良好的就业环境，进而更有力地推动共同富裕。

同时，企业积极参与第三次分配，助力慈善发展，在第三次分配中发挥的作用更大。数据显示，目前我国社会捐赠额逐年递增，但与其他国家不同，捐赠规模总体仍比较低。2020 年，我国的慈善捐赠为 1600 亿元左右，只相当于当前 100 万亿元的年度 GDP 的 0.16%；并且相对于初次分配和再分配占 GDP 比重 99.84%，总体规模仍比较小。然而，进一步从来源规模上来看，我国目前公益捐赠主要由企业家提供，企业捐赠占到 61.7%，个人捐赠只占 26.4%。相比之下，其他国家更多的是个人捐赠。比如欧美等国家，70% 以上的捐赠来自于个人捐赠，特别是普通民众的小额捐款。

进入全面建设社会主义现代化国家新征程，以习近平同志为核心的党中央从满足人民日益增长的美好生活需要出发，赋予共同富裕更加丰富的时代内涵。党中央提出，要加快以国内大循环为主体、国内国际双循环相互促进的新发展格局。企业作为经济社会发展的重要力量，是夯实并壮大共同富裕产业基础和物质根基的关键所在。因此，保护和激发市场主体活力，培育更加活跃、更有创造力的市场主体，为构建新发展格局奠定坚实基础，为促进共同富裕夯实物质根基，确保实现更高质量、更有效率、更加公平、更可持续、更为安全的发展。正如习近平总书记强调的“保市场主体就是保社会生产力。要千方百计把市场主体保护好，激发市场主体活力，弘扬企业家精神，推动企业发挥更大作用实现更大发展，为经济发展积蓄基本力量”。

第三节　共同富裕的实现路径

2021 年 12 月 8 日，习近平总书记在中央经济工作会议上的讲话，谈及“共同富裕是中国特色社会主义的本质要求。共同富裕路子应当怎么走？我们正在进行探索。实现共同富裕的目标，首先要通过全国人民共同奋斗把‘蛋糕’做大做好，然后通过合理的制度安排正确处理增长和分配关系，把‘蛋糕’切好分好。这是一个长期的历史过程，我们要创造条件、完善制度，稳步朝着这个目标迈进”。进入新发展阶段，我国必须以习近平新时代中国特色社会主义思想为指导，立足新发展阶段、贯彻新发展理念、构建新发展格局，走高质量发展和共同富裕之路。

一、“做大蛋糕”和“分好蛋糕”

2021 年 12 月 8 日，习近平在中央经济工作会议上的讲话，强调“实现共同富裕的目标，首先要通过全国人民共同奋斗把“蛋糕”做大做好，然后通过合理的制度安排正确处理增长和分配关系，把“蛋糕”切好分好。这是一个长期的历史过程，我们要创造条件、完善制度，稳步朝着这个目标迈进”。由此，共同富裕包含了“做大蛋糕”和“分好蛋糕”两件事。“做大蛋糕”是分好蛋糕的物质前提，“分好蛋糕”是进一步做大蛋糕的激励基础。由此，“富裕”的前提是发展，要求把“蛋糕”做大做好。“共同”体现公平，要求把“蛋糕”切好分好。做大做好“蛋糕”和切好分好“蛋糕”，体现的是增长和分配、效率和公平的辩证关系。共同富裕只有在坚持发展中才能实现，离开了发展或脱离了富裕这个基础，就谈不上共同富裕。

随着全面建成小康社会的目标实现，我国开启了“扎实推动共同富裕”新征程，做大蛋糕求发展是解决一切问题的关键和基础。根据国家统计局数据，中国的经济总量由1985年的0.9万亿元，快速增长到2020年的101.6万亿元，增长了112倍。数据显示，中国2019年、2020年人均国内生产总值超过1万美元。2020年，全国居民人均可支配收入比2010年实际增长100.8%。2021年，我国GDP达到114万亿元，增长8.1%，在全球主要经济体中名列前茅；经济规模突破110万亿元，达到114.4万亿元，稳居全球第二大经济体。人均GDP突破8万元，即人均GDP突破1.2万美元，超过全球人均GDP水平；商品消费市场规模稳居世界第二；新型城镇化深入推进，常住人口城镇化率达到64.72%，比上年末提高0.83个百分点（2021年国民经济和社会发展统计公报，2022）。

党的十九届五中全会提出了到2035年基本实现社会主义现代化远景目标，其中包括人均GDP达到中等发达国家水平。而蔡昉（2022）提出按照我国潜在增长能力预测，要想实现2035年基本实现社会主义现代化远景目标，需要在未来15年里保持14.7%~14.9%的年均增长速度。按照现在的发展趋势和生产要素资本、人力资本、生产力提高幅度等潜能推算，“十四五”结束时，我国人均GDP可达13000~14000美元，能够进入高收入国家行列；到2035年，人均GDP接近23000美元，将非常接近中等发达国家水平。

市场经济发展到一定程度，往往会导致贫富差距扩大和增长停滞。因此，做大蛋糕的同时兼顾分好蛋糕，通过分好蛋糕进一步做大蛋糕，实现更高质量的发展。由此，“做大蛋糕”和“分好蛋糕”需要动态兼顾并且相互兼容（厉以宁等，2022）。

二、“共同建设”和“共同享有”

共同富裕是共建共富，需要共同奋斗，强调全体老百姓共同劳动、共同创造、共同奋斗、共享蛋糕，多劳多得，绝不是仅靠一部分人把蛋糕做出来，然后分给不劳而获的人。比如，绝不是把东部的人劳动产生的财富简单转移支付给西部，养着西部，而是在东部的支持下靠西部人民发挥自身优势发展特色产业，主要通过自身的努力与全国人民一起实现共同富裕。只有人人参与、人人尽力，才能真正实现人人享有。所以，共同富裕不是整齐划一的平均主义，不是人民群众均质化的“一样富”，也不是全体人民在共同富裕道路上的“齐步走”，而是根据贡献大小有差别的共同富裕。全体人民的辛勤劳动是实现共同富裕的根本路径，加快探索知识、技术、管理、数据等要素价值的实现形式，拓宽城乡居民财产性收入渠道，多渠道增加居民收入。

社会主义市场经济条件下实行按劳分配为主体、多种分配方式并存的分配制度。需要强调的是，按劳分配为主体，意味着多数人要靠劳动致富，劳动是参与分配的主要依据。这个劳动包括体力劳动和脑力劳动，包括企业家管理活动的劳动、科学家创造发明的劳动，也包括投资者或者投资经理捕捉市场机会配置资本流向的劳动。同时，允许资本、土地等生产要素参与分配，但要有机会均等的机制。也就是说，要让人民群众通过劳动积累而来的资金、房产等财富共同参与经济增长，共同分享经济增长的红利，而不能因为体制机制的障碍仅仅由一小部分人独享财富增长的机会。

因此，鼓励勤劳创新致富。幸福生活都是奋斗出来的，共同富裕要靠勤劳智慧来创造。要坚持在发展中保障和改善民生，把推动高质量发展放在首位，为人民提高受教育程度、增强发展能力创造更加普惠公平的条件，提升全社会人力资本和专业技能，提高就业创业能力，增强致富本领。要防止社会阶层固化，畅通向上流动通道，给更多人创造致富机会，形成人人参与的发展环境，避免“内卷”“躺平”。

同时，共同富裕的核心要义是让全体人民共享发展成果，以人民为中心，体现了发展的人民性；让全体人民共享发展成果为共同富裕的核心，体现了发展的公平性。发展必须满足人民的利益需要，坚持发展为了人民、发展依靠人民、发展成果由人民共享，包括让全体人民共享各种各样的社会资源和自然资源。

三、“先富”和“后富”

2021 年 8 月 17 日，习近平在中央财经委员会第十次会议上的讲话，提出“我们要实现14亿人共同富裕，必须脚踏实地、久久为功，不是所有人都同时富裕，也不是所有地区同时达到一个富裕水准，不同人群不仅实现富裕的程度有高有低，时间上也会有先有后，不同地区富裕程度还会存在一定差异，不可能齐头并进。这是一个在动态中向前发展的过程，要持续推动，不断取得成效”。“要坚持基本经济制度，立足社会主义初级阶段，坚持‘两个毫不动摇’，坚持公有制为主体、多种所有制经济共同发展，允许一部分人先富起来，先富带后富、帮后富，重点鼓励辛勤劳动、合法经营、敢于创业的致富带头人”。

实现全体人民共同富裕是一项长期艰巨的任务，是一个逐步推进的过程，不可能一蹴而就。共同富裕是逐步共富。因此，在共同富裕的过程中，必然有一些地区先富起来，也必然有一些人先富起来。先富者对于后富者应起到示范作用，并且也有责任起到实际的帮助。共同富裕不是同步富裕，要坚持循序渐进，对共同富裕的长期性、艰巨性、复杂性有充分估计；要发挥社会主义制度的优越性，鼓励先富带动后富，在人民物质和精神生活水平不断提高基础上实现共同富裕。通过完善系列制度，进一步凸显先富者示范作用和社会责任的重要性，同时进一步激励后富者积极有所作为和改变生活面貌，从而进一步完善先富带后富的体制机制，最终使共同富裕与经济发展阶段相适应、与现代化建设进程相协调，不断形成推动共同富裕的阶段性、标志性成果。

首先，坚持基本经济制度。立足社会主义初级阶段，坚持“两个毫不动摇”，坚持公有制为主体，发挥好公有制经济在高质量发展与促进共同富裕中的主体作用；坚持多种所有制经济共同发展，支持和鼓励民营经济在创造财富、提供就业、推动创新中的生力军作用；允许一部分人先富起来，先富带后富、帮后富，重点鼓励辛勤劳动、合法经营、敢于创业的致富带头人（厉以宁等，2022）。一方面，毫不动摇地巩固和发展公有制经济，推行公有制多种实现形式。深化国有企业改革，完善各类国有资产管理体制，推动国有资本更多投向关系国家安全和国民经济命脉的重要行业和关键领域，不断增强国有经济活力、控制力和影响力。另一方面，要毫不动摇地鼓励、支持、引导非公有制经济发展，保证各种所有制经济依法平等使用生产要素，公平参与市场竞争，同等受到法律保护。

其次，鼓励勤劳创新致富，坚持在发展中保障和改善民生。进一步解放思想、创新思维，在全社会大力弘扬创新崇高、劳动光荣、人人平等的理念。大力弘扬劳模精神、劳动精神、工匠精神，激励更多劳动者特别是青年一代走技能成才、技能报国之路，培养更多高技能人才和大国工匠，为全面建设社会主义现代化国家提供有力人才保障。另外，先富带动后富需要尽力而为和量力而行，形成人人享有的合理分配格局，重点加强普惠性、基础性、兜底性民生保障建设。通过实实在在的发展、实实在在的民生举措，切实保障和提升人民群众的获得感、幸福感、安全感。

四、"一次分配""二次分配"和"三次分配"

习近平总书记强调，要"正确处理效率和公平的关系，构建初次分配、再分配、三次分配协调配套的基础性制度安排"。要坚持按劳分配为主体、多种分配方式并存的收入分配制度，坚持效率与公平有机统一，构建初次收入分配统筹兼顾效率与公平、再分配强化促进社会公平、三次分配增进社会公正的基础性制度安排。所以，在共同富裕的实践路径上，处理好三大分配之间的关系尤为重要。三大分配的基本格局：一次分配讲效率兼顾公平，二次分配讲公平兼顾效率，三次分配讲自愿、讲道德。一次分配主要在市场主体端，根据国家的法律和市场的机制来运行；一次分配讲效率不仅仅是按劳动分配，而是一种包括要素在内的多样化的分配方式。二次分配则由政府主导，是直接由政府推进的分配，讲的是公平，是整个分配关系中最关键的概念。所以，二次分配依靠累进的所得税制度和社会保障制度，包括政府制定的税收、社会保障的"五险一金"以及转移支付三个方面。三次分配主要指自愿性的捐赠。通过进一步深化改革和逐步完善日益规范、透明、法制化的公益性捐赠机制，三次分配则不仅可以让一次分配更有效率，还有利于进一步鼓励和引导各类市场主体特别是高收入群体和企业加大捐赠的力度，促进三次分配，进而为共同富裕做出更大贡献。由此可见，一次分配是基础，二次分配是关键，三次分配是配套和辅助补充。

影响三大分配的主要有如下三种重要力量：市场、政府和道德力量。市场力量影响到个人劳动收入、个人经营收入和个人资产收入（利息、股息等），主要对收入的初次分配产生作用。第二种力量是政府。一方面，政府制定工资标准与工资级差，不仅直接影响全民所有制企事业单位和政府机构中工作人员的收入，而且也对非全民所有制单位的工资标准与工资级差产生影响。另一方面，政府对收入分配进行调节，包括个人纳税或者个人得到的补贴等等。也就是说，政府的力量对于收入的初次分配产生作用，也对收入的再分配产生作用。而第三种力量超出市场机制与政府调节力量，是道德力量，对于收入初次分配和再分配的结果产生作用，影响已经成为个人可支配收入的使用方向，包括个人间的收入转移、个人某种自愿的缴纳和捐献等。在道德力量的作用下，个人收入转移与个人自愿缴纳与捐献的范围是较广泛的，包括个人自愿为家乡建设捐赠，为残疾人福利组织捐赠，向灾区人民捐赠，向各种文化、体育、教育、卫生、宗教团体捐赠等。因此，这些行为都是非强制性的，基本上不涉及政府的调节行为，这些行为与道德的力量有关，与个人的信念、社会责任心等有关。

针对三次分配，学者们提出，“促进共同富裕要植根于社会主义市场经济土壤，坚持社会主义基本经济制度”。发挥高收入群体和企业家的作用，鼓励他们更多回报社会，而绝不是“劫富济贫”；就要通过慈善捐款等方式发挥第三次分配对于改善分配结构的补充作用，坚持自愿而非强制的原则，反对任何形式的“逼捐”；就要更好发挥政府在收入分配以及公共服务供给中的作用，同时注意不能提过高的目标、搞过头的保障，坚决防止落入“福利主义”养懒汉的陷阱。形成人人享有的分配格局，需要社会广泛参与，包括积极发展慈善等社会公益事业。鼓励引导高收入群体和企业家向上向善、关爱社会，增强社会责任意识，积极参与和兴办社会公益事业和慈善事业。

习近平总书记就发挥分配的功能和作用发表了以下重要论述。

2015 年 11 月 23 日，习近平总书记在十八届中央政治局第二十八次集体学习时的讲话中提出，“从我国实际出发，我们确立了按劳分配为主体、多种分配方式并存的分配制度。实践证明，这一制度安排有利于调动各方面积极性，有利于实现效率和公平有机统一。由于种种原因，目前我国收入分配中还存在一些突出的问题，主要是收入差距拉大、劳动报酬在初次分配中的比重较低、居民收入在国民收入分配中的比重偏低。对此，我们要高度重视，努力推动居民收入增长和经济增长同步、劳动报酬提高和劳动生产率提高同步，不断健全体制机制和具体政策，调整国民收入分配格局，持续增加城乡居民收入，不断缩小收入差距”。

2016 年 5 月 16 日，习近平总书记在中央财经领导小组第十三次会议上的讲话中强调“必须完善收入分配制度，坚持按劳分配为主体、多种分配方式并存的制度，把按劳分配和按生产要素分配结合起来，处理好政府、企业、居民三者分配关系”。

2017 年 10 月 18 日，习近平总书记在中国共产党第十九次全国代表大会上的报告指出，“坚持按劳分配原则，完善按要素分配的体制机制，促进收入分配更合理、更有序。鼓励勤劳守法致富，扩大中等收入群体，增加低收入者收入，调节过高收入，取缔非法收入。坚持在经济增长的同时实现居民收入同步增长、在劳动生产率提高的同时实现劳动报酬同步提高。拓宽居民劳动收入和财产性收入渠道。履行好政府再分配调节职能，加快推进基本公共服务均等化，缩小收入分配差距”。

2021 年 12 月 8 日，习近平总书记在中央经济工作会议上重点论述“要发挥分配的功能和作用。要处理好效率和公平关系，构建初次分配、再分配、三次分配协调配套的基础性制度安排。要坚持按劳分配为主体，提高劳动报酬在初次分配中的比重，完善按要素分配政策。要发挥再分配的调节作用，加大税收、社保、转移支付等的调节力度，提高精准性。要发挥好第三次分配作用，引导、支持有意愿有能力的企业和社会群体积极参与公益慈善事业，但不能搞道德绑架式‘逼捐’”。

因此，所有制上以公有制为主体，收入分配上以按劳分配为主体，这就是社会主义经济得以循着以实现共同富裕为目的的道路前进的基本条件。社会主义经济发展如果背离了共同富裕这一根本原则，带来了贫富悬殊、两极分化的后果，那就不能被认为是成功的，而只能被认为是失败的。社会主义的经济发展以全体劳动者的共同富裕为目的，共同富裕是社会主义的根本原则，只有在社会主义制度之下才能实现共同富裕这一目的。列宁曾经指出：“只有社会主义才可能广泛推行和真正支配根据科学原则进行的产品的社会生产和分配，以便使所有劳动者过最美好的、最幸福的生活。只有社会主义才能实现这一点。”并且，《决议》指出，党在百年奋斗中始终坚持从我国国情出发，探索并形成符合中国实际的正确道路。实现共同富裕，必须坚持走中国式现代化道路。一是坚持社会主义基本经济制度，大力发挥公有制经济在促进共同富裕中的重要作用，同时促进非公有制经济健康发展、非公有制经济人士健康成长。二是鼓励勤劳创新致富，允许一部分人先富起来，同时要强调先富带后富、帮后富，大力促进农民农村共同富裕。三是完善分配格局，促进社会公平正义，扩大中等收入群体比重，增加低收入群体收入，合理调节高收入，取缔非法收入，形成中间大、两头小的橄榄型分配结构。

| 第二章 |

企业社会责任的相关理论基础

第一节　企业社会责任的相关概念

一、企业社会责任的概念

企业作为国家和地区经济发展与社会进步的重要单位，企业不仅要创造效益，也要承担社会责任。在企业社会责任定义的演变过程中，学者们提出了30多个概念，并在这一领域做出了重要贡献。关于企业社会责任概念的提出，一般认为最早起源于英国的学者欧利文·谢尔顿。1923年，谢尔顿研究了企业管理者的两种责任，利益相关者责任和企业社会责任。他认为企业社会责任应包括道德因素，社会利益是衡量社会责任的重要尺度，社会利益远高于企业利益。在《管理的社会责任和管理的哲学》中，谢尔顿（1923）最早提出了“企业社会责任”一词，但并没有给出社会责任的定义。1953年，霍华德·博文出版了他的标志性著作《商人的社会责任》，提出了现代企业社会责任的概念。企业家的社会责任是根据社会目标和价值观从而制定政策，然后做出决策，最后采取行动。此概念的提出，推进了企业社会责任的研究。霍华德·博文在书中提出了承担和实施企业社会责任的主体以及自愿性原则，但他在1967年修正了“自愿原则”，反而强调社会控制企业是社会责任概念有效性的基础。

在企业社会责任的相关定义中，综合性较强的是卡罗尔（1979）的金字塔模型。卡罗尔（1979）的金字塔模型是一个定义企业社会责任的典范，其由四个部分组成：经济责任、法律责任、道德责任和自由决策的责任。这个定义既包括企业的经济责任，也包括社会责任。但是其对企业社会责任的定义不仅仅是经济上的。埃尔金顿与全球报告倡议组织（GRI）在1997年提出的“三重底线概念”，“三重底线”指的是企业必须履行经济责任、社会责任与环境责任这三个方面的底线。就相互责任而言，经济责任就是传统意义上的企业的责任。在责任方面，经济责任反映的是利润增加、支付纳税和股东红利。环境责任是指环境保护，企业应对社会的环境履行其相应的责任。社会责任则是对社会其他利益相关者的责任。布雷默（1991）等人认为，企业的责任可以分为四个类别：经济责任、法律责任、道德责任、社会责任，这四个责任称为“并列责任学说”。这些学者们认为企业责任是企业经营过程中传统的和固有的责任，企业应追求利润最大化，使股东的获得最大收益。企业应主动承担社会责任，促进社会福利。

哈罗德·孔茨和魏里茨·赫茨（1993）认为，企业社会责任是企业行为对社会的影响，并强调企业应该对其行为所造成的社会影响承担责任。罗布·范图尔德（2010）在他的《动荡时代的企业责任：21世纪面临的挑战》中提到企业责任的概念有许多种，其具体表现形式是“不积极型、反应型、积极型及主动互动型”，并强调这四种类型的企业责任，它们存在于社会发展的不同阶段。世界可持续发展工商理事会（WBCSD）视企业社会责任为企业改善雇员及其家庭、所在社区和社会生活质量的承诺。此外，企业还应注意环境。从西方发达国家的角度来看，企业社会责任的形成和实施并不完全取决于企业家本身的觉醒，还应取决于整个社会和各种社会公民运动的提升。如果一个社会没有公民社会的基础，没有社会控制、约束和促进社会活动的机制，社会责任意识就会不足。在这样的环境下，企业几乎不可能通过自我监管机制来履行其社会责任。因为社会责任会使企业利润的减少，是短期的企业成本。在缺乏经营者战略概念的情况下，经营者不能主动承担社会责任，原因在于为履行社会责任而增加的效率支出与为实现利益最大化而增加的资本基本要求之间存在矛盾。

目前，随着我国的经济体制改革时期的到来，社会不仅缺乏一个广泛的民间社会基础，而且制约和监督体系、政治机制体系、社会信用体系建设并不完善，社会宣传和方向都不到位。因此，目前还没有一个真正的社会环境有利于企业有意识和积极地履行社会责任。可以想象，在一个相对缺乏社会道德、社会责任和社会诚信的社会中，没有健康和完善的社会框架与环境迫使企业和个人承担社会责任。寻求自身利益最大化的企业很难有意识地承担社会责任，许多企业家很容易逃避各种社会责任。同时，即使一些具有社会责任感的经营者受到从众心理的影响，他们的社会责任感也会减弱。这就是为什么许多企业，即使是那些表现出色的企业，也没有积极的社会责任态度的主要原因。这种环境使一些国际知名的跨国企业能够在本国积极履行企业社会责任，在抵达中国后逐渐减少企业社会责任。因此，要使每一个企业积极承担社会责任和义务，就必须具备营造良好外部社会环境的能力。只有全社会形成促进企业承担社会责任的大环境和氛围，全社会完善企业社会责任监督机制，企业社会责任意识才能逐步提高，企业也会逐渐从外部的强制中步入自觉履行社会责任的轨道。

自 1986 年我国发表第一篇关于社会责任的文献以来，研究人员从不同角度定义了社会责任的意义和范围。尤力、王金顺（1990）认为，企业社会责任包括法律责任和道德责任两种，包括两个方面：一是对自身行为后果的责任；二是为其生存所依赖的社会作出贡献。第一个方面实际上是企业社会责任的内生性质。尤力、王金顺（1990）并界定了社会责任的六个方面的内容：（1）为国家创造财富，保证国有资产的完整和增值；（2）为社会提供就业机会；（3）促进社会健康发展，提高生活质量；（4）满足消费者多方面的需要，保护消费者利益；（5）改善职工工作条件；（6）增进社会公益事业。李占祥（1993）也认同企业社会责任包括上述两个方面，并强调企业社会责任是企业对社会的回应。他提出了企业具有三个方面的社会责任：一是物资资料再生产的责任；二是保护环境的责任；三是其他责任，如积极关心和支持发展社区的文化教育、福利事业，同社区政府、居民、公共团体等方面建立良好的关系。他把物资资料的再生产归于社会责任中，这是广义的社会责任，同时站在利益相关方的角度明确指出了企业的其他社会责任，这对于上一阶段的混乱是有所进步的。

在李占祥以及前期的学者们的研究中，对于企业的社会责任的理解往往是从广义的角度出发，即把经济责任归于社会责任，但随着研究的深入和社会的发展，人们更多的认为企业的社会责任是不包含经济责任的。刘俊海（1999）从企业法理学的角度强调，利润最大化不是企业存在的唯一使命，企业必须在服务股东的同时改善其他利益群体的权益。这些群体包括工人、消费者、债权人、中小竞争对手、当地社区、环境、弱势群体和整个社会。然而，卢代富（2002）对企业社会责任是否包括经济责任有不同的看法。它将企业社会责任定义为“谋求股东利益最大化之外所负有的维护和增进社会利益的义务”。他认为，将经济责任纳入企业社会责任范畴，会削弱社会责任概念的科学性，模糊甚至掩盖两者之间的冲突（卢代富，2002）。在这方面，李正（2007）与卢代富持相同观点。企业是一个商业组织，它的目标是股东利益最大化。企业社会责任是企业在谋求股东利益最大化之外所负有的维护和增进社会福利的义务，它是对股东利益最大化这一传统原则的修正和补充。具体对象包括员工、消费者、债权人、供应商、社区和环境。与上述学者的研究相反，李立青和李燕凌（2005）研究了企业社会责任的内生性和流动性。他们认为，企业社会责任是对自身行为结果的责任，责任的具体内容会随着社会的变化而变化。一些学者还将企业社会责任分为广义企业社会责任和狭义企业社会责任，如李冬生和阳秋林（2006）等。从既往文献可以总结广义上的社会责任包括法律责任和道德责任，狭义上仅指道德责任。

自从谢尔顿提出企业社会责任这个词以来，“企业社会责任”已经从一个模糊的词变成了一个丰富的概念，随着时间的推移，其内涵也发生了变化和丰富，反映了当时社会责任的要求。国外学者对企业社会责任概念的不同定义，为国内研究人员讨论企业社会责任的内容和延伸提供了良好的基础。过去几年，国内外十分重视企业的社会责任，总的来说这些观点可分为两种类型：第一，各企业只是追求自身利益最大化，企业唯一应负担的责任是经济责任，作为企业来衡量成功的唯一标准。第二，企业社会责任应该是确保企业追求自身发展和追求利益同时，在符合法律标准的情况下，对企业的长期可持续发展目标负责。

企业寻求利润最大化的观点最早是由亚当·斯密斯（1776）的古典企业责任概念提出的。他认为企业的责任是向社会提供产品和服务，从而实现利润最大化。他在《国富论》中阐述人性是自私的，每个人在追求利益最大化，并用" 看不见的手" 隐喻市场经济中市场机制的自发作用。在自由经济下，个人追逐利己心将能促进社会发展。1970 年 9 月 13 日，诺贝尔奖得奖人、经济学家米尔顿·弗里德曼（1770）也为这一原始经济学观点进行了理论支持。他认为：“企业的社会责任就是在企业竞争中追逐尽可能多的剩余价值，企业的管理者唯一的责任就是尽其所能去为股东赚取最大的利润。”社会经济观认为，利润最大化是企业的第二目标，企业的第一目标是保证自己的生存。为了实现这一点，他们必须承担社会义务以及由此产生的社会成本。他们必须以不污染、不歧视、不从事欺骗性的广告宣传等方式来保护社会福利，并融入自己所在的社区及资助慈善组织，从而在改善社会中扮演积极的角色。这一观点认为社会责任与企业是分开的，在商业运作中没有社会责任。因此，企业对股东只有经济责任，没有道德或其他义务，企业社会责任削弱了企业的竞争地位。

虽然曾有很多的管理学及企业界人士一度坚持利润最大化的原则，但是单纯的追逐经济效益通常会引发一系列的问题。例如：近些年来某些私营煤矿，为了经济利润的追逐，减少甚至停止安全生产的资金与技术投入，不顾员工的安危，进行采煤活动，最后引起了塌方、瓦斯爆炸等重大事故，致使员工生命财产受到重大损失，企业也面临着破产、关闭的局面。实践证明，忽视社会责任、不顾员工安全的企业到最后只能是人财两失。只看到眼前利益，不对环境保护、员工安全、福利等方面做出投资的企业，在如今激烈企业竞争中是没有长远前景的。因此近年来学术界及企业界人士提出了第二种观点，即企业在追逐利润的同时还必须肩负起环境保护、公益事业、员工安全卫生等其他责任。换句话说就是企业在他的经济贡献外还要担负起其他“社会公民”责任，也就是它的企业公民责任。

美国波士顿学院对企业公民的定义是：“企业公民是指一个企业将社会基本价值与日常商业实践、运作和政策相整合的行为方式。一个企业公民认为企业的成功与社会的健康和福利密切相关。因此，它会全面考虑企业对所有利益相关人的影响，包括雇员、客户、社区 供应商和自然环境。”约翰·库仑（2000）说：“企业的社会责任是指企业对社会负有盈利责任这样一种思想，也就是说社会责任意味着一个企业不仅要为股东谋利益，而且还要考虑其他成员的利益。”中国企业联合会常务副会长张彦宁认为：“企业的社会责任广义上来讲包括社会的经济责任，社会的道义责任、社会的公德及对整个社会的影响，具体包括职工安全卫生，劳动条件，工资报酬，工作时间，保障人权及环境保护。”

二、企业社会责任的效应

（一）企业社会责任的经济效应

研究发现企业与经济增长直接相关，这种关系体现在企业的权利和责任上。一是企业应该承担并履行好经济责任，为极大丰富人民的物质生活，国民经济的快速稳定发展发挥自己应有的作用。最直接地说就是盈利，尽可能扩大销售，降低成本，正确决策，保证利益相关者的合法权益。二是企业在遵纪守法方面应作出表率，遵守所有的法律、法规，包括环境保护法、消费者权益法和劳动保护法等，完成所有的合同义务。在现代社会，越来越明显的是，企业责任不仅限于狭义的直接经济增长，还包括一个与社会发展密切相关的全面、可持续和长期经济增长的问题。增长是发展的基础，但增长不仅仅是发展的同义词。如果我们不注重质量和效率，不注重经济、政治、文化的和谐发展，不注重人与自然的和谐，就会出现增长不平衡，最终阻碍发展。企业的目标应该是在追求利润最大化的过程中考虑社会利益。企业社会责任的经济效应可以从两个方面来阐述，一方面是企业社会责任与企业自身发展的相互作用，另一方面是企业社会责任与外部经济之间的相互作用。

首先，就企业社会责任与企业发展自身的相互作用来说，有三个层面是相关联的：第一，对于具有社会责任的企业，它们更能盈利。其表现在能促进企业的成长和知名度，承担社会责任的企业必须是诚信企业。他们为客户着想，提供优质的服务，优质的产品，使消费者满意，从而赢得客户对企业的信任，在客户中树立良好的企业形象。企业形象是社会对企业的评价，它是由企业的管理思想、管理风格和行为模式等诸多因素组成的。良好的社会形象是企业生存和发展的重要条件，企业善待社会，服务社会。在从事公益活动的同时，也提高了企业在社会上的知名度，创造了企业的品牌效应，对促进产品推广和招聘优秀员工起到了积极的作用。良好的声誉有助于企业吸引客户、投资者、潜在员工和商业伙伴。如今，许多消费者和投资者都在寻找与他们打交道的企业中的高质量企业。越来越多的消费者不仅对他们购买的产品和服务感兴趣，而且对提供这些产品和服务的企业的行为感兴趣。毫无疑问，参与公益活动对民营企业的发展有着积极的影响。第二，企业的发展对其社会业绩起着作用。当它们能够赚取高收入时，企业会表现出良好的社会效益，它既可以在社会之前，也可以在社会之后进行成长。它还有助于缩小贫富差距，消除社会动荡的隐患。一方面，大中型企业可集中资本优势、管理和人力资源优势促进贫困地区发展，以及扩大生产经营，获得新的增长点，又可弥补贫困地区缺乏资金，解决当地劳动力和资源闲置问题，帮助当地脱贫致富。另一方面，企业也可以通过慈善机构来帮助落后地区的人民发展教育、社会保障和医疗卫生事业，这样既解决当地政府因难以获得投资基金的问题，帮助落后地区逐步发展社会事业，又通过公益广告达到无可比拟的效果，提高企业形象和消费者认可度，增加市场占有率。第三，企业绩效与社会绩效相关。随着社会经济的不断发展，通信技术和交通技术的不断进步，整个社会早已联系成一个整体。企业不再是一个孤立的实体，它已经与许多利益相关者建立了联系。例如，企业与供应商、客户、社会效益和环境保护之间的关系。企业必须保证相应群体的利益，为此企业往往需要投入一定的资金。经营效率高的企业往往资金充裕，能够承担更多的社会责任。与此同时，企业为了扩大影响力或进一步占领市场，提高自身形象，必须履行社会责任。因此，为了更好地经营，企业往往需要承担更多的责任（王怀明，2007；李宏旺 2008）。

其次，考虑企业社会责任与外部经济效应之间的关系。当外部效应出现时，一方的行为会影响另一方，企业对外执行的行为范围扩大，利益相关者的敏感度迅速提升（张玲丽，2008）。在所有这些因素同时增加的新时代，一个被利益相关者认为具有社会责任感的企业必须最终“内化”外部因素，并以企业感知力衡量和管控企业对外界的影响。企业履行社会责任短时间会导致成本增加，使企业面临两难的困境。然而，从长远来看，企业既要对员工也要对消费者履行社会责任。其一可以促使企业跟上社会前进的步伐，管理符合时代潮流的价值取向，展现出企业良好的社会形象，赢得社会的信赖，为企业发展营造更佳的社会氛围和市场环境。其二企业履行社会责任，可以增进员工的认同感，激发员工的工作热情和创造精神，从而提升企业生产工作效率和核心竞争力，促使企业效益不断提高。其三企业履行社会责任，可以避免和减少社会的负面评价，更多吸引投资，获得政府支持，从而创造更多的发展机会，既提升企业应对危机的抗风险能力，又实现可持续发展。

（二）企业社会责任的管理效应

企业社会责任的管理效应是指确保企业履行相应社会责任，实现良性发展的相关制度安排与组织建设，建立企业社会责任的管理效应是一项涉及企业的远景与使命、企业文化和企业发展规划，事关企业长远可持续发展的重大任务。一是企业社会责任管理的主体性内容，即企业自身组织建设、管理价值和管理精神等，一般来讲，企业社会责任的变革与企业组织发展变化有着密切的联系；二是企业责任管理的客观效果评价，即要根据对社会环境的影响，客观评价这种管理活动的效果。

根据企业社会责任管理所涉及的要素，一般一个完整的企业社会责任的管理大致应包含六个方面：一是企业社会责任的组织管理，是指为服务和促进企业社会责任的全面实施而建立的组织结构和操作程序。组织结构通常包括有关组织结构、人员的职责、权力和相互关系的规定。二是社会责任是企业日常管理，把实现社会责任要求和业务过程的整个企业的日常管理进行融合，改进完善企业所有的部门、单位、岗位的工作职责，以及将利益相关者的期望和需要纳入到日常管理和业务。三是企业社会责任指标。主要是为了改善与利益相关者的沟通，为评估企业社会责任绩效提供了一套完善和系统的标准。四是企业社会责任绩效评价。是指对企业整体、部门、单位和员工的行为和社会责任结果的具体评价，以及对奖励和处罚的规定。旨在建立激励和约束机制，促进企业履行社会责任。五是企业建立披露社会责任程序，提高企业披露社会责任的义务，为渠道方提供必要的信息，并接受监督、管理体系和利益相关者的意见。通过建立多层次、多角度、多渠道的披露渠道，向利益相关者提供完整、准确、及时的企业社会责任实施信息。这将有助于与利益相关者建立共识、信任、和谐的关系。六是企业社会责任能力建设是指企业实现其企业社会责任目标或责任的知识、技能和意愿。企业的每个员工在社会责任管理工作岗位都必须理清自己的义务和责任，并积极做好一份工作，确保整个组织管理制度有效运作能力，这需要持续改进工作人员实施全面的社会责任感的基础上，明确责任。

企业通过有效的规章制度安排和保障社会资源，努力向全体员工推广企业社会责任培训。加强企业社会责任管理体系，完善研发活动和管理工具，为加强企业社会责任建立知识管理系统与内外交流的其他重要举措，逐步建立一个动态的发展空间。加强自学，不断完善社会责任的知识、技能。履行社会责任，增强企业在履行社会责任方面践行的社会责任管理制度，科学研究相关公益、文化和知识。通过改进管理系统解决企业就业问题，消除一切形式的歧视，加强信用文化，建立和谐的劳动关系。企业可持续发展规划的制定，强化了企业的社会责任与企业制度，构建和谐社会。

（三）企业社会责任的社会效应

以往有些企业仅以营利为目的甚至损害了社会共同利益，但还是有不少企业在盈利的同时担负起社会责任。他们把企业的发展融合在社会的进步之中，企业服务于社会，社会支持企业，企业因而获得了新的发展机会。随着经济快速发展的进程，企业各方利益相关者对企业社会责任的关注度也日益升温。企业是否积极承担社会责任表现了一定的社会效应，既包括正面积极效应，也包括负面消极效应，但总体上是前者大于后者。通过承担社会责任，企业可以有效地提升自身形象。企业形象是企业文化的一部分，包括企业理念、企业行为和企业环境。一个好的企业形象是企业的无形财富和潜在资源，有能力聚集员工，吸引资金和人才，能吸引客户和用户。它不仅有利于提高企业的整体质量，也有利于美化企业的文化环境，从而达到良好的社会效果。

企业社会责任对企业文化的影响：第一增强了企业文化的凝聚力。企业文化鼓励利益相关者改变以自我为中心的价值观，建立共同的以企业为中心的价值观，使强大的向心力立即指向企业。企业社会责任作为企业文化的重要组成部分，极大地加强了企业与利益相关者之间的责任关系，增强了企业的凝聚力。第二，明确了企业文化的作用，允许企业的所有利益相关者在特定的文化氛围中采用共同的企业价值观。让参与者有意识地坚持企业的共同价值观，使他们的行为适应企业文化，形成企业发展的联合力量。第三，提高企业文化激励功能，企业文化可以激发具有创造力企业的潜能。企业的利益相关者的主动作为，推动企业文化，形成强劲的氛围，并形成高度的凝聚力和集体智慧，所以每个企业愿意承担一部分企业的总体目标；第四，企业文化的约束力得到加强。一旦企业文化形成，利益相关者就会按照既定的模式自然地思考和行动，而超越模式的思想和行为则会受到无形的公众舆论约束，以及内部的意识形态和情感压力。第五，扩大企业文化的外联功能。通过开展社会责任活动，企业可以增加对社会的积极影响，并在消费者和公众中树立“企业公民”的良好形象。同时，这种社会影响反过来影响社会和文化的发展和进步，有助于提高企业的经济和社会效率；第六，加强企业文化的作用。企业社会责任可以保护消费者和工人的权益，也可以保护以公众利益为核心的社会问题，如环境保护。解决这些问题不仅仅是一项全国性的事业，而且社会追求的是一个共同的理想目标。通过更好的企业社会责任实践，使整个社会都有助于良好的文化融合。

企业社会责任作为一种新的企业文化价值体系，不仅可以在企业内部营造良好的氛围，还可以向整个社会辐射。企业通过开展社会责任活动，可以进一步扩大企业对社会的积极影响，在消费者和公众中树立良好的企业公民形象。同时，这种社会影响反过来又会影响社会文化的发展和进步，促进企业经济效益和社会效益的提高。

（四）企业社会责任的伦理效应

企业社会责任本身就是一种伦理机制，它要求在企业文化建设中培养具有良好伦理水平的价值观。企业文化的核心是价值观，企业文化建设是社会责任的精神保障。同时，对于企业来说，基于企业社会责任的视角，加强企业文化建设，注重将社会责任意识融入企业文化体系，培养企业的爱、诚、信、树立共同价值观，使企业从上到下更加深刻地感知社会责任，迅速采取行动，积极承担社会责任（张倩，2018）。将企业放在市场经济的大背景下，它就不仅仅是作为经济主体，同时也是伦理实体，也就是具备了“经济人”与“道德人”双重属性（尧新瑜 2006）。西方古典经济学中的“经济人”假说认为，人是完全理性的，可以做出使自身利益最大化的选择。著名经济学家亚当·斯密在《道德情操论》中解释了人类的道德性。人性不同于经济人的另外三个方面：同情心、正义感（合宜感）和利他主义行为倾向。只要是一群人，在进行商业活动时，本质上就存在伦理问题。组织实现永恒权益的同时不要威胁或损害个人的永恒权益。苏琦强调要对个体永恒权益的保护，批判“周期存续的仗势欺人、与民争利的组织是人类社会的毒瘤（苏琦，2011）”。环顾我们的周围，发现这样的企业或组织不少，他们漠视组织外的个体利益，甚至漠视、践踏其组织内的个体利益。一家有责任的企业应当重视人性。企业完整的社会再生产包括四个环节，即生产、交换、分配和消费，所以其社会责任中包含的伦理效应也从四个环节探讨其伦理精神（常凯，2003）。

第一个环节是生产伦理效应，努力实现质量责任与环境责任的统一。生产反映了人与自然的交流活动，生产也是社会经济运行的出发点。生产的双重性决定了企业伦理责任的双重性，即一方面对社会的质量负责，另一方面对自然的环境保护负责（李平，2010）。从环境保护的角度来看，生产经营企业需要做的就是将生产伦理融入生产经营的全过程，从而使企业能够在保护生态环境的前提下实现生产经营整体效率的提高。从企业产品质量方面分析，因为竞争性的市场和追求利润最大化的条件，所以企业必须将产品质量作为其生命线，企业的产品质量决定商品的质地，企业认同的价值取向会影响企业的产品质量、企业的道德观念也会影响企业的产品质量。因此，企业在伦理原则中应该秉持质量第一，不断完善企业的质量管理，从源头上杜绝违背质量第一原则的行为。

第二个环节是交换伦理效应，企业将诚信作为纽带。因为交换活动内在性地要求公平交易，因此，公平交易是企业与顾客之间的基本伦理观念（李萍，2010）。经济的发展使得交换关系越来越复杂，公平理念逐渐升华为诚信理念。市场具有二重性，一方面要提高效率，另一方面还要追求利益最大化。这就决定了市场一方面会产生货币和商品为主意识，另一方面又会内生性的要求建立诚信伦理。要发挥诚信的主导作用，诚信是市场经济不断发展变化的内在要求，诚信是市场道德不断发展的趋势（纪建悦，李鹏，吕帅，2008；吕帅，纪建悦，刘晓丽，2008）。诚信应该是现代社会的精神支柱。诚信可以让企业获得一种新的资本形式——文化资本，并在此基础上创造品牌效应，促进企业的长期可持续性发展。诚信原则作为道德交流的重要原则，是创造企业绩效的道德条件。与此同时，企业对诚信承诺的尊重和实践，是企业在企业传播领域履行和实践社会责任的道德要求。

第三个环节是分配伦理效应，企业将正义的价值观念注入企业产品分配的全过程中。中国目前的收入分配还是二次分配形式，即市场主导形成收入的初次分配，然后政府主导形成收入的再分配（李萍，2010）。但是政府失灵和市场失灵的存在为分配领域中的协调与发展留下空间，尤其是在中国这样处于社会转型期，出现一系列的弱势群体和贫富差距等社会问题。这些问题的存在很难充分体现分配正义的价值。为了克服这一弊端，著名教授厉以宁把伦理作为调节国民收入分配的第三力量，称之为第三次分配。第三次分配是由社会成员的社会道德共识形成的国民收入的自愿调整。它主要是通过慈善对社会财富和资源进行再分配。因此，第三次分配符合分配领域的正义价值。因此，企业在生产经营过程中应该要遵循社会正义这一价值观念的要求，将分配公正融入企业社会责任承担要求中，积极实践和参与社会的慈善公益事业，从而真正促进收入的第三次分配（李萍，2010）。

第四个环节是消费伦理效应，企业必须在满足消费者需求和消费者行为之间取得平衡。社会再生产的和谐发展需要健康理性的消费观念。因此，企业在生产经营过程中承担的消费伦理社会责任是双重的：满足消费者需求和引导理性消费。自20世纪90年代中期以来，中国的供需结构发生了巨大变化。买方市场逐渐取代卖方市场。为了满足市场导向的商业需求，企业必须努力在生产和经营过程中建立以人为本的理念，使产品多样化，以满足消费者的不同需求。企业消费领域中积极承担其社会责任可以促进企业的生产环节，同时因为合理消费理念的逐步形成，消费者也在此过程中逐渐实现健康且安全的消费和生活方式（李萍，2010）。

企业社会责任问题得到了解决，企业经历了从拒绝承担社会责任到推诿社会责任到被迫承担社会责任再到愿意承担社会责任的一个逐渐演变的过程，学术研究层出不穷。单从理论发展脉络看，企业社会责任研究经历了由最初秉承社会达尔文主义的消极社会责任观发展到追求股东主权至上的间接社会责任观，再到强调利益相关者权益的积极社会责任观的过程（王世权，李凯，2009）。时至今日，不同的理论学派对企业是否应该承担和如何承担社会责任等问题仍然存有分歧。一些学者提出了利益相关者理论、社会责任层级理论、企业公民理论、经济伦理学的社会责任理论（赵琼，2007），还有研究者提出企业契约理论、企业系统理论、法律责任论等理论依据。

（五）企业社会责任的传承效应

“传承”一词包含了传递与继承两层含义。根据全国工商联合会最新发布的2021中国民营企业500强榜单，上榜家族企业的创立日期主要集中在改革开放政策颁布后的20世纪80～90年代，是时代红利造就了中国家族企业从0到1再到N+的成长。通过对榜单上家族企业一代创始人年龄信息的统计，结果显示51～60岁区间人数占比最高，为47.4%，其次是61～70岁区间，为32%，二者加总后占比高达近八成，该数据说明中国家族企业目前普遍到了下一代接班的日程。但二代要想成功接班并促成家族与事业的传承延续要面临诸多挑战。例如，两代人管理理念上的矛盾，企业自身转型升级困难，二代经验能力不足，以及“另起炉灶”等不确定性因素。在解决这些难题的众多方法论中，企业社会责任对家族传承的“润滑”作用极易被家族企业忽视。一方面目前有不少家族掌门人对此仍抱有偏见，忽视了企业的社会属性；另一方面家族企业过于封闭，缺乏可持续战略规划眼光。践行企业社会责任，提高家族企业的传承对企业来说仍任重道远（陈伟、芮萌，2022）。

企业积极履行社会责任对家族的帮助是全面性的，主要体现在家族企业和家族本身两方面。对家族企业来说，在企业形象方面，学者戈弗雷发现企业践行社会责任将帮助企业积累无形资本，提高企业声誉、企业市值并增强企业的市场认知度；在生产方面，学者Turban发现这种声誉可以激发员工潜力，提高生产效率，从而为企业打造和谐生产环境；在竞争力方面，学者Johnson发现践行社会责任是一种建立竞争优势的独特渠道，而且能提高企业的财务营收水平；在合作方面，学者Mayer等认为践行社会责任能加深与合作伙伴的信任关系并进一步降低合作成本；在市场方面，学者Carl认为这将积极影响消费者的购买行为并促进消费者对企业忠诚度、满意度、复购意愿的提升。

对家族本身来说，践行企业社会责任是一种利他、回馈社会的过程，是一种精神层面的实践，投身其中将促进家族成员彼此心灵沟通，破除隔阂，拓展家族境界的宽度与广度，进而在家族传承中为家族后代树立正确价值观的标杆。Gómez－Mejía等在梳理和研究家族企业文献时首先提出了“社会情感财富”的概念，指的是企业满足家庭情感需求的非经济效用，可以解释家族企业追求非经济效用目标的内在动力。家族企业出于维护“社会情感财富”的心理，可以影响重要的战略决策，如选择更积极地承担企业社会责任（Gómez－Mejía，2007）。有学者对2011～2015年中国A股上市企业中的523家家族企业，共计2304个观察样本进行研究并验证发现：首先，社会责任履行与企业可持续发展之间的关系是显著的，说明家族企业积极承担社会责任将有利于企业的可持续发展；其次，家族企业的传承意愿越强，则越重视企业的持续经营，企业相对也就更容易实现永续发展；再次，家族企业践行社会责任可以为家族积累延伸型社会情感财富（SEW），这种长期、战略导向型财富能够提升家族声誉、社会影响力和企业价值，并最终有利于家族企业的可持续发展与家族传承。因此家族企业履行社会责任是极具建设意义的。

第二节　利益相关者理论

一、利益相关者理论依据

倡导企业股东利益最大化的企业经济活动导致企业产生了越来越严重的社会问题，如环境、消费者、公众对一些企业的行为开始表达强烈的不满，以股东利益最大化为终极目标的传统经济理论开始受到挑战，利益相关者理论应运而生。利益相关者理论最早产生于20世纪60年代，安索夫最早正式使用“利益相关者”一词，根据利益相关者理论代表人物弗里曼（1984）的解释，利益相关者是指“能影响组织行为、决策、活动或目标的人或团体”。弗里曼将企业的利益相关者分为第一级利益相关者和第二级利益相关者。一级利益相关者包括：股东和投资者、员工、客户、供应商、政府和社区。二级利益相关者是指那些影响企业或受企业影响，但不与企业打交道，对企业的生存没有决定性影响的人。贝利与多德论战中，就是围绕着利益相关者（Stakeholder）展开的。他们认为“制定理想的企业目标就必须综合平衡考虑企业的诸多利益相关者之间相互冲突的索取权，他们可能包括股东、工人、管理人员、供应商和顾客”（贾生华，陈宏辉，2002）。

弗里曼在1984年发表《战略管理：一个利益相关者方法》，提出了关于利益相关者的经典定义：“影响企业的经营活动或受企业经营活动影响的个人或团体。”按照这个定义，从企业内部来讲，利益相关者包括企业的所有者、顾客、管理层、员工；从企业外部来讲，利益相关者包括社区以及政府，学者和批评家、公众、贸易组织、媒体，甚至竞争对手等受企业经营影响的相关者。即，除股东外，包括企业债权人、雇员、消费者、供应商等交易伙伴，也包括政府部门、本地居民、当地社区、媒体、环境保护主义者等压力集团，甚至还包括自然环境、人类后代、非人物种等受到企业经营活动直接或间接影响的客体。在利益相关者理论中，企业社会责任的解释越来越受到关注。在经济全球化的竞争模式下，现代市场经济倡导利益共享，传统观点中的股东利益优先论逐渐被企业责任观念所淘汰。企业的发展要求企业必须关注利益相关者的利益，维护利益相关者的利益（刘丽萍，2006）。事实上，企业的经营活动是在一个由各种利益相关者组成的网络中进行的。企业经营的目的是使利益相关者的利益最大化，也就是说，一个企业的存在不仅要使股东的利益最大化，还要考虑到许多利益相关者的利益。

同样，根据英国Account Ability企业技术委员会（Account Ability Company Technical Committee）制定的AA1000SES利益相关者定义标准，利益相关者是指能够影响或被组织的活动、产品和服务以及相关绩效所影响的群体或个人。托马斯·唐纳森和托马斯·邓菲（2001）根据利益相关者理论详细讨论了企业管理者应如何在企业决策过程中考虑利益相关者：（1）确定参与企业决策的所有利益相关者的范围；（2）确定参与企业决策的利益相关者的利害关系；（3）评估这些利益的合法性；（4）对互相冲突的利益相关者的要求排除优先顺序；（5）对具有优先权的合法利害关系做出回应，确定战略选择；（6）从企业管理的角度评估所做选择的可行性，包括对利益相关者利益的任何特殊考虑；（7）做出最后考虑。

根据利益相关者理论，企业是利益相关者之间相互关系的节点。相关的中心问题是：企业属于谁，为谁的利益而经营？为什么企业要考虑利益相关者的利益？在相关的研究中，有一种观点认为，对利益相关者的关注实际上是为了使企业盈利。换句话说，忽视利益相关者的需求，甚至反对重要的利益相关者，都可能危及企业的生存。从而满足利益相关者的需求才能满足企业的长远利益，这种观点作为一种工具来对待利益相关者，是一种战略分析方法，而与工具论不同的是规范分析论。规范观认为，企业应该从伦理社会责任的角度对利益相关者的要求作出适当的回应。利益相关者是根据他们在企业中的利益来决定的，而不是企业能从利益相关者那里获得多少利益，因此，所有利益相关者都被认为是有价值的。规范的观点表明，从更基本的价值判断的角度来看，企业必须关注利益相关者的利益，这样做既不是企业的"目的"，也不是企业为了达到某一特定目的而使用"手段"，它跳出了如何对待利益相关者利益的"目的－手段"之争，是对利益相关者工具性观点的突破。

因此，弗里曼等主要在契约理论和产权理论的基础上支持利益相关者理论：第一，公平契约要求代理人照顾所有利益相关者的利益；第二，由于企业是由股东和其他利益相关者共同拥有的，因此必须从多元理论的角度对产权进行界定。利益相关者理论的核心思想是：企业是联系利益相关者的纽带。核心问题是：企业属于谁，管理的是谁的利益？与传统的股东至上主义的主要区别在于利益相关者理论，即任何企业没有不同利益相关者的贡献或参与，任何企业都不可能发展。企业追求的是利益相关者的整体利益，而不仅仅是一个特别的问题。所有的利益相关者为了企业的生存和发展投入到特定的投资中，或者他们共同承担某一业务的风险，或者为企业的管理活动付出代价，企业在进行管理决策时必须考虑他们的利益，并给出相应的报酬和补偿（陈宏辉、贾生华，2003）。管理者只有站在利益相关者的角度来管理企业，才能实现企业的可持续健康发展。然而，也有学者指出，企业承担所有利益相关者的责任，这在理论上是合理的，但在实践中是不可行的，因为它模糊了企业与市场的界限。在早期对企业社会责任的研究中，企业社会责任的基本概念比较模糊，也没有统一的衡量企业社会责任的方法。利益相关者理论不仅为企业社会责任研究澄清了社会责任的概念，而且有助于企业社会责任实证研究找到衡量社会责任的方法（沈宏，2005）。因此，利益相关者理论被广泛应用于企业社会责任与企业财务绩效关系的实证研究中。

二、利益相关者理论贡献

第一，以弗里曼为代表的观点认为，一个企业的目标是利润最大化，而利益相关者理论主张所有利益相关者因为“社会”是一个笼统的概念，企业并不知道自己要负责的“社会”具体指什么。企业要么是不知道何处承担社会责任，要么借口社会责任对象不明确而逃避承担社会责任，因而不利于企业承担社会责任。利益相关者理论明确界定了企业利益相关者的对象，将抽象的社会责任具体化。利益相关者有自己的利益要求，这是企业社会责任的一个特定元素。当然，只有利益相关者的合理、符合法律和道德的要求才是企业社会责任的具体组成部分，企业不可能满足所有利益相关者的利益。企业社会责任的范围取决于责任对象的选择、责任内容的选择以及利益要求实现的平衡，从而避免企业社会责任范围的无限的缺陷。因此，利益相关者理论进一步从理论上修正了“股东至上”的经济学观点，同时明确了企业社会责任对象及内容。

第二，早期有两种常用的衡量企业社会责任状况方法。一是“声誉指数（Reputation Index）”法，二是“内容分析（Content Analysis）”法。早期无论是“声誉指数”法还是“内容分析”法，都存在较为明显的缺陷，“声誉指数”往往比较主观，因为企业报表或文件数据不能直接用来衡量企业社会责任，而且也未必有企业声誉记录的数据库可供使用。同样的，企业社会行为与企业其他行为常常融合在一起，目前也普遍存在企业尤其是非公开上市企业信息披露不完善的问题，这些都会影响到“内容分析”的准确性。KLD（Kinder，Lydenberg，Domim Database）指数法是由企业社会责任研究引入利益相关者理论后所产生的一种衡量企业实施社会责任绩效的较好方法。KLD的评价标准分为两种：环境、社会和治理标准（ESG）以及涉及有争议性业务标准（CBI）。环境、社会和治理标准（ESG）用来衡量各类对利益相关者产生影响的企业社会责任，而涉及有争议性业务标准（CBI）衡量企业对有争议性业务，如赌博、烟草等的介入程度。这些指标分别代表企业与员工、顾客、环境、社区及整个社会的关系。对这些指标的表现分别被赋予一定的分数，可以评价公司社会责任表现，KLD 指标法可以在一定程度上增加评价的公正性和客观性。因此，利益相关者理论提供了衡量企业社会责任的可操作方法。

此外，前文已经述及，卡罗尔的企业责任金字塔框架通常被用来研究企业社会责任的外延，但该责任框架比较抽象，不如利益相关者理论容易理解和操作。利益相关者理论也为企业社会责任“怎么办”层面的问题研究开辟了新的道路或理论创新空间。经由满足利益相关者的利益要求，改善利益相关者关系，既可以一方面促成企业履行社会责任，另一方面也可以培养企业的成长能力要素，为企业的持续发展提供保障。

第三节　科学发展观

一、科学发展观内涵

科学发展的理念不仅是国家发展的向导，也是企业发展的内在要求。科学的发展观点决定了企业的发展道路。如果没有对发展方向的科学认识，企业就会陷入误解甚至困难。发展的科学观点对企业社会责任提出了新的要求。企业要快速发展，并将以人为本的社会责任置于企业社会责任的核心。同时，它要求企业全面协调可持续发展，进行综合规划，以落实科学发展观和构建社会主义和谐社会。面对全球竞争日益激烈的市场竞争、经济环境的复杂性、企业的可持续性和满足社会发展的企业，企业的社会责任变得越来越重要。企业社会责任的概念可以被视为体现企业一级科学发展的概念。坚持什么样的企业社会责任概念对建立一个“和谐的企业”和建设一个“和谐的社会”是至关重要的。作为社会的一个重要组成部分，企业不仅应注重经济增长，而且还应注重公共利益。

因此，企业社会责任观可视为科学发展观在企业层面的具体体现，企业坚持何种企业社会责任观对建设“和谐企业”，进而促进社会主义和谐社会的构建至关重要。企业作为社会的重要组成部分，不仅要关注自身的成长，更要关注社会公众的利益。2008 年 11 月胡锦涛主席在 APEC 会议上强调：“企业应该树立全球责任观念，自觉将社会责任纳入经营规划，完善经营模式，追求经济效益和社会效益的统一”。温家宝总理也多次指出“企业要承担社会责任，企业家身上要流淌着道德的血液”。现实生活中，很少有企业是因为承担社会责任、回馈社会而走向衰落的，相反往往是由于企业过分追逐短期利润而采取不顾后果的行为，最终失去了可持续发展的动力。实践证明，只重视经济利益、忽略其他社会责任的企业终究会为自己的行为付出代价。近几年来，在科学发展观的指导和企业社会责任全球化浪潮的影响下，我国政府在构建和谐社会中也相继颁布了多部法规来规范我国的企业社会责任治理问题，如国务院国有资产监督管理委员会于2007年12月29日发布了《关于中央企业履行社会责任的指导意见》等法规对企业承担社会责任提出了明确的规定和要求。

2020年7月21日下午，习近平总书记在京主持召开企业家座谈会并发表重要讲话。习总书记指出：希望企业承担社会责任。企业既有经济责任、法律责任，也有社会责任、道德责任。任何企业存在于社会之中，都是社会的企业。在现实生活中，很少有企业会因为社会责任而衰落，因为它赋予了企业重返社会的权利。相反，企业的衰落往往是过度追求短期利益、不计后果行动的结果，并最终失去可持续发展的势头。实践证明，工业文明在给人类社会带来前所未有的繁荣的同时，也对我们赖以生存的自然环境造成了灾难性的影响。企业在污染和消耗自然环境方面起着重要作用。近半个世纪的环境革命改变了企业对环境的态度，从否认对环境的破坏，到承担不再破坏环境的责任，再到希望对环境产生积极的影响。但是，只有发达国家的环境才会得到改善，人类整体还没有走上可持续发展的道路。其根源在于新兴国家人口和经济的快速增长。虽然这些政治和社会问题超出了任何一个企业的管辖范围和能力，但一个集合了资源、技术、全球影响以及可持续发展动机的组织和企业，就应该承担起这一任务。建立全球经济的可持续发展，然后利用这一历史性的转变来实现自身的发展。近年来，在科学发展观的指导下，在企业社会责任全球化对构建和谐社会的影响下，中国政府颁布了一系列法律法规来规范我国企业社会责任的管理。

二、科学发展观对企业的要求

科学发展观要求企业又好又快地发展。实现未来经济发展目标，关键是在加快转变经济发展方式和完善社会主义市场经济体制方面取得重大进展。国有企业改制重组的成功，充分证明了企业改革和发展不应偏离科学的发展轨道，理解科学发展观的丰富内涵，准确把握科学发展观的精神实质，进一步增强安全意识、主动性和创造力来执行科学发展的理念。在企业发展的各个方面，来学习科学发展观，以实现企业的和谐快速发展。企业是经济的微观基础，是资源的主要分销商，是经济发展模式转型的主要参与者。因此，企业必须按照科学发展理念的要求改造经济发展方式。发展问题必须在发展中解决，并遵循以科学的发展理念为指导进行发展。科学发展的基本思想是实现良好、快速的经济和社会发展，并不断完善。我们不能走浪费资源、污染环境、防治污染的老路。各类企业要以发展为第一要务，增强基本竞争力，增强自身实力，提高经济效益，通过发展创造社会财富。企业的发展和增长所产生的集聚效应，将刺激我国经济的发展，不断满足人民群众的需要，增加社会的整体财富，从而为和谐社会奠定物质基础。按照党的十七大、十八大要求，把握科学发展观和更好地落实科学发展观，注重解决科学发展的问题和障碍，指导企业的科学发展计划，促进科学发展。只有将科学理念贯彻到企业发展的各个方面，企业才能实现良好、快速的发展。

科学的发展愿景要求我们将人置于企业社会责任的核心。以人为本是科学发展概念的核心。按照科学发展理念的要求，企业以人力资源为第一资源，实现企业愉快、快速发展的目标。但对企业来说，以人为本不仅仅是员工的问题，而是所有利益相关者的问题。换句话说，除了股东，员工、债权人、客户、供应商、政府、社区和环境都是企业的利益相关者。因此，企业必须把员工的生命、健康和个人发展作为首要责任。员工是企业生存和发展的基础。尊重员工的生命权、健康权和个人发展权。在企业社会责任中，以人为本是指以人为企业发展的基础，充分反映企业需求，有效促进企业发展。这里提到的人包括消费者、员工、利益相关者等。这就要求企业将企业价值观与员工个人价值观有机地结合起来，为员工个人价值观的实现创造有利的环境和机会。建设健康、进取、积极和厚积薄发的员工氛围，吸取员工的热情和智慧，促进员工和企业的共同发展。但是，资本主义作为一种工具型的企业，对资本的利润倾向于遵循大自然的生命、健康发展。责任人员把企业员工当作成本，所以他们正在尽一切努力减少损失，导致员工的权利和合法利益受损。激烈的竞争环境需要企业之间一定程度的合作，没有合作，竞争对手就无法生存。企业倾向于采用竞争性的价值链管理战略，形成有利于客户、供应商和竞争对手的价值链。为了保持价值链的联系和平稳运行，所有利益相关者必须密切合作。因此，在追求自身利益的同时，企业必须充分考虑对价值链其他成员的责任。企业应建立以客户为中心的价值理念，为社会提供优质的产品和服务，为客户创造更大的价值，赢得客户的信任和忠诚。此外，与企业有业务关系的组织和个人被视为企业的客户，而不仅仅是买家，从而掌握市场脉搏。当以人为本的观念根深蒂固时，公众的消费偏好就包含了道德要求。从长远来看，企业必须有良好的公众形象。因此，企业必须承担更广泛的社会责任，创造有利于个人和整体生存和发展的自然和社会环境。创造良好的自然环境和社会环境有利于提升企业的社会形象，进而起到积极的推广作用。以人为本的企业社会责任在提高竞争力和促进企业健康可持续发展方面发挥着关键作用。

科学发展观要求企业树立统筹兼顾的发展方法。统筹兼顾是科学发展观的根本方法，也是企业可持续发展的根本方法。企业坚持统筹规划，就是要从企业的全局出发，系统设计，统筹考虑，照顾好各方面，协调好各种关系，发挥好各方面的积极性，实现局部与全局之间的良好互动和优化发展。从企业统一规划的角度出发，关键是要正确处理好以下关系，正确处理好发展、改革的关系，正确处理好企业与员工的关系，解决好员工与员工的关系，处理好企业与环境的关系，改善企业与供应商的关系，纵向组织与横向组织的关系，企业、政府、新闻媒体之间的关系，内部机制配置与制度的关系。从我国“科学发展观”的确立开始，科学发展观对我国企业社会责任提出了新的要求。这就要求中国企业不仅要在资金、技术、资源利用能力等“硬”竞争力上追赶欧美国家，还要在“软”竞争力基础上学习欧美国家的“企业社会责任”。

在统筹兼顾的视野下创造和谐文化。统筹兼顾是科学发展观的根本方法，也是企业可持续发展的根本方法。企业坚持统筹规划，就是要从企业的全局出发，系统设计，统筹考虑，照顾好各方面，协调好各种关系，发挥好各方面的积极性，实现局部与全局之间的良好互动和优化发展。和谐文化是建设追求共同福祉的和谐社会的过程。企业在建设企业文化的过程中，打造具有中国特色的设计模式，努力打造和谐的企业是基础和保证，也是实现企业与外部和谐的基础和保证。全面实施科学发展理念，建设社会主义和谐社会，是一项困难而复杂的系统工程，需要全社会长期不懈努力。企业在社会中发挥着越来越重要的作用，特别是自从中国加入世贸组织以来，企业越来越多地参与国际竞争，并日益成为全球市场不可分割的一部分。与此同时，全球企业社会责任运动对中国企业产生了深远的影响。以人为本，实现全面、协调、可持续发展，已成为社会各界的广泛共识。企业只有成为社会的一员，才能与社会共同生存、发展和繁荣。因此，促进和实施企业社会责任是建设和谐社会和实施科学发展理念的重要组成部分。

第四节 可持续发展理论

一、可持续发展理论依据

1987 年，世界环境与发展委员会发表的一份报告，指出可持续发展理念："既满足了现代人的需求，又满足后代需求的能力。"2006 年 10 月，全球报告倡议组织（GRI）在荷兰阿姆斯特丹发布了《可持续发展报告指南》第三版，该指南更加注重报告结果；更强调报告原则的"实质性"性质；引入新的"应用层"制度，以提高参与人数；对于不同规模、不同类型的企业更具有实用性。理论界认为应将可持续发展纳入企业社会责任的研究领域。乔治·恩德勒（2006）单独列出了企业的环境责任。从可持续发展的角度来看，他认为企业应该减少对自然资源的消耗和减少损害环境的废弃物。金乐琴（2005）认为政府干预和市场调节存在缺陷，而企业社会责任是推动可持续发展的重要力量，能发挥独特的作用，承担企业社会责任有助于企业实现经济与环境"双赢"。郭蕾（2007）研究认为企业在追求自身利润的过程中，应该以社会责任为出发点，平衡企业不同利益相关者的合理利益需求，实现企业与社会、环境永久性和谐发展的生存状态。企业的可持续发展是一个适度增长的过程。这种适度反映在企业内部资源协调的发展、外部市场环境的适应性和实验数据的收入上。其本质是通过创新能力提高企业的长期发展，获得持久的竞争优势，扩大企业规模，满足其利益相关者的需求。企业可持续发展理论包括两个方面。第一个方面是在承担企业社会责任的同时如何保证企业的生存和发展。第二个方面是企业要保持竞争优势，必须考虑到社会经济发展环境，与环境、生态、资源进行协调。1975年，戴维斯和布罗思托姆在《经济与社会：环境与责任》一书中，给社会责任下了一个更为明确的定义，他们声称“社会责任是指决策制定者在促进自身利益的同时，采取措施保护和增进社会整体利益的义务”。

Steg等（2003）的研究指出，“企业社会表现”一词已不足以表达企业社会责任或表现的重要性，当前学者应从更高的角度提出“企业表现”模型，可以是可持续的企业表现模型。研究认为企业可持续绩效包括：（1）经济表现：增加盈利能力和市场价值。具体包括市场的经济价值，经济表达。（2）社会表现：影响和利益相关者关系，包括员工满意度、客户满意度、社区满意度、供应商满意度和竞争满意度。（3）环境绩效：企业活动对当前和未来环境资本存量和环境服务的数量和质量的影响，即企业活动对全球环境的影响。包括承诺可持续利用稀缺资源，减少气体和废物的排放，减少对生命维持系统的不利影响，以及减少对生物链的影响。Steg等的研究本质上还是企业社会责任的表现，但是因为立足于企业可持续性，成功地将经济、社会、环境三者合理贯穿起来。

斯图尔特·L·哈特在《资本之惑：企业可持续发展的战略选择》一书中提出一个矩阵分析模式，用一个可持续发展价值框架来分析企业可持续发展的战略过程。这些战略具体包括污染防治战略：以期提高生产效率，减少原材料消耗，降低原材料成本以及处理废弃物的成本，降低风险；产品管理战略：企业与利益相关者如供应商、消费者、社区、非政府组织和媒体等相互作用，在企业整个的价值链过程中减少企业对环境的破坏。清洁技术战略：强调创新的作用，依靠创新去超越现有标准，使得企业不仅是追求减少其生产经营过程中的对环境产生的负面影响，而是通过清洁生产技术研发创新，依靠更加可持续发展的技术确立的内在竞争力去应对和缓解一些社会问题和环境问题。可持续发展远景战略：树立可持续发展愿景强调的是努力在使企业自身发展壮大的同时，不是牺牲环境和其他群体的利益，而是使环境和社会各阶层的人群能够同时受益，尤其是要满足金字塔最底层的人们的需求。此战略倡导是一种经济、社会、环境多层面的可持续发展的观点，充分验证和体现可持续发展理念中所倡导的代代公平和代际公平。斯图尔特·L·哈特的可持续发展矩阵分析模式可以作为一个诊断的工具，用来从现在和未来，企业内部和外部判断一家公司的战略是否真正具有创造可持续发展价值的潜力。

二、企业社会责任的战略选择

在全球化浪潮中，经济、社会和环境问题之间存在着强烈的相互作用。企业是区域经济和区域社会的基本组织，是直接促进或破坏自身生存和发展环境的重要参与者。因此，企业不仅要追求自己的“利润最大化”，还要努力创造一个“利润最大化”的经济、社会和资源环境。一个企业要想成功成长，就必须走可持续发展的道路。企业的可持续发展不仅意味着实现企业当前的经营目标，还意味着保持利润的持续增长和经营效率的持续提高。实施社会责任的过程也是改善可持续发展治理的过程。可持续发展治理的概念是在 20 世纪 90 年代全球变暖的宏观气候背景下提出的，主要涉及国家环境治理。国际学者对企业可持续发展治理的研究已经持续了近 10 年。根据定义，毕马威在 2008 年提出了将企业治理与可持续发展相结合的建议，以实现企业可持续发展。通过完善企业可持续发展治理结构，创新企业可持续发展模式，提高企业可持续发展能力，实现企业可持续生存和可持续发展的治理活动。企业社会责任是在经济全球化、企业发展瓶颈的背景下产生出现的。企业可持续性研究和企业社会责任研究可以说是相辅相成的，两者之间有很强的相关性。企业社会责任将企业、利益相关者和社会的利益紧密联系在一起。这是企业对社会、环境、资源、股东和员工的全面考虑和持续的责任。企业的生产环境、市场环境、舆论环境、社会环境和生态环境可以更好地推动企业发展，实现互动。毋庸置疑，企业社会责任是可持续发展战略的客观要求和不可避免的要求。它与可持续发展战略有积极的互动，是一个硬币的两面性。我国是一个人均资源短缺的国家，企业的发展必须适应资源节约。一个企业不能忽视全局。作为企业家，我们必须站在全局的立场上，坚持可持续发展，高度重视资源节约。要下决心转变经济增长方式，发展循环经济，调整产业结构。特别是要响应中央号召，实施“走出去”战略，用好两种资源、两个市场，确保经济运行安全。

（一）树立企业形象，增强企业竞争力

虽然各企业都承担着一定的社会责任，增加了短期的经营成本，但这无疑有助于企业建立良好的企业形象，形成无形资产。因此其竞争优势，最终为企业长期的潜在好处。哈佛商学院教授潘恩表示："建立在健全道德标准基础上的组织价值体系也是一项资产，可以带来许多好处。"这些好处可以在三个方面找到：组织效率、市场关系和社会地位。责任与竞争力相辅相成，相互影响，共生共存。没有社会责任，企业就无法竞争。企业可以通过加强社会责任不断提高竞争力。同时，企业也可以通过良好的文化机制和高水平的创新来提高适应能力，这有助于建立科学的风险预防机制，提高风险管理水平。企业的形象和声誉也得到了提升。企业多重社会责任是提高劳动生产率和经济效益的有效途径，是企业在市场竞争中生存和发展的可靠保障。企业的竞争力是企业发展和生存的关键。企业社会责任的实施不仅体现了企业对社会的贡献，也体现了企业对内部员工的社会责任和关怀。一方面，在信息时代，企业的公众形象已经成为决定其成败的关键因素。落实改善企业社会责任和企业之间的关系，创造所有利益相关方企业及其利益相关者（政府、投资商、贸易伙伴、员工、消费者、社区、民间团体等）之间良性互动，从而让企业在一个良性的环境中成长。与此同时，环境保护意识、公众意识和社会责任意识的提高，企业对社会责任的要求也越来越高。在此背景下，企业社会责任还可以帮助企业建立良好的形象，获得商业信誉，并获得相应的竞争优势。因此会有越来越多的消费者和分销商从具有社会责任感的供应商和生产商购买产品。另一方面，在现代社会，没有稳定的劳动力，企业就没有可持续的发展，任何企业都很难变得更大更强。沿海地区农民工日益短缺就是一个很好的例子。许多中小型企业盲目使用廉价劳动力作为自己企业的发展资源，没有注意改善农民工的社会福利、生活和生产条件，侵害工人的权利和利益。结果，工人们"解雇了老板"。因此，企业很难找到员工，不得不暂时停工或暂停部分生产。因此，企业积极履行社会责任，改善劳动环境，保护劳动利益，可以提高员工的长期忠诚度，这对于吸引优秀人才，充分发挥员工的主动性和创造性，大大提高生产力是非常有帮助的。

（二）企业可持续发展与社会可持续发展相统一

党的十六届三中全会提出："要坚持以人为本，树立全面、协调、可持续的发展观，促进经济、社会和人的全面发展。"企业与社会是一种共生关系：社会的发展依赖于企业的发展和成长，企业的生存和发展也离不开社会关系和社会环境，否则就会失去赖以生存的物质基础。国家可持续发展战略的提出表明人类经济活动的行为和运作模式发生了重大变化。它基于生态可持续性、经济可持续性和社会可持续性三个原则。企业是社会经济发展的参与者。企业的可持续发展必须以社会、经济和生态的可持续性为目标。这要求企业一方面应该自觉意识到保护自然生态环境，生产和经营过程中，预防和控制污染，积极推行清洁生产，不为谋求自身经济利益，牺牲环境。从而维持自然生态系统的可持续性；在此背景下，我们要走扩大再生产的道路，继续发展，提高生产效率，节约有限的资源，让子孙后代享受我们这一代人所拥有的一切资源，确保经济持续稳定发展。另一方面，必须确保维护社会公平和增加就业的行动，特别是考虑到某些特殊利益集团的利益，如促进少数民族、妇女和残疾人的就业和贫困地区融资，从而促进社会的公平和稳定。

（三）企业可持续发展的动力源

企业社会责任是企业可持续发展的驱动力和约束力量，体现了企业社会责任对企业可持续发展的影响。这三个因素的结合形成了一个驱动系统，使企业有组织、有序和有效的可持续发展成为可能。在企业可持续发展的道路上，企业社会责任首先起着指导、决定方向、推动企业可持续发展的作用。社会责任具有一定的强制性和约束性，形成了一个框架体系，确保企业可持续发展的道路不会偏离正确的轨道；企业奖励那些尊重社会责任、促进可持续发展的企业。

首先，企业社会责任是企业可持续发展的导向。无论是企业社会责任的概念还是理论内涵，都非常重视企业可持续发展与其利益相关者之间的关系，尊重和关心员工的权力，企业发展与环境保护之间的协调共进问题。可以说，企业社会责任理念是可持续发展的核心要素，也是企业社会责任理念的目标。可持续发展，不仅取决于企业自身的实力，也取决于企业其他的发展方向是否是正确的。由此可见，企业可持续发展的成功与其战略导向机制密切相关。战略是一种宏观指导企业发展的方向，保证可持续发展成为可能。在微观层面上，指导企业的可持续发展。这些战略就像灯塔指引企业发展道路，不断指导企业的可持续发展顺利进行。也许不是所有，但可以肯定的是，企业社会责任是企业可持续发展的重要导向机制。

其次，企业社会责任是企业可持续发展的保卫者。即使有引导机制进行牵引，企业在发展过程中也会因客观或主观原因而偏离可持续发展的正确道路。例如，企业社会责任的客观调整是建立在外部因素的基础上的，但企业对这种调整的敏感性不高，不能根据社会责任的新内容进行战略调整，方向的偏离是不可避免的。在经济全球化的趋势下，社会、经济、文化、资源和环境问题在社会发展过程中相互交织、相互暴露。人权保障、劳工权益、消费者权益、环境保护等一系列敏感问题，成为当前需要解决的首要问题。在强调社会责任的同时，它并不否认经济目标对企业的重要性，事实上许多企业为了利益而忽视可持续发展目标，损害其利益相关者的权益，破坏社会整体的和谐发展，这是可持续发展道路的主观偏差。企业社会责任的目标是多元化的。从企业责任的发展趋势分析，企业社会责任日益多元化，呈现出标准化和刚性约束的新特征，其中包括员工、消费者、社区、社会组织和商业伙伴。相应的，形成的约束力是多层次的，包括经济契约责任约束、法律约束、道德伦理约束、社会舆论约束等。各种约束相互交织，形成一个稳定的、多方面的约束网络。当企业违反社会责任标准，不履行社会责任时，可以通过法律的强制、道德的约束和舆论的谴责来改变其原有的行为。虽然是被迫的，但它帮助企业回归到自己的可持续发展道路。

最后，企业社会责任是对企业可持续发展的一种激励，有利于调整企业内部的人际关系，激发员工的生产积极性和创造力，提高劳动生产效率和经济效益。从行为的角度来看，由于需求而存在动机，动机是企业行为的直接原因。促进和稳定企业行为的是与激励密切相关的权力。没有动力，企业的可持续发展行为就不能保证长期稳定。企业越来越重视对员工的激励，他们认为制度上的限制和惩罚措施并不是让员工尽可能为企业服务的最好方式。只有坚持以人为本，实施科学有效的激励机制才是切实可行的途径。构建和完善社会责任激励机制是企业积极履行社会责任、促进企业可持续发展的根本和有效途径。企业对社会来说就像“员工”。当他们履行社会责任时，他们为社会做出了贡献，促进了社会的和谐发展。只有这样，企业才能更好地服务于社会，形成企业与社会互动的良性循环。例如，社会可以优先为业绩优秀的企业提供稀缺的材料、优秀的人才、先进的技术支持、额外的财政激励和优惠政策，通过激励促进企业的可持续发展。一般情况下，激励的效果大于静态引导和强制约束。社会责任经过不断地发展和完善，已经初步具备了上述激励功能。因此，企业社会责任对企业的可持续发展具有很强的激励作用。

在实施科学发展概念的过程中落实企业的社会责任不仅有助于企业的可持续发展，而且也是实现社会和谐发展的唯一途径。企业的社会责任工程系统需要协调企业、政府和社会的共同努力，以提高企业履行社会责任和实现可持续发展的效力。

第五节　社会契约理论

一、社会契约的概念

社会契约理论是 17 世纪以来，西方国家极有影响的一种社会学说。现代企业理论把企业理解为不同个人之间复杂的显性契约和隐性契约的交汇所构成的一种法律实体（Jensen & Meckling，1976）。霍布斯最早提出了社会契约论。他认为，主体之间的契约是国家政治的起源。随后，洛克、卢梭等人用自由主义思想进一步完善了社会契约论。虽然他们的观点略有不同，但他们都认为社会契约是人与人之间、人与社会之间关系的高度抽象。综合社会契约理论是美国学者唐纳得森和邓菲于 1994 年提出的，是将企业社会责任与社会伦理联系起来的重要理论。工具主义认为企业承担社会责任，应考虑利益相关者的利益，因为企业可以被用作实现企业目标的手段和工具（Jones，1995）。规范性观点强调，无论企业的经营状况如何，它都具有伦理的社会责任，应该对利益相关者的要求作出适当的回应（Donaldson & Preston，1995）。现在有规范研究者指出如何思考利益相关者的利益要求“目的——手段”之争，但从更为根本的价值判断的角度来论证企业必须关注利益相关者的利益要求。他们认为，企业承担社会责任既不是目的，也不是为了达到某种目的而采取的手段，它的性质类似于一个人在社会系统中扮演的角色任务（Clarkson，1995；Mitchell & Wood，1997）。在综合社会契约理论中，工具主义认为，企业需要承担社会责任，考虑利益相关者的利益，因为企业可以被视为实现企业目标的手段和工具，是企业承担社会责任、考虑利益相关者利益的“最普遍的理由”，容易被企业所接受。而规范主义则在更为根本的基础上确立了企业与利益相关者之间的契约关系，明确了企业承担社会责任的性质。

社会契约理论为企业社会责任奠定了理论基础。企业契约与社会契约构成了企业的制度安排。企业的基本任务是提供追求利润的产品和服务，同时为社会做出最大的贡献，承担社会责任。根据企业社会契约理论，企业对经济发展的追求并不会自动带来社会进步，而是可能导致环境恶化、工作条件恶化、对社会特定群体的歧视等社会问题。社会契约理论和企业社会责任的结合，更好的解释我国企业社会责任建设应当基于经济价值和社会价值的辩证统一之上。在外部规范调整的核心理论中，以与自然、社会和谐共处为终极追求，为我国企业社会责任建设提供了有益的启示。总之，根据企业契约理论，企业社会责任实际上包含在契约网络中，这是现代契约关系的内生要求。从这个角度来看，企业社会责任可以看作是契约义务的组合，它是指与利益相关者相关的各种正式或非正式的、显性或隐性的、主动或被动的契约义务。从契约的角度来理解企业社会责任至少包含以下含义：第一，企业社会责任是由一系列契约所规定的，这些契约可以分为显性契约和隐性契约两大类。明确合同主要是指社会政治制度、法律等。隐式合同包括习惯、承诺、信任等，对合同参与人也具有约束力。美国法学家麦考利从实证材料中发现，20世纪50年代美国60%～75%的工业活动是基于非契约关系的。第二，企业与社会的契约关系规定了企业有义务遵守与社会达成的契约，履行企业与社会之间的契约义务是企业的社会责任。总之，社会契约要求企业的行为必须符合社会的期望，企业应该为社会和经济的改善履行自己的义务。第三，企业与社会之间的契约不是静态的，而是不断发展变化的。企业社会契约变化的原因在于社会环境的变化，社会环境的变化改变了契约参与者的行为策略，通过反复博弈形成新的契约条款。“责任的来源既产生于关系，又产生于为关系的运作（包括兑现承诺）提供结构的外部社会（麦克尼尔，1994）。”

二、社会契约理论原则

（一）社会契约的自由平等性

社会契约是人自由选择的结果，包括人的自由参与、内容的自由决定和方式的自由选择。任何第三方，包括作为立法者和司法机关的国家，应尊重有关当事人的自由意志。社会契约隐含着对缔约各方地位平等的要求，这一原则是对自由原则的补充。没有双方地位的平等，观念的自由表达是不可能的。因此，合同双方地位平等是合同发生的重要理论假设，是合同存在的基本条件。

（二）社会契约的效用性

社会契约的签署者假定契约对他们有利，而不是一方受害而另一方获益。换句话说，这是一种“帕累托改进”，一种至少提高了一方利益的合同，这也是签订合同的前提条件。当然，这种“对双方都有利”只是双方在签约前的理性预期，并不一定是签约的实际后果。在现实生活中，它完全可能有这种情况，这一方的合同没有利润、利益受损，甚至双方的利益都不会丢失。但这并没有改变契约的基本原则。

（三）契约合同的不完整性

由于人们理性的有限性、信息的不完整性和交易项目的不确定性，明确所有特殊权利的成本过高，不可能制定出完整的契约，不完整契约不可避免且频繁出现。合同的不完全性源于人的有限理性和信息不对称导致的合同成本和确认成本的增加。由于有些事实是可以观察到但无法证实的，因此它们成为不完全契约的理论基础。由于当事人的有限理性和信息不对称，很难考虑到合同执行过程中所遇到的所有情况。一个合同的执行需双方在实际执行过程中进一步协商合作。与过去的个人交易相比，关系合同需要随着时间的推移，根据实际情况调整各种措施的实施。当各种利益冲突和冲突发生时，惯例、传统、情感等非规范性因素会促使关系契约的参与者放弃短期经济利益，考虑企业的长期预期利益。此外，参与者也意识到，在履行合同方面存在许多困难，必须通过他们之间的协调来解决。衡量合同履行的标准应该从其背后的社会规范出发，寻求现实依据，而不是仅仅根据双方约定的合同条款来解决问题。关系契约不仅是市场经济的一种交易机制，也是促进社会制度完善的一种手段。当事人可以根据客观情况的变化协商和调整合同的内容，自己并不拘泥于死板的合同条款。关系契约的执行是一个不断变化的过程，试图在合同主体订立合同时就界定所有与合同履行有关的事项是不现实的，合同履行应视为一个长期的、渐进的过程。

第六节　企业影响力理论

一、企业影响力的概念

企业影响力或者按更宽泛的定义是指企业权力，是“生成一种效果，对一种事态或一批人施加影响的能力或力量”（卡罗尔，2004）。“企业权力是指企业通过行动改变社会的力量和强度”（乔治和约翰，2002）。企业所具有的社会影响力可以表现在很多方面，其影响力也与日俱增，因而学者关心这种影响力是否能够受到控制，满足社会的需要。

乔治·斯蒂纳和约翰·斯蒂纳认为，在一个多重制衡的自由市场社会中，企业权力会受到政府、社会利益集团、市场及相关经济利益集团、社会价值观等多方面的制约。从政府角度看，税收和经济发展政策会影响企业的权力；社会团体会通过一系列行动来限制企业的权力；而诸如股东，员工，供应商，客户，社区等相关经济利益体则会反对损害其利益的企业行动；同时，包括职责、公正、准则、忠诚等行为规范和标准的社会价值观也会约束企业的行为。但是，因为相关制约因素都有或是约束不力，或是约束成本过高等局限性，因而如果企业自觉履行社会责任，约束自我，从社会整体角度来说是比较合理的制约方式。随着社会的发展，社会公众对企业的期望也不断提升，企业已经成为一个具有多重角色与任务的社会机构，单纯以利润为目标已经很难有生存发展的空间，只有勇于担当企业社会责任的企业才可能与社会“交流”，获取持续发展的必要资源。在企业权力与社会责任的相关研究中，相关学者对责任与权力平衡的原理进行了比较深入的探讨，其中戴维斯（1960）的“责任铁律”最具有一定的影响力，他强调“商人的社会责任必须与他们的社会权力相称”。企业“对社会责任的回避将导致社会赋予权力的逐步丧失”，也为企业社会责任研究提供了理论基础。

企业作为现代社会最重要的组织形式之一，其发展为现代人类社会的文明和发展做出了卓越的贡献。企业在世界不同国家和地区书写了一个又一个传奇，可以称为企业传奇。企业促进技术、管理和制度的进步。企业以自身的影响力为社会各方面都做出不可或缺的贡献。

（一）企业的经济贡献

主要是指企业作为一个市场经济中的创造经济利益的主体，必须努力扩大规模，不断改善经营，提高经济效益，从而为股东创造更大的价值。民营经济的发展大大丰富了市场供给，增加了市场供给的数量和种类，彻底消除了短缺经济对提高我国居民生活水平的制约。2000 年以来，个体私营经济实现的社会消费品零售总额已占全社会消费品零售总额的一半，并呈现出快速增长的趋势（刘江兵，2013）。此外，还包括企业要依法纳税，为国家的财政收入做贡献。

（二）企业的法律贡献

根据组织合规性理论，企业想要谋求持续的发展能力，必须在生产经营过程中遵纪守法，严格按照相关规定组织生产，开展活动。此处的“规”，是多层级的“规”，不仅包含企业自身的规章制度、部门法则，还包括国家及行业标准规范，甚至是国际公约等。

（三）企业的道德贡献

这主要是指企业在生产经营过程中，不能只顾经济利益，以牺牲环境为代价来达到经营目标。企业除了应尽力避免给企业所在地居民带来不良影响外，还应积极投身社会慈善、环保活动等公益事业，分别可以归纳为企业对社区、对政府的社会责任。当代中国的发展战略是以经济建设为中心的，社会的各个方面或多或少都带有一点商业色彩。企业是经济发展的重要角色，企业的言行对社会变革有着深远的影响。举个简单的例子，商业广告作为企业宣传产品的重要方式之一，具有很强的社会影响力。然而，由于虚假宣传和非法背书，广告平台的公信力大大降低。因此，企业是否有道德，不仅是企业本身的问题，也不仅仅是消费者权益的问题，而是具有社会影响的问题。只有培养良好的企业道德，才能真正在全社会形成良好的诚信风尚，从而为提升中国的软实力做出贡献。

二、企业影响力理论原则

企业活动对社会有一定的影响，主要体现在两个方面。一方面，它指的是社会中看得见的、立即发生变化的直接原因，如市场的扩大、新产品的推出、工人的雇用或解雇等；另一方面，企业通过其行业内的累积增长改变社会，在这个层次上，企业的影响有许多间接的、无形的和不可知的影响。这种影响也是日益增长的商业和社会联系的结果。一般认为企业具有很强的影响力，但不同学者对企业在社会中的影响力控制程度、满足人们利益要求的程度有不同的理解。关于企业影响力的观点大致可以分为两大类：主流理论和多边制衡理论。例如卡尔·马克思的主要理论认为对社会的影响，企业的利益占据一个重要的地位。而不能良好的应用程序的监督，发挥企业的影响力，这可能会导致企业产生有害的影响和改变社会对自己的利益，同时也损害了公众的利益。精英理论是占主导地位的理论观点的一部分，社会学家瑞特·米尔斯在他 1956 年的学术著作《权力精英》中将美国社会描述成了一个影响力和地位的金字塔，有影响力的精英主要由大企业的领导者组成。然而，多边平衡理论认为，虽然企业的影响力在社会中发挥作用，但市场、政府、劳工等组织也有很强的影响力，而且企业的影响力会受到外因的限制、控制甚至抵消。在一个相互制衡的多边社会中，所有的影响都分散在不同的群体和组织中。没有一个群体拥有压倒性的力量，每个群体都对其他群体有直接或间接的影响。多年来，这些不同的理论之间一直存在争论，不同的证据支持不同的理论，但大多数学者都得出了相同的结论：只要企业的影响是民主负责的，由社会控制，社会将始终支持其合法性权益。

| 第三章 |

共同富裕视域下家族企业社会责任发展现状

第一节　家族企业发展现状

一、家族企业的概念

家族企业作为世界上最常见的企业组织形式，在世界经济中发挥着重要作用。在世界各国，无论是发达国家还是发展中国家，家族企业都在不断成长和发展。美国学者科林·盖尔斯克说："即使最保守的估计也认为家庭所有或经营的企业在全世界企业中占65%~80%，全世界500强企业中有40%由家庭所有或经营。"

家族企业是指以家族为主体，资本或股份由家族控制，家族成员在企业中占主导地位的企业。总之，家族企业是以血缘关系为基础，以追求共同利益为目标，同一家族拥有决定整个企业发展的权利。一般来说，判断一家企业是否是家族企业的主要标准包括企业名称是否以家族命名，是否大多数家族成员都在该企业工作并发挥重要作用；或者整个家族拥有最大的企业股份，以此类推。这些都是确定家族企业的标准。家族企业主要有以下几种类型：纯家族企业（企业的员工，包括经理、总经理和普通员工，都属于同一家族，且家族企业的规模一般较小）；传统的家族企业（最高决策权由家族中最具权威的人掌握，管理者都是家族成员，不重要的角色一般由外人掌握）；现代家族式企业（企业的所有权主要由家族控制，管理权利和管理人员的选择不局限于家族成员）。对于外来者来说，选择有能力的人员发挥重要作用，而家庭干预相对较小，所以这类企业的规模往往较大。现代管理是指企业运用现代自然科学和社会科学的研究成果，使管理适应现代科学技术的发展水平。随着时代的发展，家族企业往往会进行现代化改革，希望家族企业能够得到更好的发展，不被时代所淘汰。

据统计，家族企业创造的价值目前占据美国 GDP 的 50%，并为美国提供了 50% 的就业机会。而据美国家族公司研究所的调查，家族控制企业对美国新增岗位的贡献率达 78%。同时在这些家族企业中，不再是控股严密的私人公司和夫妻店，也存在很大比例的上市公司。据《幸福》杂志统计，在全球 500 家大型企业中，有 175 家家族企业。而在美国公开上市的最大型企业中，有 42% 的企业仍为家族所控制，近几年来虽然美国上市公司股份呈分散化趋势，但总体上来说，家族仍然控制着企业较大的股份。据中国香港学者郎咸平教授对世界各国公司治理的研究，目前在欧洲各国中，前 15 大家族控制上市公司的比例均在 20% 以上。比利时和法国甚至达到 36.63% 和 33.80%，家庭企业在所在国的作用非常明显。在东南亚各国和地区中，最大的 15 个家族控制的上市公司的股票市值占总市值以及国内生产总值绝大部分。

在我国，20 世纪 70 年代末到 80 年代初，才掀起了家庭经营的第一次浪潮。随着对私营经济在国民经济中地位的认同，占据私营经济绝大比例的家族企业得到了长足发展。根据《中国统计年鉴》的资料，1989 年我国的私营企业共有 9.05 万户，到 2001 年私营企业增长到 202.85 万户，增加了 21.4 倍，注册资金从 84 亿元增加到 18212.2 亿元，增加了 215.8 倍（未扣除价格因素）。在私营企业对国民经济的贡献方面，私营经济对 GDP 的贡献率由 1989 年的 0.57% 上升到 2001 年的 12.7%，20 世纪 90 年代以来平均每年提高近 1 个多百分点。在就业贡献上，私营经济所占的比例越来越高。1989 年，全社会每 100 个新增就业者中有 0.07 人流向私营企业，到 2001 年时，已增至有 33 人流向私营企业。

可以看出，无论是欧美的发达国家还是东亚地区的发展中国家，家族企业都在国民经济中发挥着重要作用。特别是在我们这个经济发展还不平衡，就业压力很大的国家，发展以家族企业为主导的私营经济，对于解决就业压力，提高国民福利水平，都具有极其重要的现实意义。因此，从这个角度出发，对家族企业进行研究是一个非常有意义的话题。

“家是最小国，国是千万家。”家族从来都不是独立于国家概念之外的孤立因素，而是促进社会发展的重要推动力。家族企业应当切实担负起社会责任，成为社会发展的重要牵动作用。以比尔盖茨为例，1994 年以来，他的身家翻了将近 290 倍，其基金会还大规模向社会捐赠资金，盖茨家族通过微软创造财富，又通过基金会将财富回馈社会，比尔盖茨及其家族也成为全球“富而好礼、富而有道”的典范。安永会计师事务所联合瑞士圣加伦大学发布了“2021 全球家族企业指数”，该指数以企业 2020 年度营业收入为依据对全球 500 强家族企业进行排序。智研咨询数据中心据此推出《智研年榜：2021 全球家族企业 500 强欧洲上榜企业排行榜单 TOP230》。2021 年全球家族企业 500 强共实现营业收入 7.28 万亿美元，入围门槛为 32 亿美元，分布在全球 6 个大洲，45 个国家或地区，欧洲上榜企业数为 230 个，排名第一，其中沃尔玛公司以 5591 亿美元营收蝉联榜单榜首，伯克希尔哈撒韦公司和 EXOR 集团位列榜单第二、三位（见表 3.1）。

表 3.1　2021 全球家族企业 500 强欧洲上榜企业排行榜单 TOP20

排行	公司	年收入 $10 亿	创始年份	雇员	国家地区	家族持股比例%
1	沃尔玛	559.1	1962	2300000	美国	48.9
2	伯克希尔哈撒韦	245.5	1955	360000	美国	37.2
3	EXOR SPA	145.3	1927	343415	意大利	53
4	施瓦茨	140	1930	450000	德国	100
5	福特	127.1	1919	186000	美国	40
6	BMW	122.2	1916	120726	德国	46.8
7	科赫工业公司	115	1940	120000	美国	84
8	嘉吉公司	114.6	1865	155000	美国	85
9	康卡斯特公司	103.6	1936	168000	美国	33.8
10	戴尔技术公司	94.2	1984	158000	美国	75
11	罗伯特博世公司	87	1886	395034	德国	100
12	信实工业	79.5	1973	195618	印度	44.3

续表

排行	公司	年收入 $10 亿	创始年份	雇员	国家地区	家族持股比例%
13	SK 公司	73.9	1953	107983	韩国	32.7
14	碧桂园	71.1	1992	93899	中国	59.3
15	INA – Holding Schaeffler GmbH & Co. KG	70.5	1946	317316	德国	100
16	罗氏集团	68.5	1896	101465	瑞士	50.1
17	LG 公司	58.1	1947	75000	韩国	33.7
18	LVMH Moet Hennessy Louis Vuitton SA	54.8	1987	150479	法国	47.5
19	乔治韦斯顿	54.7	1882	226229	加拿大	53.2
20	阿迪亚贝拉集团	53.5	1857	22477	印度	100

资料来源：《智研年榜：2021 全球家族企业 500 强欧洲上榜企业排行榜单 TOP230》。

根据 2021 全球家族企业 500 强欧洲上榜企业排行榜单发现，首先，上榜的 230 家企业主要分布在欧洲 20 个国家或地区，德国 79 家企业上榜，比法国多出了 47 家企业，意大利、瑞士、荷兰、西班牙、英国、比利时上榜企业数在 10～20 家；其次，欧洲有 3 家企业年收入超过千亿美元，且跻身进总榜单前 10 名，164 家企业年收入低于 100 亿美元；再次，94 家企业创立时长超过百年，其中德国的默克公司与法国的温德尔公司创立时间最早，距今已有 300 多年，2008 年创立的百威英博，是上榜的欧洲家族企业中成立最晚的；此外，195 家企业其家族持股比例超过 50%，其中 113 家企业家族持股 100%，法国的 Sopra Steria Group SA，目前家族持股 32.20%，低于其他家族持股比例。同时，2021 全球家族企业指数显示，全球 500 强家族企业共实现营业收入 7.28 万亿美元，共雇用员工 2410 万人。500 强家族企业入围门槛为 32 亿美元，同比 2019 年提高了 2 亿美元。从营收规模来看，全球家族企业排行榜中有 9 家企业营收突破 1000 亿美元，有 15 家企业营收在 500 亿～1000 亿美元，有 137 家企业营收在 100 亿～500 亿美元，有 178 家企业营收在 50 亿～100 亿美元，其余 161 家企业营收在 50 亿美元以下。从所属地区来看，美国共计有 119 家企业入围 500 强家族企业榜，营业收入合计达 2.5 万亿美元，雇用了 640 万人，上榜企业数量居全球第一。其次德国有 79 家企业，法国有 32 家企业，意大利有 19 家企业，中国香港有 18 家企业，印度有 17 家企业。

二、各国家族企业发展

（一）英国工业化时期的家族制企业

英国工业化的历史可以说是一部家族企业的发展历史。在英国18～19世纪的工业化和经济增长时期，几乎所有的制造企业都是小规模的家族企业，他们以独资或合伙的形式组织起来，血缘关系在这些企业的经营中起着非常重要的作用。在工业化初期，英国也存在着市场机制不完善的问题。在不稳定的经济环境中，基于家庭和友谊的伙伴关系更有可能生存和发展。首先，家庭关系为小型企业的生存提供了地方信用网络，成为企业吸收重要资金的来源。其次，家庭成员和朋友也是企业，特别是给新企业提供了劳动力和市场信息的来源。与此同时，当时的家族企业大多采用无限责任的方式。在信息高度不对称、监管不充分的情况下，无限责任是提升企业社会信任资本的重要途径，而具有家族背景的企业则大大增强了企业承担无限责任的可信度。当时，英国的市场结构和企业间合作体系也强化了家族企业的发展趋势。尽管英国经济持续增长，但与美国国内市场相比，英国国内市场规模要小得多，不那么繁荣；英国的全国市场因地区口味和偏好而更加分散。与此同时，海外市场对英国公司更为重要。英国作为一个具有丰富商业传统的国家，已经建立了较为健全的批发零售体系和畅通的销售渠道。由于每个地区和海外市场的需求不同，英国企业家面临的是一个有效的细分和差异化市场，而不是一个大规模的同质化市场。这使得英国制造商能够生产小的差异化的产品，而不是需要大规模生产的同质化产品；良好的销售体系也使得厂家不再需要直接拥有或控制自己的销售渠道。这意味着英国企业通常位于一个特定的地区，从事某一产品生产和销售过程的不同阶段的活动，这些特点都使英国制造业得以保持适宜家族制运营的相对较小的规模。同时，英国为保护小型工业企业，其制度环境也极大地鼓励了小规模企业的存在。因此，以地区为导向的小型家族企业在很大程度上促进了英国的工业化。

（二）美国家族企业的变迁历程

与采取“自发”的企业演进路径不同，美国是世界上第一个实现所有权和经营权分离的国家，建立了现代企业制度。然而，在19世纪40年代以前，美国企业大多是小型和个体的家族企业。这种家族企业制度的主要特征是：企业的股东一般是企业家的家庭成员、朋友和关系深厚的商业伙伴；企业的所有权和经营权集中在雇主型企业家身上。这种治理结构决定了美国家族企业在这一时期通常规模较小，不上市，家族始终控制着企业的所有权。然而，在此后的近百年里，美国家族企业普遍实现了从家族企业制度到现代公司制度的演进。

根据钱德勒的研究，19世纪中期以后，社会生产力显著提高、新能源的出现、交通和通信技术的巨大变化，使得大规模生产和分销成为可能，大企业应运而生。大型企业需要资金密集、长期持续经营、专业化管理，这必然推动企业向更加现代化的股份公司转型。美国拥有其他任何国家都无法匹敌的国内市场，美国国内市场比其他国家市场更大、更丰富、更同质化，这促使企业转向大规模生产和销售标准化产品，从而能够充分利用美国特有的规模经济。

技术创新对美国企业生产增长的影响明显高于其他国家，但在当时美国严重地方垄断的情况下，巨大的产品增量很难通过传统方式销售。面对技术进步和市场挑战，美国工业企业普遍倾向于向垂直一体化发展，即制造企业通过前向联合去控制产品销售、通过后向联合控制所需原材料来源。通过垂直整合，企业可以在一定程度上避免市场恶性竞争的不利影响，实现经营的稳定。随着垂直整合，同时出现了数家企业联合起来控制产销过程中某些阶段的水平一体化。这两种整合方式都需要筹集大量资金来建立工厂和销售网络，单纯依靠企业内生积累在短期内筹集资金显然是困难的，这就必然要求企业广泛向社会吸收资金，因此就促使企业主超越了家族的界限。

在19世纪40年代到20世纪20年代的漫长时间里，美国企业规模的扩张伴随着一场“管理者革命”，从根本上改变了美国企业制度。钱德勒认为，市场扩张和技术进步只是现代管理制度诞生的一般前提，推动现代工商企业形成的真正动力源泉是由一群受薪管理者进行的职业管理协调的开创性工作。职业经理人的形成最终导致了企业经营权和所有权的分离，使企业成为现代的官僚企业。这些以有限股份公司形式存在的大型企业，在进入20世纪之后成为美国经济活动的主导角色。

（三）日本财阀式家族企业的转化

在日本资本主义制度建立之前，家族企业普遍存在。明治政府在资本主义制度建立时期实行快速工业化的重商主义政策，大力扩大国家工业资本，从而刺激了家族企业的进一步发展。明治维新后，日本政府首先在全国范围内建立了现代市场制度和市场体系，形成了统一的国内市场。与此同时，明治政府也采取了相应的措施来支持家族企业的大规模发展，如实施财政优惠政策，低价转让政府经营的企业。在当时政府和战时经济体制的积极干预下，日本家族企业依靠家族实力迅速扩大规模，实现了业务领域的多元化。因此，第二次世界大战前出现了一种能够在跨行业领域发挥重要作用的寡头家族企业形式——财阀。这一时期的财阀企业通常以家族合伙组织为中心，通过持股控制银行、贸易公司、制造、矿业公司等与企业活动密切相关的股份公司。这些公司通常还拥有一些小的下游企业。为适应于带有强烈国家资本主义色彩的日本经济体制的需要，又由于封建传统的影响，整个财阀企业集团的管理结构通常是自上而下、集中、垂直的统治家族康采恩或家族卡特尔形态。从今天来看，日本的财阀企业是具有鲜明民族特色的企业组织形式，是资本主义经济原则与具体国情相结合的产物。

由于与政府的积极结合，财阀企业不仅在战前促进了日本的富强，同时也成为军国主义和维护封建残余的帮凶。因此，第二次世界大战后垄断日本的美国以驻日盟军最高司令部的名义，进行了解散财阀等三大民主改革。改革使用了法律手段，不仅通过分割公司和分散股权来限制家族垄断的规模和所有权集中度，还将对财阀领导层进行撤换，并严格限制其连任，彻底打破财阀的人事控制体系。改革的结果，实现了动摇富豪家族企业赖以生存的基础的目的，为企业形态的建立和发展创造了优越的社会环境。新兴企业家在企业制度上彻底抛弃了家族为中心的刚性制度，在管理模式上突破了垂直封闭的控制体系，在营销模式上突破了家族卡特尔的家族内经营体系。因此，战后企业形态明显具有社会化、开放性现代企业的特征。但与此同时，尽管实现了非家族式管理者，现代日本企业在管理上仍具有鲜明的民族传统特征，在一定程度上仍保留了家族式管理，如著名的“终身雇佣制”“年度服务顺序制”和“公司内部福利”（彭松建、汪段泳，2006）。

（四）中国家族企业发展

家族企业在我国的发展历程同样是我国现代经济社会的发展变迁史。中国家族企业的成长壮大，也在某种程度上决定着中国经济的升级转型。本部分分五个阶段进行论述中国家族企业发展，分别是：起伏动荡期、探知求索期、稳步成长期、飞速发展期、成熟固定期。

1. 起伏动荡期（新中国成立之前）

家族企业在我国自古有之，特别是明清时期，家族企业最为兴盛，其中山西”晋商”和安徽”徽商”比较典型。在儒家传统文化影响下，中国古代商业家族尤其注重地域派别和宗族血缘。晚清时期帝国主义的侵略催生了洋务运动。中国的民间资本获得了宝贵的发展机遇，家族企业在中国开始出现。这些家族企业基本以上海和天津为根据地，发展初具雏形。在国民党官僚垄断资本的压制下，这些公司实力薄弱，发展缓慢。新中国成立后，合营改造民间资本成为大势所趋，这些家族企业也包括在内。总之，在近代与建国时期，种种因素阻碍下，我国家族企业的发展有限，动荡不安。

2. 探索求知期（1978～1988 年）

改革开放前，我国没有真正规范的家族企业，这主要体现在家族经营的形式上为家庭经营。到了 1978 年，全国共有 15 万户个体工商户，但那时他们的存在是隐秘甚至非法的。改革开放之初，小作坊经营发展迅猛，广泛出现在沿海地区和江浙等地，其营业收入已经超过国有企业。个体工商户的出现可以作为未来家族企业发展的起点。这个时期，个体工商户虽然发展迅猛，但也承受着社会非议的压力。原因在于当时整个社会的文化程度普遍不高，对新事物的认识不够深入，对市场经济和市场竞争认识不足。这段时期，国家对私营经济的态度向暖，从开始的“摸石头过河”到引导其规范运营。1988 年，具有法律意义的《中华人民共和国私营企业暂行条例》颁布并实施，标志着中国私营经济终于拥有法律资格。在 1978～1988 年这段时期，中国民营经济在艰难中探知，在波折中求索，展现了蓬勃的生命力。中国家族企业也开始起步向前，并逐渐完成资本的初步积累。

3. 稳步成长期（1988～2002 年）

1988 年后，中国个体私营经济在去除私营工商业者的身份障碍后得到了法律层面的正式认可。1992～2002年，中国家族企业堪称井喷式发展。据统计，1993年民营科技企业就已经达到4万家，许多私企商品在国际市场上颇受好评，私营企业也创造了15.8亿元的出口创汇额。我国的家族企业群体在这一时期初现规模，现在行业的领先者中很多都在那时打下了良好的基础，同时也出现了市场环境良莠不齐，法律法规尚不完善等问题。

4. 飞速发展期（2002～2012年）

中国于2001年12月11日正式加入WTO，代表中国全面进入发展的全新阶段。加入WTO后，由于与海外市场更加紧密的联系，民营企业市场发展空间更为广阔，市场竞争环境也更加公平，中国的市场经济开始与国际接轨。从加入世贸到2012年10年间，中国在经济总量上实现了巨大跨越，成为全球第二大经济体。这既得益于中国家族企业的付出，也有数字经济和网络科技的红利促进作用。中国家族企业在这一时期拥有前所未有的优越成长条件。与此同时，中国家族企业也逐渐走进学术界研究的视线，企业的传承问题尤受重点关注。这段时期让许多家族企业实现了从无到有，由弱变强的跨越式成长。

5. 成熟固定期（2012年至今）

2012年至今，我国家族企业发展趋于平稳，向法制化、国际化、制度化道路规范发展成为我国家族企业追求的发展方向。2018年普华永道的全球家族企业调查报告表明，2018年当年我国家族企业拥有高出全球平均的销售业绩；同时相较于全球同行，中国家族企业拥有积极乐观的态度面对未来发展。但与此同时，对于这一时期的中国家族企业，各种挑战也纷至沓来。近几年来，中国经济追求多元化发展，整体增速放缓，大爆发式发展的情形已经不可复制。国家也适时调整产业结构，为中国家族企业的发展提供转型升级的机会。可以预见的是，那些企业生态不健康，管理混乱，效率低下的企业可能会在结构调整中走向衰落。这也要求中国家族企业在社会效益和生态效益上要更加重视。家族企业的新老交替将直接决定企业何去何从。面对环境的变化、市场的风险、情感的碰撞，能否走出一条适合自身的传承道路，考验着所有家族企业创始人与传承者的智慧。

家族企业是一种颇具争议的组织形式。从目前我国家族企业的发展来看，一方面，家族企业不断崛起，发展迅速，经济地位也在不断提高；另一方面，家族企业容易出现企业家陷阱、家族成员内讧、“空降兵”离职、继承陷阱、小股东被抢等现象。这一矛盾表明，对家族企业特别是家族企业可持续发展的研究需要进一步深化（Zhu et al.，2021）。随着我国市场经济的不断发展，家族企业在经济和社会中的作用越来越重要。从总体上看，它们呈现出由分散到规模、由弱到强、由慢到快的发展趋势。

三、家族企业发展特点

（一）SEW 社会情感财富论

对于家族企业而言，其创造的财富往往可以分为两种主要类型，一种是有形的经济财富，另一种是无形的社会情感财富。美国杨百翰大学教授戴尔和惠滕研究了 1991 ~2000 年以来标普 500 企业中的家族企业和非家族企业，发现家族企业比非家族企业更可能承担社会责任，其主要是因为家族的形象和声誉与家族企业是紧密联系在一起的。因此，家族企业一方面不愿意因为不负责任的行为而损害家族的名誉，另一方面这种对社会情感财富的追求，往往还会带来经济效益的增长。因此保护自己家族的社会情感财富，也是家族企业积极履行社会责任的动力之一。

2007 年，戈麦斯 - 梅西亚（Gomez - Mejia）在原有家族企业治理研究成果的基础之上总结得出社会情感财富理论，通过拥有并控制家族企业，从而获得社会情感财富这种非经济利益。社会情感财富代表了家族的整体价值观和行为倾向，是家族内部情感的延续和家族社会地位的产物。在企业经营管理出现重大决策时，社会情感财富使企业把天平倾斜在权重更大的那端，放弃经济利益而倾向社会情感财富，于是随着社会情感财富理论的完善，这种新的企业目标可能成为关键的决策标准。在一些家族企业独有的公司治理行为上，社会情感财富理论给出了更合理的解释，像社会资本维持、继承人选择偏好等。在血缘关系的维系下，家族企业的公司治理团队中必然存在多位家族内部成员，对于家族领导者的决策，他们为共同利益呈现维护性的特质，从而不论利弊都放大决策后果。

根据《2021 第六届中国新生代企业家组织暨中国新生代企业家调研报告》的研究发现，那些把企业看作家族的延伸，非常看重自己在家族企业中扮演的角色，并且十分注重企业的内部管理和对外形象的企业家所带领的企业更有可能取得更好的经济效益。

（二）长期导向

由于家族成员普遍参与持股和企业管理，家族企业的经济目标不再坚持唯一的股东价值最大化，顺利传承企业、家族信誉维护、掌控家族控制权等也是家族目标的考虑要素（Zhu et al.，2021）。这种第二目标会影响家族企业管理层对企业未来发展规划的决策，从而保证长期价值导向的稳定性。大多数家族企业的非经济目标都具有长期性，在实现非经济目标的过程中，家族企业更加具有长期导向的倾向。学者们普遍认为家族企业比非家族企业有更高水平的长期导向，主要有两方面的原因，一是对长任期、代际传承和家族声誉等非经济目标的追求，使家族成员看重未来，更愿意做出长期导向的决策；二是家族管理权使家族成员有权力将家族的目标加于企业之上，家族所有权为家族企业实施长期导向的决策提供了合法性（Zhu et al.，2018）。

中欧家族传承研究中心联合《家族企业》杂志在2021年以“可持续的家族企业”为主题进行了调研，对影响家族企业代际传承、经营可持续家业的关键因素进行了研究，来自143个家族企业的179位创一代和新生代企业家参加了调研，形成《2021第六届中国新生代企业家组织暨中国新生代企业家调研白皮书》。调研显示，如图3.1，新生代最看重五年期的目标（47%），而创一代则更加注重10年期左右的目标（49%），总的来说，绝大多数的企业家向未来的视野都聚焦在10年以内，仅有20%的创一代和14%的新生代企业家在做战略决策时，会向未来展望10年以上。数据显示，新生代企业家未来计划涉足的可持续发展目标前五名为：产业、创新和基础设施（59.8%）；体面工作与经济增长（43.6%）；确保健康的生活方式、促进各年龄段人群的福祉（41.9%）；负责任消费和生产（41.9%）；以及确保包容和公平的优质教育，让全民终身享受学习机会（27.4%）。

同时，调研发现，新生代企业家在长期导向思维方面的起点很高（如图3.2），例如35~44这个年龄段与创一代的同龄人相比，长期导向思维显著得分更高（6.17分），年纪更轻的25~34岁这个年龄段的新生代企业家的得分为6.22分。

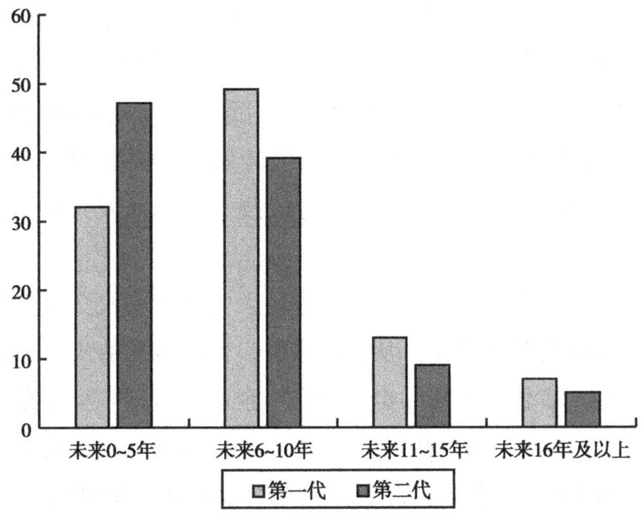

图 3.1　家族企业创一代和新生代长期导向目标

资料来源：《2021 第六届中国新生代企业家组织暨中国新生代企业家调研白皮书》。

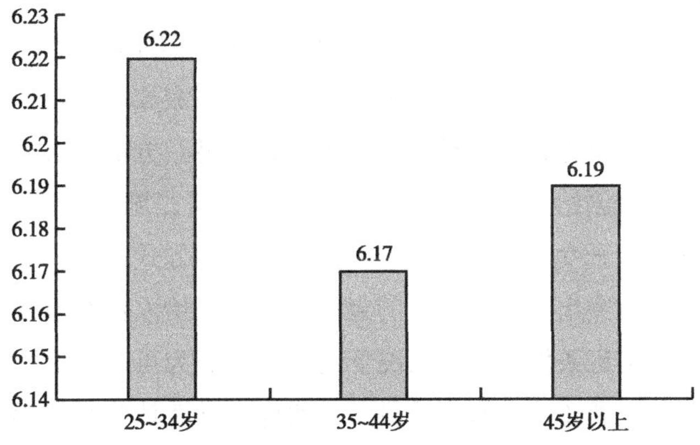

图 3.2　家族企业新生代企业家长期导向赋分

资料来源：《2021 第六届中国新生代企业家组织暨中国新生代企业家调研白皮书》。

（三）代际传承

中国家族企业正迎来代际传承的高峰期（窦军生等，2020；赵晶、祝丽敏，2018；祝振铎等，2021）。中国情境下的代际传承更是长效激励、内在知识传递及社会权威转移过程，驱动企业进行远期战略投资，赋予长期战略承诺意义（何轩等，2014）。追求代际传承的家族企业会更加注重长期生存与成长，选择更长的投资评估期，为获得持续的竞争优势增加创新投资（宋丽红，李新春，2013）。现实中，方太集团“带三年、帮三年、看三年”的“三三三”的家族企业传承实践作为家族企业代际传承的典范，同样的，福耀玻璃的“三步走”接班计划、万向集团的“分割而治”等，都顺利完成家族企业代际传承，完成技术、产品及产业方面的创新、变革和转型。

从接班人进入家族企业工作到企业创始人完成控制权交接并退出家族企业的完整时间段即为代际传承。从实践来看，代际传承的成功标志是经营权的顺利让渡。继任者优先考虑的也是把家族企业经营权牢牢握在手中，这种转换一般表现为公司职务上的更替。只有完善传承制度，才能筑牢传承之基（Zhu et al.，2021）。有的传承者还会有与继承人共同治理家族企业的过渡期，以此降低突兀传承给外界和企业自身带来的不稳定（汪祥耀、金一禾，2015），最大程度上确保传承平稳进行。

中国家族企业传承的模式主要有三种：一是子承父业；二是内部培养；三是引入职业经理人。在中国“以父为尊”“嫡长子继承制”等传统文化熏陶下，由一代子女为家族企业继承人的模式被中国家族企业普遍接受。一方面这种方式使企业权力转移简单接，成本压缩；另一方面，对于辛苦创立并发展壮大的企业，创始人都有独占心理，都想做到“肥水不流外人田”，因此在继任者选择上子女基本都是首选。内部培养的方式与子承父业的差别在于他们往往是能力突出且工龄较长的老员工，和创始人没有血缘关系。如果二代子女不具备接班条件，这种情况下内部培养成为可替代的一种选择。职业经理人模式的发展还处于起步阶段，虽然许多学者认为其可操作性高，优势更强。但从现实角度上来说，目前我国家族企业仍对此模式持观望态势，在传承实践中占比较低。代际传承同样涉及控制权、所有权和经营权三种权力的继承。

对于家族企业的现有研究都强调了以“宗亲血缘关系”为基础的组织特性，说明家族企业内的代际传承现象更普遍，也更复杂，子承父业是大多数家族企业选择的传承模式（Zhu et al.，2021）。围绕家族企业权力传承问题，Murray 从关键事件角度将家族企业的传承划分为家族企业系统为传承做准备阶段、启动传承事件阶段、休眠阶段、探索阶段、传承触发事件结束阶段、选择并对新班子承诺阶段，Longenecker 等从承者的角度将家族企业传承过程分为未进入企业、初步接触、发挥微小作用、发挥作用、发挥重要作用、继任早期和正式继任等阶段。对于权力传承阶段划分方式多种多样，不同企业的行业、规模、环境、传承状态不同，总结基本包括开始、过程、结束三段。在家族企业权力传承过程中，代际冲突问题是影响家族企业权力顺利传承的重要因素（Zhu et al.，2021）。

中国家族企业代际传承过程中，二代继任者大多会经历一个培育期、权力过渡期和接班之后的稳定期，以完成家族愿景和企业家精神的传承、家族权力和权威的塑造（祝振铎等，2021）。父爱主义的代际帮扶行为是中国家族企业代际传承和治理中的重要特征（窦军生、贾生华，2008；胡宁，2016；祝振铎等，2018）。早期关于家族企业治理有效性的研究指出，家族成员身上普遍具有利他的倾向（Miles，1987），强调无私奉献甚至牺牲自己以促进和提高其他家族成员的适应性（邓浩等，2016）。父爱主义对家族企业传承的影响主要体现在家族成员代际间的帮扶行为，如采用“子承父业”的传承模式在权力交接期对家族继承人和职业经理人区别对待（魏春燕、陈磊，2015），但家族企业中由于“亲情寻租”也可能导致“家族主义困境”（李新春，2002）。

同时，中国家族企业具有高度的社会嵌入性，其行为会深受所处环境和社会期望的影响（宋丽红、李新春，2013）。事实上，家族企业的经营高度依赖家族特殊资产，通常包括创始人的知识、技能、声誉、政治联系及社会关系（Fan et al.，2012）。社会资本对家族企业代际传承具有重要的影响（胡旭阳、吴一平，2017）。社会资本是体现个人资源动用能力的特殊资源，并且在产权保护和信任机制建立等方面起到至关重要的作用（Zhu et al.，2018）。尤其是在中国市场经济转型阶段，社会资本更有可能是企业核心竞争力的来源。自改革开放以来，我国民营企业发展进入转型升级关键期，家族企业作为最广泛的组织形式，在未来五至十年将面临严峻的代际传承考验。家族企业兼具家族排他性及企业开放性两方面特征，其作为一种特殊的经济组织在世界各国中占据重要地位。现阶段，我国家族企业进入换代高峰期，如何在传承过程中维持竞争优势、实现财富持续累积，是业界亟待解决的问题。

第二节　共同富裕视域下家族企业社会责任发展现状

党的十九届六中全会提出，全面建成小康社会、实现第一个百年奋斗目标之后，乘势而上开启全面建设社会主义现代化国家新征程、向第二个百年奋斗目标进军，标志着我国进入了一个新发展阶段。习近平总书记在会上发表重要讲话强调，共同富裕是社会主义的本质要求，是中国式现代化的重要特征，要坚持以人民为中心的发展思想，在高质量发展中促进共同富裕。在新发展阶段，世界正在经历百年未有之大变局，国内外环境进一步深刻变化，百年来最严重的传染病大流行、全球产业链供应链重塑的加速、联合国2030年可持续发展目标的落实、中国对实现碳达峰与碳中和这场广泛而深刻的经济社会系统性变革的推进，不仅在宏观上将对全球可持续发展产生重大影响，而且在微观上构成企业发展与企业行为的新情境。企业社会责任在新发展阶段呈现新变化和新演进，新发展阶段赋予企业社会责任新内涵和新意义。家族企业要立足于共同富裕的视角，淡化利己的工具性，强化利他的功能性，转变商业逻辑，重新识别利益相关者，将资源贫乏的社会群体识别为企业利益相关者之一，真正兼顾社会效率与公平，进而实现企业经营与社会发展共生共益（Su et al.，2022）。

一、家族企业社会责任相关概述

“家族企业社会责任”就是指家族企业在其自身经营发展过程中，必须为自己经营所产生的社会和环境等问题负责的义务，即企业在追求利润之外还要相应地担负起对环境和社会发展等各利益相关者的责任。目前在经济全球化的大趋势下，市场竞争日趋激烈，企业生存遭遇到前所未有的挑战。因此，家族企业在改善经营管理之外，所必须考虑的就是积极承担社会责任，这样才能提高企业声誉，降低风险与挑战，优化竞争环境，真正提升企业整体实力。家族企业是“家族”与“企业”的结合体，它既是一个经济组织，又是一个伦理组织，因此它具备了一些独有的、更加容易接受和履行企业社会责任的特征。

首先，家族企业的“家族主义”特征使其更容易整合内部力量，开展社会责任运动，并且可以更好地履行对员工的责任，保障职工权益（Zhu et al.，2021）。家族企业是以血缘、亲缘、地缘关系为联系纽带的经济组织，这种天然的信任关系形成了员工对企业的高度忠诚。而且家族企业中雇主与雇员之间，既是雇用关系，又是家族成员的关系，形成了企业非同一般的凝聚力与向心力。因此，家族企业的员工一般都能努力工作、精诚团结、不计得失、主动奉献、以公司事业为己任。所以，在这样一个亲密无间、高度团结的集体中，更易于整合内部力量，上下齐心、步调一致地开展社会责任运动。而且雇主与雇员的亲友关系，也使雇主更能体恤雇员，同时更积极、主动地履行对员工的基本责任。

其次，家族企业对市场需求和生存环境反应的灵敏度与较强适应性，使其更易于接受社会责任理念，更好地履行创造财富、向市场传递产品的经济责任，更注重保障消费者权益。家族企业在创建初期往往比较弱小、困难重重、压力巨大，它们一般是经历了残酷激烈的竞争而生存下来的（Zhu et al.，2021）。而这些经受了生存考验的企业，更加懂得要想在多变的市场环境中存活下去，就必须树立危机感，求新求变、能人所不能。它们时刻关注市场变化，以市场需求为导向，以提升竞争力为目标，第一时间提供适销对路的产品，并承诺优质售后服务，从而争取市场份额，提高竞争力，做大做强，避免被市场无情淘汰的命运。因此，从客观上讲，家族企业更早地接受了企业社会责任提升竞争力的理念并付诸实践，可以更好地履行对社会的经济责任和对消费者的社会责任。

最后，家族企业创始人成功之后感恩、回馈故乡、社区与社会的致富思源情结，有利于家族企业履行对社区、社会的环保责任和慈善公益责任（Su et al.，2022）。家族企业创始人创立企业并且发展壮大、功成名就之后，往往会受到中国传统文化的影响，产生致富思源、造福乡里、回报社会的情结。通常情况下，家族企业创始人都会对家乡、社区和社会积极做一些力所能及的慈善公益活动，并且主动减少自身污染和破坏环境的行为，为个人立功、立言、立德（李红岩、李玉华，2010）。

我国家族企业社会责任的实践尚处于起步阶段，对家族企业社会责任的研究也才刚刚起步（Zhu et al.，2021）。然而，在经济转型和全球经济一体化的背景下，这又是一个非常有意义的研究领域。2006 年由中共中央统战部、中华全国工商业联合会、国家工商行政管理总局、国民经济研究所（民营）针对中国民营企业集团进行研究，第七届全国抽样调查的实施结果显示，私营企业高达 70.8% 的私营企业主认为最紧急的事情第一是“在商言商，把企业办好”，第二是“在日常生活中树立良好的个人和企业形象，做一名社会贤达”，第三是“与社会其他成员和睦相处”，这一要求远远高于其他具有政治内容的要求；私营企业主普遍对企业社会责任持积极和正面的看法。在具体参与公益活动的情况下，84.1% 的受访企业主进行过捐赠，但捐赠金额相差很大。从资产规模来看，规模越大，捐赠者比例越高，捐赠金额越大；从各年龄段来看，30 岁以下的企业主的捐款热情较低，只有 56.2%。40～60 岁的比例最高，随着年龄的增长，捐赠金额逐渐增加。此外，参与慈善活动的私营企业主占 65.3%，前 3 位的参与方式分别是物资捐赠、修桥修路、教育投资。但是，从劳动关系的角度来看，劳动合同签约率和企业建立职工保险的比例总体情况并不理想。在环境保护方面，当被问及企业在污染控制方面投入了多少时，只有 27.9% 的企业表示投入了这项费用。虽然这些调查数据并不是针对家族企业的，但是由于中国绝大多数的民营企业都是家族企业，这些数据从表面上反映了一些现实，说明中国的家族企业正面临着履行社会责任的挑战。

根据普华永道的《2021 年全球家族企业调查》显示，中国大陆的家族企业在上一个财年（新冠肺炎疫情暴发前）的销售额和营业额增长高于全球平均水平。2019 年（新冠肺炎疫情暴发前），65% 的家族企业在中国内地家族企业实现了销售增长，而全球平均水平为 55%。这样的结果显然是意料之中，中国民营企业越来越多影响着国内生产总值，据估计，贡献率超过 60%，其中 85% 是家族企业。近年来，在改革开放经济政策的不断支持下，家族企业蓬勃发展，参与推动了国家技术创新的发展，创造了大量就业机会。

就整体看待家族企业（或个别家族成员）经济贡献和社会参与度而言，普华永道的调查结果显示，中国内地家族企业参与某种形式的公共福利的比例更高（家族企业：95%；中国香港：70%；全球：81%），内地 95% 的家族企业参与了某种形式的公益事业。公益活动通常包括对当地社区的贡献（中国大陆：65%；中国香港：39%；全球：62%）或传统慈善活动及捐赠（中国内地：56%；中国香港：38%；全球：42%）。在中国大陆，75%的受访者在疫情暴发后告诉员工在家工作（中国香港：68%；全球：80%），70%的中国大陆受访者希望留住尽可能多的员工（中国香港：64%；全球：71%）。此外，相当大比例的家族企业改变了生产工作方式，以满足新冠肺炎相关需求（中国大陆：29%；中国香港：20%；全球：25%）同时制定非紧急订单支持供应商的业务量（中国大陆：22%；中国香港：8%；全球：14%）。在根据政府雇佣保留计划向员工发放工资方面，中国家族企业的表现显著优于中国香港和全球同行（68%：15%；全球：21%），以及为支持当地社区所采取的行动（中国大陆：43%；中国香港：29%；全球：39%）。最成功的家族企业是追求企业的可持续发展，而不是只关注短期利润，追求与利益相关者保持长期关系。新冠肺炎疫情发生后，家族企业的自身 ESG 管理的动力进一步增强。公共卫生危机表明，低概率、高影响的事件可以以超乎寻常的速度扰乱企业运营。不为利益相关者和社会做出贡献的家族企业将落后于竞争对手，甚至会受到批评和歧视。

近年来，慈善捐赠在中国大陆的家族企业中变得越来越普遍。根据中国慈善研究院的数据，截至 2018 年底，全国共有 268 家家族基金会，占全国基金会总数的 4%。尽管数量不多，但从 2005 年到 2017 年，家族基金会的捐款从 873 万元呈指数增长到 37 亿元。这些捐款主要用于扶贫、基础教育（希望工程）和大学。在新冠肺炎疫情期间，中国企业迅速采购和分发个人防护装备，支持医院和医务人员，组织志愿者，并协助宣传和公众教育工作。在为更广泛的社区做贡献的同时，他们也保护自己的员工、供应商和客户，尽自己所能为新冠肺炎疫情做出贡献（见图 3. 3）。

令人鼓舞的是，调查数据显示，中国内地 79% 的家族企业“强烈同意”或“同意”可持续发展是它们所做一切工作的核心（中国香港：50%；全球：49%）。67% 的中国内地家族企业表示，他们有完善和清晰传达的可持续发展战略（中国香港：39%；全球：37%）。在未来，65% 的中国家族企业相信，像他们这样的家族企业将有机会引领可持续发展的商业理念（中国香港：35%；全球：55%），71% 的中国家族企业认为，他们的企业需要为

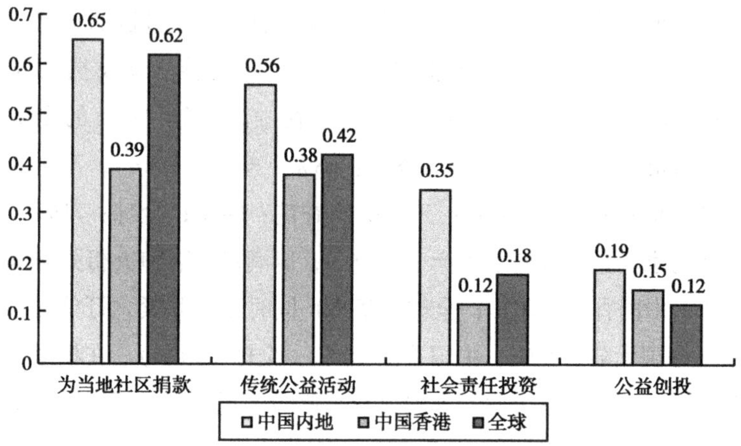

图 3.3　家族企业社会慈善捐款

图表来源：普华永道 2021 年全球家族企业调研。

社会和地球做更多的事情（中国香港：41%；全球：53%）。企业和政府需要为社会和地球做更多的事情，这种想法并不新鲜。然而，随着气候变化对人类经济的影响越来越明显，家族企业必须认真承担起共同促进 ESG（Environment，Social，and Governance 的缩写，环境、社会和公司治理）的责任。企业层面的 ESG 战略与中国应对气候变化、到 2030 年达到碳排放峰值、到 2060 年达到碳中和的长期承诺相一致，其中包括中国香港到 2030 年实现碳强度 65% ~70% 的目标。

各个利益相关者（不仅仅是监管机构、投资者和公众媒体）要求企业就自身行动对地球和社会负起更大责任，并对不合规企业进行惩处。因此，我们看到众多家族企业顾及利益相关者的期望（Su et al.，2022），将 ESG 正式纳入其战略和业务运营，改善 ESG 绩效，同时记录和跟踪其对 ESG 目标的承诺是令人欢欣鼓舞的（见图 3.4）。

同时，中欧家族传承研究中心和中欧财富管理研究中心联合推出的《中国 A 股上市公司家族企业社会责任报告》，通过对中国 A 股上市公司中 523 家家族企业 2300 多个观察值的研究发现，家族企业履行社会责任可以为家族积累延伸性的社会情感财富，这种长期战略导向财富可以提升家族声誉、社会影响力和企业价值，并有利于家族企业可持续发展和家族传承。数据显示，家族企业在履行环境责任方面更为积极，大约 95% 的家族企业和 90%

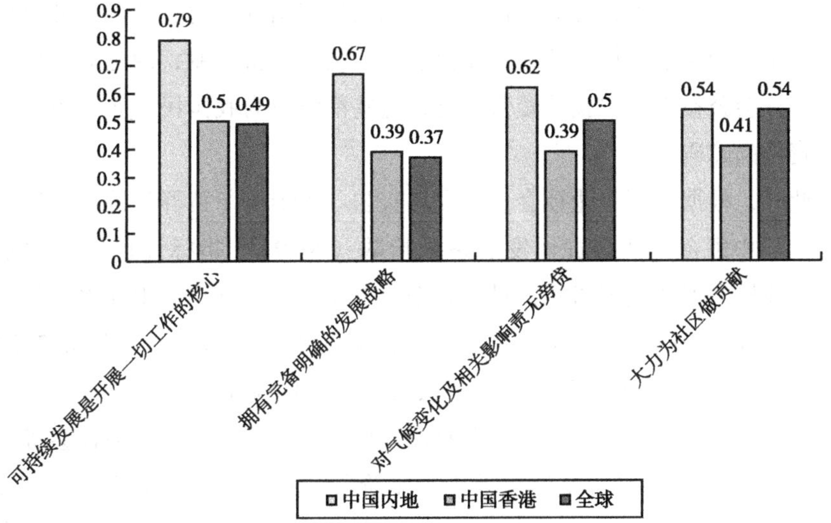

图 3.4　家族企业社会责任调查

图片来源：普华永道 2021 年全球家族企业调研。

的非家族企业，至少实施过一项履行环境责任的措施。在各项环境责任指标中，企业最为热衷的是进行环保公益，超过 50% 的企业进行过环保公益行动。企业在履行社会责任的时候，具有明显的行业特征。对于家族企业来说，医药业、金融业和制造业最为注重履行环境责任。对于非家族企业来说，交通运输、仓储和邮政业，信息技术服务业在履行环境责任时最为积极。

根据中欧家族传承研究中心联合《家族企业》杂志发布的《2021 第六届中国新生代企业家组织暨中国新生代企业家调研白皮书》，对 143 个家族企业的 179 位创一代和新生代企业家调研显示，90.6% 的新生代企业家认为家族企业的盈利模式与社会和环境使命感有关。33.3% 家族企业新生代企业家认为，其家族企业盈利模式是受到社会和环境使命感所驱动的，有 57.3% 的新生代企业家认为其家族盈利模式因为社会和环境的使命感而得到增强，但准确来说并非以此为动力。

并且，温州大学刘藏岩通过对浙江省和两个重点地区 563 名民营企业经营者在社会责任知识、社会责任观念、社会责任行为、社会责任促进措施等方面的深入访谈和问卷调查，提出：民营企业社会责任实践观念的随意性、功利性、盲目性较大，社会责任缺乏明确的战略指导，对企业参与社会公益事业回报的期望值较低，缺乏企业社会责任绩效评价机制，缺乏规划使企业实践与社会公益事业双赢的经营技能，这些都将成为我国民营企业更好履行社会责任的障碍。

此外，根据中国企业社会责任发展报告（2021）（黄群慧等，2021）指出，在“中国企业社会责任发展系列指数（2020）”指标评价体系的基础上，剔除抗击疫情关键指标，对国有企业 100 强、民营企业 100 强、外资企业 100 强以及 19 个重点行业的社会责任发展水平进行评价，研究 2020 ~ 2021 年中国企业社会责任的最新进展，评价中国企业社会责任管理状况和社会、环境信息披露水平。研究结果发现，2021 年中国企业 300 强社会责任发展与 2020 年基本持平，整体仍处于起步阶段。然而，国有企业 100 强社会责任发展指数领先于民营企业 100 强和外资企业 100 强。总体来看，国有企业 100 强、民营企业 100 强和外资企业 100 强企业社会责任管理指数均有不同程度增长，其中民企 100 强增幅最大，国有企业 100 强责任管理指数大幅领先于民营企业 100 强和外资企业 100 强（见图 3. 5）。所以，家族企业作为大部分的民营企业，在践行企业社会责任方面发展更为强劲。

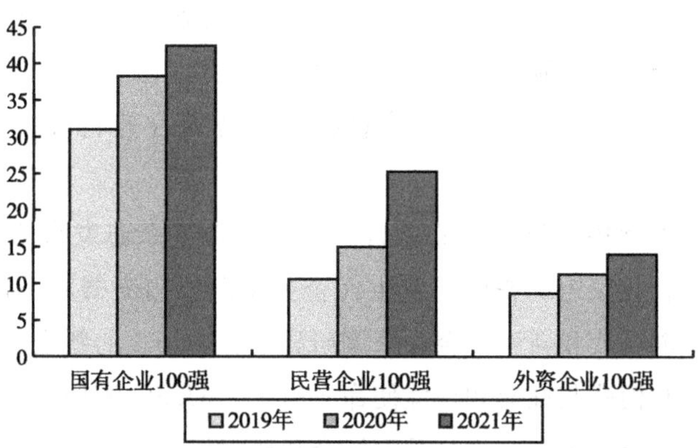

图 3. 5　2019 ~ 2021 不同性质 100 强企业责任管理指数

资料来源：企业社会责任蓝皮书——中国企业社会责任发展报告（2021）。

综上所述，从“共同富裕”视角来看，“共同富裕”里的“共同”，跟“人类命运共同体”“共产主义”都有着共同的思想渊源。家族企业需要关注企业股东、高管、员工以及其他利益相关者不同的个人目标和利益诉求，探讨他们的共同体意识、共同的目标和价值观，以共同发展为基础，实现高质量可持续发展。尤其在家族企业内部，当一个家族创造财富的过程中，家族内部各个成员之间也存在着巨大的张力和矛盾（Su et al.，2022）。所以在企业成长过程中，真正有思想的企业家从第一代就已经开始做一些制度设计。比如在传承的过程中降低家族成员对未来财富的预期，对家族的事业和财富分红做处理，通过竞争上岗来选接班人等等。此外，家族成员与家族外部之间的“共同体”角度，探寻共同目标和价值观对于企业的未来发展非常的重要（Zhu et al.，2021）。通过制度保障，让家族企业家族能够长期安居乐业，逐步建立适合中国国情的现代家族企业可持续发展经营模式和财富管理模式，建立能够让各种企业可持续包容发展的生态。

二、家族企业社会责任内涵

党的十九届五中全会第一次将“全体人民共同富裕取得更为明显的实质性进展”“扎实推动共同富裕”等表述写入党的全会文件，指引企业社会责任由“企业股东至上”转向共同富裕视域下“企业与利益相关者共生共益”，从企业使命上强调利益相关者的重要性，促进各方利益相关者的利益。因此，在共同富裕视域下，企业更需要遵循利益相关者原则。其次，企业需要立足自身比较优势，将社会责任和可持续社会价值创新建立在企业的核心能力延长线上。并且，企业需要重点关注比如维护工作公平，帮助弱势人群（包括残疾人、儿童、老人等），助力乡村振兴，保护环境（包括新能源、低碳、碳达峰、碳中和等）等。

一般来说，企业在创造利润、对股东利益负责的同时，还要承担对员工、社会和环境的社会责任，包括的内容有保证企业安全生产、在日常经营过程中遵守商业伦理、维护企业劳动者的合法权益、保证职工健康、在生产经营过程中节约资源等，这是关于“企业社会责任”的普遍论述。由此看来，现代企业除了不断提升自身竞争力外，还被赋予了承担社会责任的要求，这不是额外的要求因为企业承担起应有的社会责任，也会让企业的文化管理更上一层楼。在企业诚信、商誉和纳税都较为规范的情况下，公益责任则成为衡量一个企业是否实践企业社会责任的标准（Su et al.，2022）。

（一）企业社会责任与各利益相关者

第一，企业在发展壮大的过程中，各利益相关者逐渐成为企业持续发展的重要组成部分。首先，顾客资源是企业最宝贵的资源，同时顾客资源也是企业生存和持续发展的重要基础。通过承担企业的社会责任，企业可以尽可能地改善顾客资源，从而进一步提升企业的市场竞争能力。一要重视顾客的建议，产品发展和策略应该基于顾客的意见而调整，并把它融入企业的策略当中。二要帮助顾客节约成本，最低生命周期成本模式向顾客展现直接商业模式的力量，在解决顾客问题的同时，增加企业盈利。三要充当顾客的顾问，身为顾客的顾问，企业职责之一就是让科技与服务真正为他们的业务增加更大的价值。四要与顾客一起讨论未来的市场走向，可以为企业带来更大的价值，企业不仅能借鉴顾客来实验新的想法，也可以测试市场对产品特性的需求。

第二，企业通过承担社会责任能够做到发展和完善企业与上游供应商之间的关系，这也可以进一步提升企业产品的市场竞争力。在企业的供应链管理中，企业与供应商的关系发展由交易、合作到联盟，终极目标是建设高效的供应商网络。供应商的业绩好坏对企业的影响越来越大，在产品质量、产品设计、交货、提前期、库存水平等方面都影响企业是否能够取得成功。企业与上游供应商之间应该加深了解、促进企业与供应商之间的经常沟通，从而促进二者之间的信任，将企业与供应商的命运联系起来形成整体。

第三，企业与政府之间的关系。这是一个关键问题，它关系到企业能否真正成为市场主体，经济能否实现健康、持续发展等重大课题，因此一直受到经济界和企业界的关注（Wang et al.，2021）。当前，在中国的经济环境下，政府的调控能力是非常强大的，不但表现在产业的调控方面，同时政府每年将大量的扶持资金用在扶持项目上，几乎每个部门都掌握了专项资金（纪建悦，2008）。由此政府部门成为企业争相结交的单位（Wang et al.，2021）。对政府部门而言，掌握了专项资金，就相当于掌握了相当的权力。企业希望从政府部门获得利益，如土地、扶持资金等。这是双方关系的基础。政府扶持一个企业的方法会很多，决心会很大。企业履行社会责任可以赢得政府的信任和好感，为企业争取优惠的政策或者减少限制。从而营造出有利于企业发展、有利于竞争力提升的外部环境。

（二）企业社会责任与能力

第一，企业的管理能力、研发能力和营销能力是一个企业赖以生存的根本，是企业在激烈的市场竞争中占领和扩大市场的动力，是企业承担社会责任能力的保障。企业社会责任和管理能力，企业履行社会责任可以有效地提高企业管理能力，企业通过各种手段和方式履行社会责任，可以在以下六个方面的共同作用下提高企业的竞争能力，即在支持规划决策，实现发展蓝图；管控人工成本，创造管理利润；强化实时管理，提升管控能力；优化集成系统，提升协同效率；强化实时管控，适应变革需要；优化绩效管理，规避运营风险等六个方面，提升企业竞争力表现突出（屈晓华，2003）。

第二，企业社会责任和研发创新能力。当今企业直接面临的创新压力主要来自三个方面：一是社会需求的多样化、层次化、个性化。随着人们消费意识的日趋成熟和消费观念的转化，社会需求日益呈现多样化、层次化、个性化的特点。如果企业要做到不被消费者抛弃，就必须激发和调动一切创造力，去开发更多地为不同消费者所需要的新产品和新服务（殷格非等，2005）。二是当今的科学技术日新月异的发展，而现代科学技术已成为社会发展的最基本动力。科学技术的发展使产品的寿命周期越来越短。企业若不能及时地利用最新科学技术成果来进行产品创新，就会赶不上科学技术发展的步伐，始终处于落后的状态，最终被市场淘汰。最后是市场竞争的尖锐化。三是今天的市场竞争，尽管目标仍是市场占有率，但竞争的手段已从简单地以增加产量，提高质量，降低成本为主，发展到以产品创新为主，谁创新得快，谁就掌握市场竞争的主动权。在掌握市场竞争的主动权的同时要加强营销创新，因为营销创新是一企业产品出售的关键。所以，企业履行社会责任，企业可以通过对社会和公众履行社会责任如企业可以与某些特定的高校进行合作，在资助高等学校建立科研实验室和研究所从而为高等学校的科学研究做出贡献的同时，也能够提高企业自身的技术基础；企业可以开展科普公益活动，以此来提高企业员工和当地居民的科技知识，有利于更新企业员工知识，从而提高企业的技术创新基础和能力。

第三，企业社会责任与营销能力。传统的营销活动往往把注意力集中在企业和顾客之间的关系上，因而容易忽视企业责任所带来的营销能力的增长。在科技高度发达的今天，仅仅满足顾客的需要和向顾客提供超值的服务是不够的，企业必须使营销活动融入社会责任中，通过开展各种活动，研究企业和顾客及竞争对手之间的关系，善于创造和保持竞争优势。企业的竞争优势是企业的创新能力，是企业所具有的、独具特色的、能够更好地满足顾客需要的核心能力的创造，它体现在企业的整体营销活动之中。这是对社会责任的履行的综合优势，而不只是单纯地包括技术优势、成本优势、管理优势、营销优势等某单一的方面。

（三）企业社会责任与资源

第一，企业社会责任与人力资源。人力资源是与物质资源相对应的概念，一般是指能推动社会和经济发展的具有智力劳动和体力劳动能力的人们的总和。它包括数量和质量两个方面，人力资源数量是指劳动适龄人口、未成年就业人口和老年就业人口。人力资源质量是指人力资源所具有的体力、智力、知识和技能水平，以及劳动者的劳动态度。与人力资源数量相比，人力资源质量更为重要。企业承担社会责任，可以有效地树立企业形象，那些经常主动积极地承担社会责任的企业将会获得良好的企业声誉和社会形象，容易得到公众的认同和接纳，在此基础上企业就可以更容易地招聘到优秀的员工并且能够留住优秀员工。如此一来可以节省企业的管理费用以及招聘过程中的费用、入职后的培训费用等，从而更加有效地促进企业竞争力的提高。

第二，企业社会责任与品牌资源。品牌是生产者、经营者为了标识其产品以区别于竞争对手，便于消费者认识而采用的显著的标记。市场竞争的主体由最初的企业开始发生变化，各种品牌成为可以明确辨别的市场主体。品牌成为企业在市场中最稳定的营运要素和经营核心，企业间的竞争逐渐演变成为品牌间的竞争，以品牌为核心已成为企业重组和资源重新分配的重要机制；市场营销规划的重心已开始转向品牌策划和推广；企业资源的评估与重组，引出了品牌资产的新概念。产品的国际竞争力除了一国的自然资源禀赋、人力资源开发、经济体制、宏观经济运行等外部因素外，最主要的是取决于企业自身的经营管理，最终归结于企业的品牌规划。企业通过积极履行社会责任，从而树立企业良好的公众形象，传达企业的价值观，树立企业良好的品牌形象以及良性宣传企业的品牌内涵，在此基础上影响到消费者对企业的产品选择，最终达到增强企业的市场竞争能力的目的。

（四）企业社会责任与企业形象

根据苏琦（2013）所做问卷调查的统计结果显示，品牌和文化是与企业社会责任相关的重要组成部分。具体到企业，其形象由如下因素构成：技术、产品开发力、企业管理力、员工凝聚力、国际竞争力、同行认同力、时代同步力、销售力、顾客服务力、社会贡献力、公关对策力、信息传播力、未来适应力。这些综合形象力如何达成同一性、规范化，就是企业形象所能施展的有效措施。企业形象不是企业追求的目标，而是达成目标的手段，同样，企业形象的建立亦是一项措施手段，并不是目的，最终是产品或服务得到社会公众的一致认同而乐于享用。加强企业的社会责任，一方面有助于企业文化理念的提升，另一方面有助于提高企业的经营业绩。同时，通过加强员工的社会责任，企业内部会形成职工归属感和团体认同感，从而企业内部能够形成良好的文化氛围，进而提升企业竞争力。

企业积极承担社会责任能够促进企业的竞争力的提升，而企业竞争力的提升能够增强企业积极承担和履行社会责任的能力和信心。企业社会责任和企业竞争力作用的具体过程是：首先，企业竞争力的提升是积极的效果展示，这会增强企业履行和实践社会责任的能力和信心，从而能够鼓励和促进企业积极承担和履行企业社会责任。其次，企业竞争力的提升使得企业可以进一步改善履行社会责任的能力，有助于企业更好地承担和履行企业的社会责任，从而能够促提升企业的竞争力。

企业追求竞争力的提升，追求可持续发展战略，对于企业的发展与履行企业社会责任是好事。但在制度不完善的情况下，过分片面追求竞争力，将使企业间陷入过度竞争，会产生竞争驱逐企业道德，会使企业产生道德缺失的现象与行为（沈洪涛等，2007）。而道德的缺失必然地会影响企业利益相关者的利益，会对企业履行社会责任起着负面影响，从而影响企业的可持续发展。这就需要政府、社会及企业三个层面分别发挥制度保障维护、舆论监督及完善内部治理，从多个层面避免过度竞争，产生对履行企业社会责任的负面影响（高小玲，2008）。

因此，家族企业作为家族系统和企业系统融合而成的复杂组织形式，对企业经济目标和非经济目标的权衡和取舍有自身的独特特点（Zhu et al.，2021）。一方面，Gomez – Mejia 等从社会情感财富理论 SEW 出发，认为家族企业的决策目标不仅在于追求自身经济利益的最大化，而且在于对社会情感财富等非经济目标的追求，如维护家族影响，实现家族代际传承，积累家族社会资本等。企业负责任的社会行为有助于树立家族形象和声誉，积累道德资本，而这正是家族企业所看重的社会情感财富，因此，家族企业对于履行社会责任更为积极。另一方面，Morck 和 Yeung、Li 和 Zhang 等研究者则从新古典经济学的理性人假设出发，认为家族企业和非家族企业中的管理者没有本质区别，都是追求经济利益的最大化，而且家族控制者掌握了一半以上的企业所有权，因而比一般的管理者更看重经济绩效，更容易出现第二类委托—代理问题，为家族利益而牺牲其他利益相关者的利益。因此，家族涉入会损害企业的社会责任表现。之所以出现不同的争论，可能是因为没有细分不同的利益相关者群体，区分不同的利益相关者责任。对于与自身关系不同的利益相关者，家族企业的决策行为可能并不相同。

三、家族企业社会责任案例

（一）“浙江民营企业社会责任领先企业”发布

2021 年 6 月 10 日，《中共中央国务院关于支持浙江高质量发展建设共同富裕示范区的意见》发布，浙江共同富裕示范区正式启动。首先，浙江省具备代表性要求开展示范区建设。其次浙江具有发展示范区建设的基础和优势。一是富裕程度更高。到 2020 年，浙江 GDP 将达到 6.46 万亿元，人均 GDP 将超过 10 万元。居民人均可支配收入为 5.24 万元，仅次于上海和北京，是全国平均水平的 1.63 倍。城乡居民收入连续 20 年和 36 年居全国各省、自治区首位。二是中国发展是平衡的。城乡居民收入倍数差距为 1.96，远低于全国平均水平 2.56。最高城市与最低城市的收入倍数差为 1.67 倍，是中国唯一一个各区城市居民收入超过全国平均水平的省份。三是改革创新意识强。浙江探索创造了“向上跑”的一批先进改革经验，创造和不断发展了“依靠群众就地解决矛盾”，“枫桥经验”普遍具有较强的改革创新意识，促进大胆探索和及时总结，提炼共同繁荣示范区建设的成功经验和制度模式

（Wang et al.，2021）。其次，浙江在市场经济、现代法治、富民惠民、绿色发展等领域取得了显著成就。最后，浙江省示范区建设的空间和潜力仍然很大（中国青年网，2021）。

到 2025 年，浙江将在推动高质量发展和建设共同富裕示范区方面取得重大实质性进展。经济发展质量效益明显提高，人均国内生产总值达到中等发达国家水平，基本公共服务均等化。城乡、区域发展差距、城乡居民收入和生活水平差距逐步缩小。低收入群体增加收入的能力和社会福利水平明显提高。以中等收入群体为主体的"橄榄形"社会结构基本形成，居民生活质量达到新水平。人民素质和社会文明水平迈上新台阶，美丽浙江建设取得新成就，治理能力明显提高，人民生活更加美好，促进共同富裕的体制机制和政策框架基本建立。到 2035 年，浙江省将在高质量发展中取得更大成就，实现共同富裕。人均国内生产总值和城乡居民收入用于经济发展，城乡区域协调发展程度更高，收入和财富分布格局更加优化，法治浙江、平安浙江建设达到更高水平，管理体制的法治化建设和管理能力明显提高，物质文明、政治文明、精神文明和社会文明、生态文明水平进一步完善，共同富裕制度进一步完善（Wang et al.，2021）。（2021 年 10 月，国家卫生健康委员会、浙江省人民政府签署《关于支持浙江省卫生健康领域高质量发展建设共同富裕示范区的合作协议》；2022 年 1 月，国家体育总局、浙江省签署《关于支持浙江省体育领域高质量发展建设共同富裕示范区的合作协议》。

党的十八大以来，企业社会责任逐步纳入全面深化改革大局，民营企业履行社会责任领域已涵盖到经济、政治、文化、社会和生态文明建设各个层面，在稳定增长、改善民生、促进就业、贡献税收、保护环境和构建和谐劳动关系等方面做出了突出贡献。"浙江民营企业社会责任 100 家领先企业"是对民营企业社会责任水平的直观反映，通过这 100 家企业的状况，以点带面反映浙江省民营企业社会责任的整体水平，是对广大民营企业履行社会责任的肯定和鼓励，有利于提升企业整体社会责任水平。在当前浙江省高质量发展建设共同富裕示范区的大背景下，有助于更好地引导广大民营企业实现自身高质量发展、提升社会责任管理水平，为促进共同富裕发挥更大作用。

这份首次发布的"浙江民营企业社会责任领先企业"，主要数据来源于全国工商联牵头的对 2020 年度民营企业社会责任专项调研。调研期间，省市县三级工商联实地走访民营企业和商会，组织各地申报民营企业社会责任优秀案例，3199 家企业参与社会责任线上调研。在此基础上，省工商联运用自主开发的“浙江民营企业社会责任指数”评分系统，综合考虑中国民营企业 500 强榜单、浙江省百强企业榜单、中国慈善榜等数据信息，采用“指标测算”和“综合评定”相结合的方式进行评定。“指标测算”参考全国工商联《中国民营企业社会责任发展指数》体系，分为“纳税、员工总数、慈善捐赠总数、精准扶贫帮扶金额、营收总额、利润增长率”等 11 个定量指标和“国家、股东（经营者）、员工、消费者、生态环境、责任治理”等 9 个维度 42 个定性指标，对参与调研的 3199 家民营企业社会责任指数进行评分。“综合评定”由浙商研究专家给出专家复核意见，最终综合评选出 100 家社会责任领先企业。根据 2020 年的浙江上市公司社会绩效排名情况可知民营企业在承担社会责任方面承担了相当大的作用，而其中大多数民营企业为典型的家族企业（见表 3.2）。

表 3.2　　2020 年浙江上市公司社会责任绩效前十五排行榜

排名	企业名称	行业名称	总分	CSR 等级
1	杭萧钢构	建筑装饰和其他建筑业	69.75	A
2	新坐标	金属制品业	69.50	A
3	铁流股份	汽车制造业	68.00	A
4	爱柯迪	汽车制造业	66.75	A
5	韵达股份	邮政业	65.75	A
6	宁波高发	汽车制造业	65.50	A
7	健盛集团	纺织业	65.00	A
8	顾家家居	家具制造业	64.00	B
9	浙江仙通	汽车制造业	63.75	B
10	华数传媒	广播、电视、电影和英属录音制作业	63.25	B
11	申通快递	邮政业	63.00	B
12	伟星股份	纺织服装，服饰业	63.00	B
13	鸿泉物联	计算机、通信和其他电子设备制造业	62.00	B
14	大华股份	计算机、通信和其他电子设备制造业	61.75	B
15	浙商银行	货币金融服务	61.75	B

资料来源：全国工商联牵头的对 2020 年度民营企业社会责任专项调研结果。

作为全国唯一的共同富裕示范区，浙江高质量发展建设共同富裕示范区既是金字招牌，又是重大政治责任。坚持浙江的鲜明特色，坚持走共同富裕道路。推动共同富裕是实施“八八战略”的重大主题，也是打造“重要窗口”的鲜明标志，是中国特色社会主义制度优越性在新时代的集中体现，这项工作与习近平总书记一直以来对浙江工作的要求也是一脉相承、递进升华的。日前，《浙江高质量发展建设共同富裕示范区实施方案（2021～2025）》（简称《实施方案》）发布。浙江主动承担全国性的改革试点、探索示范任务，努力在科技创新、数字化改革、分配制度改革、城乡区域协调发展、公共服务、生态产品价值实现等方面先行先试，率先形成创新性、突破性制度成果。《实施方案》强调培育更加活跃更有创造力的市场主体，全面落实民营企业发展促进条例，健全市场准入负面清单制度，打造民营经济发展生态最优省，鼓励民营企业放心大胆发展，支持民营企业在促进共同富裕上发挥更大作用。并且，《实施方案》指出拓宽先富带后富、先富帮后富的有效路径；同时，全面打造“善行浙江”，建立健全回报社会的激励机制，实施“崇善行善、扶危济困”公益慈善先行计划，开展千个企业结千村帮扶行动。此外，全力打好生态环境巩固提升持久战，高标准制定实施碳排放达峰行动方案，全面推行生态产品价值实现机制（Wang et al.，2021）。

浙江省宁波市不仅是浙江省双星城市之一，还是国家副省级市、计划单列市，国务院批复确定的中国东南沿海重要的港口城市、长江三角洲南翼经济中心。同时，作为万亿 GDP 之城，2022 年上半年，宁波市实现地区生产总值（GDP）7260.3 亿元，按可比价格计算，同比增长 2.9%，增速高出全国和浙江省（2.5%）0.4 个百分点，上半年宁波 GDP 总量占浙江省的五分之一，在全国城市 GDP 排名第 12 位。因此，以浙江宁波典型家族企业案例梳理家族企业履行社会责任现状。

（二）方太集团与企业社会责任

方太集团成立于 1996 年，不仅致力于为顾客提供高品质的产品和服务，更努力承担社会责任，做一个优秀的企业公民。2006 年起，方太发布了第一份企业社会责任报告并坚持至今。“人民对美好生活的向往，就是我们的奋斗目标。”方太在切实将企业愿景与社会责任融为一体。“生而平凡，因爱伟大”。在方太人看来，“社会得正气”是伟大企业的四个特征之一，其实就是指广义的社会责任。在最新的方太文化体系当中，把它阐述为四部分：法律责任、发展责任、伦理责任和慈善责任。法律责任，包括顾客责任、员工责任、环保责任、纳税责任等。发展责任，包括创新发展、和谐发展、绿色发展和共富发展。伦理责任，包括善待顾客、善待员工、善待（合作）伙伴，以及正当竞争。慈善责任，包括文化传播、幸福建设、教育支持以及慈善救助。(见表3.3)。

表3.3　　方太社会责任

法律责任	发展责任
顾客责任：严格遵守产品安全、健康及相关国家强制性标准 员工责任：严格遵守员工安全、健康、《劳动法》等法律法规 纳税责任：严格遵守国家相关税法 环保责任：严格遵守国家环境保护等法律法规	创新发展：为顾客创造价值，提升生活品质，推动社会发展 和谐发展：注重企业与员工、社区、环境、客户、同行的和谐关系 绿色发展：严格遵守国家相关税法 共享发展：以德为先，以心为本，追求企业可持续发展
伦理责任	**慈善责任**
善待顾客：严格遵守产品安全、健康及相关国家强制性标准 善待员工：严格遵守员工安全、健康、《劳动法》等法律法规 善待伙伴：关注企业与员工、供应商、客户、政府及社区的共赢 正当竞争：遵守公司商业行为准则和员工商业行为规范	文化传播：严格遵守产品安全、健康及相关国家强制性标准 教育支持：严格遵守员工安全、健康、《劳动法》等法律法规 灾难支持：严格遵守国家相关税法 社区支持：严格遵守国家环境保护等法律法规

资料来源：方太官网。

26年来，方太始终专注于高端嵌入式厨房电器的研发和制造，致力于为追求高品质生活的人们提供具有设计领先、人性化厨房科技和可靠品质的高端嵌入式厨房电器产品，倡导健康环保的生活方式，让更多家庭享受快乐生活。作为一家以健康智能厨电为核心业务的幸福生活解决方案提供商，方太长期致力于为人们提供高品质的产品和服务，打造健康环保有品位有文化的生活方式，让千万家庭享受更加幸福安心的生活。方太包括厨电、柏厨家居和海外三大业务，拥有FOTILE方太、米博、柏厨等品牌。2019年9月1日，

2019年中国制造企业500强榜单发布，宁波方太厨具有限公司排名459，在2019年浙江省高新技术企业100强中排名第五。

方太目前在全国已有员工超17000人，除雄厚的本土设计实力，方太还拥有高端厨房生产设备及国际工业制造先进技术。方太坚持每年将不少于销售收入的5%投入研发，拥有包含厨房电器领域专家在内近900人的研发人才团队，国家认定的企业技术中心和中国合格评定国家认可委员会认可的实验室，同时在德国、日本等地设立研究院。方太坚持高价值专利支撑高质量发展，截至2021年底，拥有近6400件授权专利，其中发明专利数量超1400件；2013年被国家知识产权局评为第一批国家知识产权示范企业，2019年位居浙江省专利申请量10强企业前三甲，并于2020年荣获“浙江省专利金奖”。

作为全国吸油烟机标准化工作组组长单位，方太积极参与国际、国家、行业标准化工作，引导行业标准制定。截至2021年，已参与修/制定各项标准130余项，已发布标准90余项。方太主导完成IEC（国际电工委员会）《家用和类似用途电器的安全/吸油烟机和其他油烟吸除器具的特殊要求》国际标准的修订，让中国吸油烟机行业在国际舞台上拥有了更多话语权。这表明方太在吸油烟机行业国际舞台中已占有一席之地，为整个中国吸油烟机行业在全球赢得更多的市场话语权。多年来，在不断发展及壮大企业自身的同时，方太始终坚信，伟大的企业不仅是经济组织，更兼具社会属性，方太积极承担社会责任，不断导人向善，促进社会的和谐与提升幸福感。方太董事长茅忠群认为，伟大企业包含四个方面：顾客得安心，员工得成长，社会得正气，经营可持续。

方太一贯重视并积极承担企业社会责任，早在2006年就已经推出了第一份社会责任报告并坚持至今。多年来，方太的社会责任工作得到了政府、社会和员工的支持与认可。2013年11月，获得中国民（私）营经济研究会颁发的“中国家族企业社会责任奖”；2016年，宁波市企业社会责任评价中心评定方太为“社会责任优秀企业”；同年，获得浙江省企业社会责任促进会颁发的“2016年度浙江省企业社会责任优秀报告”称号；2018年，获得浙江省企业社会责任促进会颁发的“2018浙江省企业社会责任优秀报告”和“2018浙江省企业社会责任标杆企业（劳工实践）”奖项；2019

年，宁波市企业社会责任评价中心再次评定方太为“社会责任优秀企业”；2020 年，浙江省企业社会责任促进会评定方太为“2019 浙江省企业社会责任标杆企业（环境维度）”及“2020 年抗击疫情卓越贡献奖”称号；2021 年，中华全国工商联合会评选方太案例为中国民营企业社会责任优秀案例，等等。

此外，2009 年，作为浙江省六家企业之一，方太参与了“中德贸易可持续发展与企业行为规范”项目，与德国技术公司合作开展 CSR（企业社会责任）项目，制定及确立了“遵守法纪、弘扬道义、诚信经营、和谐发展”CSR 方针，完善了包括固废管理在内的 CSR 体系，同时形成了方太三个方面（法律、发展和道义）、十二项内容的社会责任观。2017 年，结合公司整体运营情况以及内外环境的变化，方太对社会责任观进行了修订，包括法律责任、发展责任、伦理责任及慈善责任。方太的社会责任观明确了组织产品创新的要求，强调了与所有相关方的和谐发展与共赢，并强化了全体员工的培养与健康成长，以追求企业的永续经营。

2018 年，方太升级企业新使命：为了亿万家庭的幸福，方太要为顾客提供无与伦比的高品质产品和服务，打造健康环保有品位的生活方式，传播中华优秀文化，让亿万家庭享受更加美好的生活，实现幸福圆满的人生。到目前已初步构建了一套方太文化践行体系，并向外部推广。同年，方太提出了新时代家庭幸福观：“衣食无忧、身心康宁、相处和睦、传家有道”，搭建了方太幸福家 APP 平台，为用户家庭带来幸福的智慧和启迪。

2019 年，方太提出了幸福社区理念，通过“美善环境、精诚服务、和乐成长、互助公益”四个方面，打造出“不是一家人，胜似一家人”的幸福社区。幸福社区”就是使社区居民普遍具有安全感、归属感、尊重感和成就感的社会生活共同体，也是环境整洁、服务完善、文明和谐、守望相助、自主自治的新型社区和幸福家园。茅忠群提出：“未来十年方太将与合作伙伴一道，共同打造一万个幸福社区。”

2020 年，方太提出了幸福厨房理念：厨房有品、饮食有节、相处有乐、食亦有道，立足于有品厨房，靠厨而养，依厨而乐，借厨而悟，再借由一个个美善产品的助力，不断构建出亿万家庭热气腾腾的幸福，炊烟起处幸福家。年初，方太联合上海恩派知行社区发展研究院、权威学术机构、社会组织共同起草了《幸福社区共建指导意见书》。这份《意见书》希望为各共建方提供幸福社区的建设方向指引，评估社区的发展状态，找到社区建设方向；也为各共建方的社区实践提供实操方案支持，推进幸福社区建设，弥补社区发展短板。7 月，方太集团联合首批 13 家共建单位共同发起“幸福社区共建公益计划”，幸福社区共建公益联盟正式成立。联盟的主体包括地产、物业、社区居委会、业主委员会、社会组织等在社区开展服务的社会服务机构和企业。联盟旨在与社区多元主体共同创建一个协商共治平台，为社区建设凝聚多方力量、整合多方资源、协同多种机制，解决社区内部的复杂问题，为社区中的多元化主体创造共享价值，推动完善社区建设支持体系。至今，联盟已有 6 家理事单位，52 家成员单位，遍布 17 个省、自治区、直辖市，共计 32 个城市，签约社区达到 2128 家，覆盖超过 1000 万社区居民。在内容赋能层面，目前首批甄选库已经拥有人文标识、幸福社区文化体验营、幸福社区邻里节、国学图书室等 60 余个优质社区共建项目，并已经在多地落实，强化了社会公益效益，增进了邻里间的关系。

2021 年初的中国公益节上，方太的公益项目“幸福社区共建公益计划”荣获了 2020 年度公益项目奖。方太集团更是获评 2020 年度公益推动力大奖。与此同时，方太还建立协同互通机制，共同组织参与研讨交流、项目走访等活动，携手成长，让更多的社区成为“安其居，甘其食，美其服，乐其俗”的幸福之地。

方太在学习国际先进的社会责任理念的同时，结合中国实际，逐步总结并形成了自己的社会责任理念。方太认为，企业社会责任包括三个方面：法律责任、发展责任和道德责任。法律责任包括产品责任、员工责任、环境责任、税务责任等与企业相关的法律法规，也是企业社会责任中的首要责任。道德责任包括商业伦理、共赢理念、慈善、公益、文化传播等，是企业应努力追求的高层次的社会责任。发展责任是企业的核心责任，包括产品创新、员工发展、和谐发展和可持续发展。如果企业发展不起来或者破产，就会成为社会的负担，阻碍社会的进步。因此，企业必须在发展的同时，实现和谐发展，永续经营。这也是极其重要的企业社会责任。近年来，方太通过“青竹简国学计划”，进入高校弘扬传统文化，激发原创思维；通过“客户持续关爱计划”走进社区，贴近用户，甚至邀请张怡筠等人共同打造“快乐加油站”。还有“感动顾客”的服务措施、以人为本的员工提升计划、积极建设健康厨房、履行低碳环保责任、走访敬老院、看望留守儿童、支援八一部队、无偿献血、村企合作、交通安全，等等。方太的企业社会责任工作内容丰富多样，但始终是关于和谐发展的。

具体来看，方太 2021 年发布第 16 份社会责任报告，报告的编写参照《中国企业社会责任编写指南》，并且突出企业特点和行业特色。法律责任上，第一，包括顾客责任层面的要求，（1）为顾客提供安全、健康、舒适的产品：方太以提供高品质的产品和服务作为立业之本，秉持独特、高档、领先的精神，立足原创，关爱用户，秉承仁爱心、恭敬心，用心打造。（2）保障顾客信息安全：承接法律法规要求，构建信息安全管理体系；学习优秀标杆企业，搭建顾客码号隐藏平台；应用“审计 & 培训”两把剑，提升个人信息保护意识。第二，员工责任层面，方太视员工为企业生存和发展最宝贵的资源，始终坚持“以人为本”的管理理念，努力为员工提供优越的工作环境，构建和谐的人文环境。保障员工职业健康安全：建立健全职业健康安全管理体系；关爱员工、关注健康；改善作业条件，提高本质安全化水平；构建应急管理体系，强化企业自救能力。第三，环保责任方面，方太积极倡导人与自然和谐相处，持续通过防污减排、节能以及资源再利用等路径，不断减少对环境的影响。同时，方太积极响应国家“3060”双碳计划，立足企业自身现状，初步拟定 2022 年行动计划与未来 5 年碳排放指标。（1）防污减排、节能与资源再利用；（2）双碳启动。第四，纳税责任方面，自成立以来，方太严格遵守国家各项税收法律法规，制定了公司各类费用申报、审批、报销等相关财务制度及流程，不断规范纳税管理工作及提高财务管理水平。依法按章纳税，及时足额缴纳税款，对纳税工作进行专人管理，对财务人员进行培训，提升纳税意识、业务素质和管理水平，确保纳税工作依法、有序开展。2007 年以来，方太多次荣获“宁波市纳税 50 强企业”“宁波市纳税信用 A 级纳税人”等荣誉称号（见图 3. 6）。

发展责任上，首先包括创新发展，（1）产品创新：方太坚持每年将不少于销售收入的 5% 投入研发，充足的研发投入为打造卓越技术创新奠定了坚实的基础。截至 2021 年，方太拥有包含厨房电器领域专家在内的 844 人的研发团队，其中博士 13 人、硕士 405 人。2021 年公司全年共获得国内授权

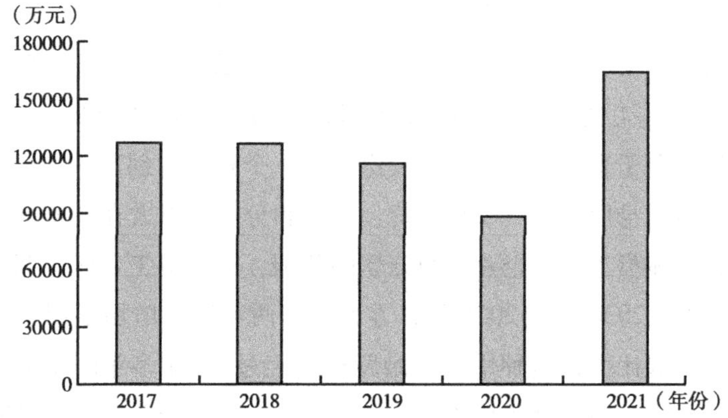

图 3.6　方太上交税款总额

资料来源：方太官网。

专利 2217 件，其中发明专利 862 件，累计拥有专利总数近 6400 件，其中发明专利 1461 件。（2）营销创新。（3）服务创新：全程顾问式服务系统。（4）管理创新：规范企业民主管理，构建和谐劳动关系，开展丰富文化活动，促进企业健康发展等。

伦理责任上，包括（1）善待顾客；（2）善待员工：幸福生命，健康养生，才能强化；（3）善待伙伴：包括供应商，制作上，经销商，服务商；（4）正当竞争：禁止垄断与不正当竞争，禁止商业贿赂，营造清正廉洁文化氛围。

慈善责任上：（1）文化传播，（2）中华企业文化推广，（3）中医文化推广，（4）幸福家庭文化推广，（5）幸福建设，（6）教育支持，（7）慈善救助。

尤其是推动共同富裕发展方面，（1）成立六西格玛俱乐部与供应商共成长：方太为帮助供应商共同成长，打造有竞争力的供应链系统。2014 年，方太成立华夏六西格玛俱乐部，在供应商端推行精益六西格玛。目前俱乐部拥有企业会员 24 家，组织活动 190 余次，参与人数 11738 人，组织培训中质协黑带 80 人，俱乐部内部绿带 454 人，联合企业自主培养黄带 1273 人，认证六西格玛绿带讲师 3 人，黄带教师 42 人，辅导项目 291 个，项目收益 5842 万元。供应商的管理水平和绩效实现快速提升，绩效水平平均提升 1σ 水平。俱乐部带动企业会员积极参与外部交流与分享，分别荣获全国优秀六西格玛项目奖、中国质量协会全国发表赛一等奖、中国好质量一等奖、亚洲质量创新优秀项目奖等荣誉。(2) 全员身股制与员工共成长："以员工为根本"的体现就是成就员工的幸福，2010 年 5 月起，方太实行"全员身股制"。身股，这个概念源于晋商，是晋商在股份制中一个独特的创造——给不出资的优秀员工一定的身股，让其参与经营、管理和分红。方太在借鉴上述经验的基础上，将全体员工纳入企业利润分享的范围，只要员工入职满两年，都可获得身股分红。2020 年和 2021 年，方太连续两年逐步增加了用于员工身股分红分配的提取比例，这种中长期激励机制经过了 10 多年的持续优化，已成为方太员工收入中不可或缺的一部分，员工在享受身股激励的同时为企业创造了更好的产品及服务，真正实现了企业与员工共成长。

2021 年，方太集团发布了《助力共同富裕方太计划第一个五年行动纲要（2021～2025 年）》，以推动企业员工物质与精神共同富裕为目标，持续提升员工收入，扩大中等收入群体比例，积极促进到 2025 年税后年收入达到中等收入的员工比例超过当地政府目标 10 个点以上的目标达成；持续优化收入分配机制、中长期激励机制，以及企业福利体系，包括：适当加大员工身股分配；突出知识价值、科技创新、高端人才导向；提高对专利与创新的激励，并持续加大研发投入；重点加强员工购房，健康，子女教育这"三座民生大山"的福利保障；持续完善公司培训体系、加大培训投入，促进员工能力培养和发展，以及精神文化生活的丰富。

方太，一家以"人品、企品、产品三品合一"为核心价值观；以"为了亿万家庭的幸福"为企业使命；以使命、愿景、价值观驱动；以 26 年来对高品质厨电的专注与坚持；向着"成为一家伟大的企业"宏伟愿景大步迈进。"未来，方太将继续积极承担社会责任，兑现责任承诺，继续扮演技术创新者、值得信赖的合作伙伴以及优秀企业公民的角色。"茅忠群表示，方太将继续通过运行《社会责任指南》国家标准，进一步优化公司的管理运作来提升公司在社会责任各方面的表现，"履行社会责任没有终点，方太将不断努力完善自我，为了亿万家庭的幸福，奋力前行。"方太未来的目标是把社会责任做到体系化、常态化，并与公司发展战略相结合，成为一家更好承担社会责任的伟大企业。未来我们会继续在社会责任方面尽好一个企业公民的本分，"铁肩担道义"，为传播优秀文化、弘扬社会正气、推动社会进步贡献一分力量。

（三）雅戈尔与企业社会责任

雅戈尔集团创建于1979年，总部位于东海之滨的浙江省宁波市，是全国纺织服装行业龙头企业。2020年度实现销售收入1048亿元，利润总额105亿元，实缴税收40亿元，位居中国民营企业500强第68位。截至2020年底，雅戈尔集团总资产955亿元，净资产306亿元。2021年度实现销售收入1439亿元，利润总额68亿元，实缴税收46亿元，位居中国民营企业500强第68位。截至2021年底，雅戈尔集团总资产940亿元，净资产353亿元。旗下雅戈尔集团股份有限公司于1998年11月19日在上海证券交易所挂牌上市。

雅戈尔年度荣誉包括：2021年第十一届中华慈善奖，2021年获2020年度宁波市制造业“纳税50强”企业，2021宁波市综合企业百强（第1位），2021浙江省百强企业（第19位），2021中国民营企业500强（第68位），2021中国企业500强（第210名），2020纺织服装行业助力脱贫攻坚”卓越贡献企业，2020宁波市抗击新冠肺炎疫情先进集团，2020国家工信局5G+工业互联网创新应用奖，2017～2019年度全国内部审计先进集体，2019年度宁波市制造业“纳税50强”企业等。

雅戈尔拥有国家级企业技术中心、国家级博士后科研工作站和国家认可实验室，已获授权专利近60项，获得国家火炬计划11项，国家重点新产品项目9项，863计划项目1项。雅戈尔被科技部认定为全国创新型试点企业，创新团队被浙江省委省政府授予“浙江省重点创新团队”。作为国内男装行业的龙头企业，雅戈尔注重与国际时尚的接轨，坚持新材料、新面料、新工艺、新品牌和新服务的创新，在生产技术及工艺的研发、产品设计、研发人才引进、完善创新激励机制等方面持续进行投入，建立了完整的产品研发和技术创新体系。雅戈尔通过小型垂直产业链的运作模式，积极应用新材料、新技术和新理念，不断强化以DP、抗皱、汉麻、水洗等功能性产品为核心的系列化开发和技术升级，提升自主创新潜力，保持企业长久的创新源。

雅戈尔积极探索5G+工业互联网的落地形式和发展方向：构建数字孪生车间、打造全流程系统和业务集成、推广广泛设备互联以及打造三地一体的可视化管理。雅戈尔将深化数据平台运营，以期全面实现门店数字化、商品数字化、物流能力数字化、组织数字化和会员数字化。承载着宁波市中国制造 2025 试点服装传统产业智能制造改造升级的重任，雅戈尔自 2017 年开始陆续投入资金建设“全连接 5G + 西服智能工厂”，实现了批量订单、团购、高级定制的自动化，同时“人工智能 +5G 技术”强化了生产过程的可视化、透明化、可预测和自适应能力，全面提升了生产效率、降低了生产故障率、完成对资源能耗的集约管控、优化了质检环节的自动化和数智化水平。

雅戈尔的社会责任不仅是为消费者提供优质产品，为员工创造福祉，为股东创造效益，为社会创造价值，更要成为中国商业伦理的践行者。雅戈尔文化追求的最高目标是和谐，和谐是人与人之间、人与企业之间、企业与社会之间关系最融洽、最健康、最有利于进步的层次。2018 年，雅戈尔积极推动下属企业做好社会责任工作，培养下属公司的社会责任意识，将雅戈尔独特的社会责任观普及到每一家子公司、落实到每一个员工、贯彻到每一个业务环节。雅戈尔以岗定薪、按劳取酬为原则，实行岗位工资和绩效奖励相结合的薪酬分配办法，建立了考核与工资、奖金、调薪、晋升及培训等机制，为骨干员工和优秀人才提供中长期的激励政策，充分调动了员工的积极性和创造性，不断提高员工的满意度和忠诚度。

雅戈尔是多元化经营的大型企业集团，涉税事项繁多、重大且复杂，为合理控制企业税务风险，防范税务违法行为，维护企业诚信纳税的形象，雅戈尔结合公司实际情况，制定了《雅戈尔集团股份有限公司税务风险内部控制制度》，从制度上保证税务风险管理工作能贯穿企业生产经营全过程，达到风险的自我防控。公司积极履行企业的社会责任，连续多年获得纳税信用等级 A 级企业的荣誉。2018 年，雅戈尔实现营业收入 96.35 亿元，上缴税收 17.48 亿元，2018 年 6 月 15 日“宁波创业创新风云榜”揭晓，雅戈尔荣膺“宁波市制造业纳税 50 强”，位列第 11 名。2021 年，雅戈尔实现营业收入 136.07 亿元，上缴税收 40.66 亿元，2022 年 4 月，雅戈尔同时荣获宁波市 2021 年度“制造业纳税 50 强”和“纳税 50 强”雅戈尔诚信纳税，在为地方创造财政收入，做出应有贡献的同时，也提高了自身的品牌美誉度，赢得了政府和消费者的信任，促进企业销售和利润的稳步健康增长，实现了税企良性循环，取得了较好的经济效益和社会效益，成为诚信纳税的践行者和得益者。

自雅戈尔成立以来，雅戈尔多次被中央文明委评为全国精神文明建设先进单位，并获得慈善总会“中华慈善事业突出贡献奖”“宁波市十大最具爱心捐赠企业”和国家民政部“中华慈善奖”。雅戈尔始终坚持“以环保法律法规为指导，努力倡导绿色环保理念，积极开发环保服饰，致力改善周边环境，大力推进企业可持续发展”的环境方针，充分合理地利用各种资源、能源，控制和消除污染，促进公司生产发展，创造良好工作生活环境，使公司经济活动能尽量减少对周围生态环境的污染。

雅戈尔 2021 年度环境、社会及治理（ESG）暨社会责任报告，是雅戈尔集团股份有限公司发布的首份《环境、社会及治理报告》以及第十四份《社会责任报告》。报告本着客观、规范、透明和全面的原则，详细披露了 2021 年雅戈尔在环境保护、社会责任、公司治理等领域的实践和绩效。雅戈尔 2021 年度环境、社会及治理（ESG）暨社会责任报告的编制依据为全球报告倡议组织《GRI Standard》的“核心”方案、《上海证券交易所股票上市规则》《上海证券交易所上市公司自律监管指引第 1 号——规范运作》《联合国可持续发展目标》（UN SDGs 2030）。雅戈尔以“为社会提供优质服务、为企业增加发展后劲、为股东创造更大价值、为员工谋取幸福尊严”为公司价值观。2021 年，雅戈尔经济绩效方面，实现营业收入 1360686. 31 万元；研发总投入 6993. 13 万元。2021 年社会绩效方面，员工总数为 19034 人；对外捐赠 4989 万元；纳税总额 406557. 29 万元；上市后累计实现分红 2371073. 24 万元。

社会责任管理方面，雅戈尔建立了多元化的利益相关方对话机制，主动与政府、员工、消费者、合作伙伴和公众等利益相关方群体开展沟通交流。雅戈尔期望向不同利益相关方展示公司履行社会责任的进展，积极采纳利益相关方的反馈，提升公司的可持续发展管理工作（见表 3. 4）。

表 3. 4　　雅戈尔社会责任管理责任沟通机制

利益相关方	沟通渠道	主要关注或期望
客户	· 商务沟通 · 客户回馈	· 完善的质量保证体系 · 高品质产品和服务 · 品牌影响力
投资者	· 股东大会 · 公司公告 · 实地考察 · 业绩说明会 · 公众号	· 保障股东权益 · 完善公司治理 · 提升经营业绩 · 守法合规经营 · 投资价值回报

续表

利益相关方	沟通渠道	主要关注或期望
政府和监管机构	· 定期信息报送 · 监管机构定期会话 · 参与会议	· 依法纳税 · 带动当地经济 · 促进地方就业 · 员工职业健康与安全 · 企业安全生产运营
员工	· 职工代表大会 · 内部刊物 · 座谈会	· 薪酬福利 · 职业发展 · 企业文化
供应商	· 公平透明 · 诚信履约	· 公平透明 · 诚信履约
社会与公众	· 公益活动	· 改善社会环境 · 支持社会公益 · 扶贫济困
同行公司	· 参与行业论坛 · 考察互访 · 学习交流	· 促进行业可持续发展

资料来源：雅戈尔2021年度环境、社会及治理（ESG）暨社会责任报告。

员工雇用方面，雅戈尔严格按照《中华人民共和国劳动法》《中华人民共和国劳动合同法》等法律法规的规定，制定了《人力资源管理控制程序》。雅戈尔施行“择优录取、任人唯贤”的雇佣原则，秉承自愿平等公平公正的雇佣理念，依据各“岗位职责”的具体要求，在公司内外部招聘所需人才。此外，雅戈尔积极践行团队多元化和性别平等的承诺，结合所处行业及公司实际情况，保持女性员工的雇佣比例，有效保障女性员工合法权益。

雅戈尔始终秉持“以岗定薪、按劳取酬”的原则，制定了《薪酬管理制度》等内部制度，实行岗位工资和绩效奖励相结合的薪酬分配办法，建立了目标、考核、激励相结合的薪酬体系，为员工提供具有竞争力的薪酬待遇，充分激发员工的积极性和创造性，不断提高员工的满意度。报告期间，为进一步建立、健全公司长效激励约束机制，有效提升核心团队凝聚力和企业核心竞争力，公司实施了《2021年限制性股票激励计划》《第一期核心管理团队持股计划》，探索薪酬制度多元化、薪酬证券化的可行性。

雅戈尔一贯维护员工的民主权利，充分发挥员工民主管理、民主监督的作用，通过职工代表大会、职工沟通平台等途径，让员工了解企业，积极提出自身的诉求，为公司的发展提供有建设性的意见或建议，有效保障员工的知情权、选择权、参与权。根据《关于推行“职工说事”工作制度的实施意见》（海总工〔2020〕24 号）文件精神，雅戈尔积极落实“职工说事”制度，大力推动基层工会全面建立“职工说事”工作室，实行规范化管理，要求做到“八有”：有工作场所，有标识标牌，有工作制度，有说事平台，有说事信箱，有轮值表，有记录簿，有公告栏。雅戈尔在服装城 B 座，结合产业工人队伍建设，设立工作场所，放置相关制度及宣传，搭建说事总介绍、说事工作室、企业文化展示区、悦读吧等。此外，雅戈尔还通过设置总经理热线、人大代表意见箱、党支部温馨角和员工代表大会，多渠道倾听员工诉求，全面提高员工满意度。

雅戈尔始终将员工的可持续发展视为一项重要的议题，制定员工培训的管理细则，不断完善员工培训体系。雅戈尔通过内部培训需求调研，从“管理能力”“专业技能”和“综合应用”三个维度，确定了中高层管理培训的培训课题、培训时间、师资来源、经费预算等，同时针对生产经营发展需要，重点安排了面向广大员工的安全生产、职业素养和管理技能等培训课程。雅戈尔人事部门负责经营团队、关键门店店长、大学生梯队等重点人员的培训课程和师资协调工作，选拔区域主管和片区负责人中的年轻干部参加培训，并做好周一培训交流会工作，增强公司学习氛围，提高各级干部与人员专业素质。雅戈尔还与宁波大学合作成立了新商业学堂，探索校企协同育人的新模式和新路径，确保人才队伍建设的可持续发展。

雅戈尔从工作环境、健康关爱、职业发展等多个层面关爱员工，提供多层面多范围的员工福利，打造和谐企业，建立长效的保障机制，营造安居乐业的氛围。①建立了多幢宿舍楼，设施齐全，安全规范；②建成员工食堂，并导入 5S 现场管理，实施严格的食品安全监控，保障员工饮食健康；③通过组织全员体检、设立困难补助资金、发放三八节、端午节、中秋节、春节节日专属福利等全面提升员工福利待遇；④通过安排员工子女进入公办学校就学、帮员工解决春节返乡车票、开展征婚活动等满足员工个性化需求；⑤通过先进设备的引进，不断改善工作环境，减轻劳动强度。

雅戈尔以“为社会提供优质服务、为企业增加发展后劲、为股东争取更大回报、为员工谋取幸福和尊严”为宗旨，以过程方法建立、实施、管理本公司各项工作，不断开展以顾客为聚集点的持续改进活动，使公司的产品质量达到和超过顾客要求，始终关注顾客需求，通过以增强顾客满意为核心，培养企业的忠诚用户，使企业和顾客都能得到最大的效益。雅戈尔不断深化对产品质量的认识，逐步形成了以“领袖风范”为质量管理理念的质量文化体系。雅戈尔高度重视产品的质量管理，始终按照公司质量体系文件运行，开展以顾客和相关方为聚集点的质量持续改进活动，不断追求产品质量的改善与精进，促使产品质量达到和超过顾客要求，实现多方共赢。为了不断提高质量管理水平，提供员工质量意识并增强产品在国内外市场的竞争能力，雅戈尔根据《质量管理体系要求》并结合公司实际情况，在原质量管理体系的基础上进行了修订，进一步提高了质量管理水平。2013 年，中国质量领域最高政府性荣誉——首届中国质量奖颁奖，雅戈尔荣获提名奖，成为服装行业唯一获此殊荣的企业。

雅戈尔与供应商之间一直保持平等的沟通和理性的管理，坚持诚实守信、互惠互利的原则，保证所有采购在“公开、公平、公正”下进行，尊重供应商的合理报价，为供应商创造了良好的竞争环境，合作共赢，谋求共同发展。此外，雅戈尔鼓励优先使用本地供应商，以尽可能地带动本地就业的和经济发展。供应商管理体系上，雅戈尔严格遵守《中华人民共和国招投标法》《中华人民共和国采购法》《中华人民共和国民法典》等相关法律法规，制定了《采购控制程序》《关联交易管理制度》等内部规定，规范供应商准入标准，杜绝利益输送和不公平交易，不断完善监督流程，以确保采购的流程和产品质量能符合本公司要求。

供应商沟通机制，雅戈尔不断拓宽和加强与供应商的沟通渠道，加强信息流通和资源共享。除了日常的业务层面沟通外，雅戈尔还定期与供应商沟通公司的战略目标及发展态势，倾听供应商的反馈，并组织供应商进行经验交流，让供应商更加了解雅戈尔，保持开放、长久的合作关系。雅戈尔定期举行雅戈尔供应链联盟大会，到会的供应商代表逾百家，涵盖 YOUNGOR、Hart Schaffner Marx、HANP、MAYOR 品牌，并与鲁泰、如意等 20 家优秀供应商进行了座谈，在加强合作，建立战略合作关系方面的达成了共识，并将在合作开发、信息共享、联营、快速补单等方面展开尝试。

绿色供应链建立方面，雅戈尔在坚持绿色低碳发展的同时也积极将这种理念传递供应商，采购部门及相关责任单位将环境方针传达给重要供应商及分包商，提高重要供应商的环保意识；对于所要求的生产或服务中涉及重要环境因素的供应商，雅戈尔依据《相关方管理程序》对其施加影响，使他们的行为和产品符合相关环保要求，积极推行绿色采购，助力打造绿色供应链。此外，雅戈尔还推动全产业链上游面料工厂进行碳排放测算，推动新工艺、新装备、新能源的应用，同时积极要求并推动面辅料供应商进行低碳生产和国际生态纺织认证。

雅戈尔以环保法律法规为指导，努力倡导绿色环保理念，积极开发环保服饰，致力改善周边环境，大力推进企业可持续发展。环境管理体系方面，雅戈尔严格遵守《中华人民共和国环境保护法》《中华人民共和国水污染防治法》《中华人民共和国大气污染防治法》《中华人民共和国固体废物污染环境防治法》《中华人民共和国节约能源法》等法律法规，以及经营所在地区和行业的环境保护要求。为进一步完善内部环境管理工作，公司根据 GB/T24001－2016 idt ISO14001：2015《环境管理体系要求及使用指南》，对现有 ISO14001：2004 环境管理体系进行了修改、完善，修订了《噪音管理程序》《废水管理程序》《废弃物管理程序》《化学品管理程序》《相关方控制程序》等内部制度，并由相关部门进行有效控制，以逐步降低生产运营过程中的能耗及排放量。

总体来说，雅戈尔践行“人才与事业共长”的理念，为员工谋取幸福尊严；秉承“质量第一，真诚待人，实现双赢”的原则与各方真诚合作，为社会提供优质服务；主动回馈社会，“枕复兴之宏图，报桑梓予父老”，积极推动企业的富强与国家的富强形成共振，以“共创、共鸣、共情、共享”立业，让人人变得更美好。雅戈尔历来秉承反哺社会的公益理念，一直致力扶贫、抗震、救灾、教育、健康、文化等多领域的社会公益事业，并把“助学助教”“健康关爱”等列为公司重点支持的领域，2021 年对外捐赠 4989 万元，累计捐赠 6.96 亿元。自成立以来，雅戈尔在公益事业上获得多项荣誉，连续多次上榜胡润企业社会责任 50 强，两次荣获国家民政部“中华慈善奖”，被中央文明委评为全国精神文明建设先进单位，并获得慈善总会“中华慈善事业突出贡献奖”。

（四）杉杉股份与企业社会责任

杉杉企业，1989 年由郑永刚创建于浙江宁波。30 多年来，杉杉从单一的服装业务稳健发展成为集新能源科技、偏光片等产业的全球领先高科技集团。杉杉自 2002 年起连续 19 年入榜中国企业 500 强，2021 年以 531 亿元销售额位居 373 位。杉杉以实业为根基，大力发展锂电新能源材料和偏光片光电材料产业，实现双科技引擎，双发展动力。通过引进一流人才，持续研发投入，不断提升技术实力，深入整合产业资源，目标是成为具有全球竞争力的高科技企业。

新能源锂电材料是杉杉的支柱产业之一。经过 20 余年持续投入，杉杉已在上海、宁波、包头、眉山、宁德、郴州、湖州、长沙、石嘴山、衢州、东莞等地设有多家生产企业，成为锂离子电池负极、正极及电解液领域全球最大的锂电材料综合供应商。杉杉负极（包头）、正极（长沙）两个 10 万吨项目相继达产，进一步强化规模领先优势。杉杉锂电材料技术研发居于世界领先地位，目前杉杉股份旗下拥有 3 个国家高新技术企业（负极、正极、电解液）、2 个国家级企业技术中心（负极、正极）、1 个省级企业技术中心（电解液）、2 个博士后工作站，参与国标制订，拥有 400 多项技术专利。

2021 年 2 月，杉杉股份成功并购 LG 化学偏光片业务，进军 LCD 偏光片市场，以创新技术能力和关键解决方案，实现偏光片本土化的超越发展，杉杉成为全球规模最大、技术领先的偏光片生产企业。杉杉偏光片是真正的全球化头部企业，在技术研发方面，是行业创新的引领者，拥有 1700 余项专利，特别是在 65 寸以上大尺寸偏光片领域，竞争力遥遥领先。目前，杉杉偏光片市场占有率全球遥遥领先，超过 25%，具备强大竞争力，与京东方、华星光电等主要面板厂商建立了长期稳定的供货关系。2021 年 5 月 20 日，杉杉股份与巴斯夫合资成立巴斯夫杉杉电池材料有限公司，生产正极活性材料和正极材料前驱体，双方将通过在技术研发、供应链以及客户资源等方面的整合，全面提升合资公司竞争力，成为全球领先的正极材料供应商之一。2021 年 6 月，杉金光电年产 5000 万平方米偏光片绵阳基地项目签约，项目总投资 50 亿元在绵阳高新区建设偏光片一期项目，包括 2 条超宽幅和宽幅偏光片生产线。2021 年杉金光电在张家港、广州、绵阳新建 6 条产线，一共拥有南京 4 条、广州 4 条、苏州 2 条、绵阳 2 条共 12 条全球领先的生产线。2021 年 8 月，杉杉科技 20 万吨负极材料眉山基地签约，并在 2022 年 1 月 4 日开工。

2022 年 4 月，杉杉科技年产 30 万吨锂离子电池负极材料一体化基地项目落地云南安宁；同月，杉杉锂电引入 CATL、BYD、ATL、中石油战略投资，杉杉负极材料进入一个新的规模量级。杉杉科技高度重视锂电材料产品研发和质量提升，得到了世界主流电芯厂和汽车厂的认可，成为宁德时代、LG 化学、比亚迪、特斯拉、戴姆勒 - 奔驰、宝马、通用 GM 等企业的主要动力级负极材料供应商，并持续保持消费电子负极材料全球第一的市场地位。同期，杉杉科技主持完成多项国家级项目及国家标准的制定，先后获得国家科学技术进步奖、国家企业技术中心、国家制造业单项冠军等荣誉。

健康医疗是杉杉重点培育的新兴产业之一，规划投资医疗细分领域，最终形成完整的大健康医疗产业链。目前，君康医院、无锡华清医院已成功运营。杉杉物产稳健发展国际贸易和物流业务，致力于成为世界一流的大宗商品分销商，以整合产业链上下游优质资源，实现技工贸一体化，做大做强商贸物流产业。

杉杉秉承“正直、负责、创新、担当”的共同价值观，积极参与地方经济发展，关爱员工健康与职业发展，关注和支持贫困弱势群体、青少年教育、健康养老等事业。杉杉股份高度重视企业文化与社会责任理念的有机结合，为此公司在思想层面、机制保障以及沟通回应等方面多措并举，进行了有益的尝试和探索：在公司内部深入宣贯社会责任理念，在各级员工中形成统一的认识；完善履行社会责任的体制机制，形成了强有力的组织保障，加大了资源投入；在公司发展的同时坚持包容奉献、合作共赢的理念，对利益相关方的重要诉求做出有效回应；坚持发布年度社会责任报告，主动与社会公众以及众多利益相关方进行有效的沟通。

杉杉高度重视利益相关方的期望与诉求，通过不断完善沟通渠道和交流方式，关注利益相关方重视的实质性议题，并积极给予回应，与利益相关方分享发展机遇，共同应对挑战（见表 3.5）。

表 3.5 杉杉股份社会责任管理责任沟通机制

利益相关方	沟通渠道	主要关注或期望
投资者	· 信息披露公开透明 · 规范公司治理 · 资产保值增值与投资回报	· 召开股东大会 · 定期报告、临时报告 · 机构调研、投资者热线、邮箱、业绩说明会、上证 E 互动平台
客户	· 安全、优质的产品 · 不断提升服务质量、超越客户期望	· 客户满意度调查 · 售后服务承诺 · 构建客户沟通渠道 · 开展优质服务活动
合作伙伴	· 互利共赢 · 市场运作规范化 · 共同遵守商业道德和国家法律法规	· 合同谈判 · 实地考察 · 培训指导 · 定期评估
员工	· 合理的薪酬体系 · 融洽的工作氛围 · 良好的职业发展空间 · 个人价值肯定与提升	· 公司网站及刊物 · 员工信箱、座谈会、职工代表大会 · 员工多元化培训 · 丰富的员工活动
环境	· 减少生产运营过程对环境的影响 · 引导产业链上下游企业关注环境 · 倡导绿色消费	· 倡导绿色办公 · 推动绿色生产 · 加强节能减排 · 推广低碳环保宣传
政府	· 贯彻行业发展政策 · 诚信守法经营 · 依法纳税 · 带动就业 · 防范经营风险	· 参与政策、规划调研与制定 · 专题汇报 · 接受监督考核 · 守法经营与公平竞争
社会	· 推动地区经济与文化发展 · 帮助社会弱势群体	· 参与区域经济建设 · 公益活动、文体活动、慈善活动等

资料来源：杉杉 2021 年度履行社会责任报告。

杉杉坚守品质，努力研发创新（见图 3.7 和图 3.8）。技术创新是实现可持续发展的基础。公司始终通过完善的科研体系，加大研发投入，引进和培养研发人员，不断强化研发能力，为客户提供创新高品质产品。2019 年公司负极业务开启研究院改革，激发创新活力，在 2021 年实现了追赶超越，成为全球锂电负极材料研发生产的前沿阵地。三年来，杉杉负极技术跻身国家队，入选国家企业技术中心、国家制造业单项冠军示范企业、国家级高新技术企业、专精特新“小巨人”企业。以独占鳌头的消费类电池材料引领技术标准，以极具性价比优势的动力类产品畅销海内外市场。

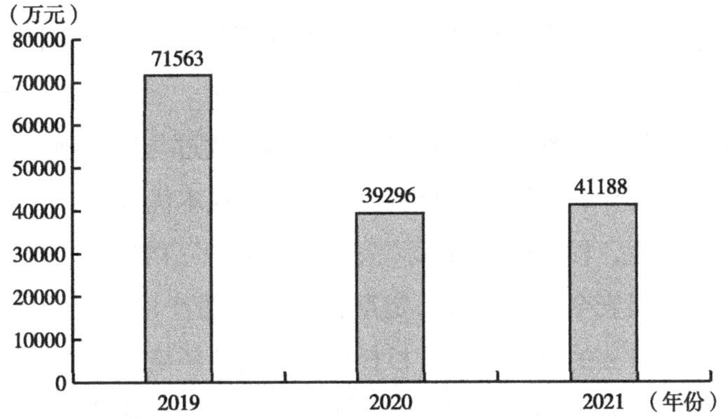

图 3.7　杉杉研发创新投入

资料来源：杉杉 2021 年度履行社会责任报告。

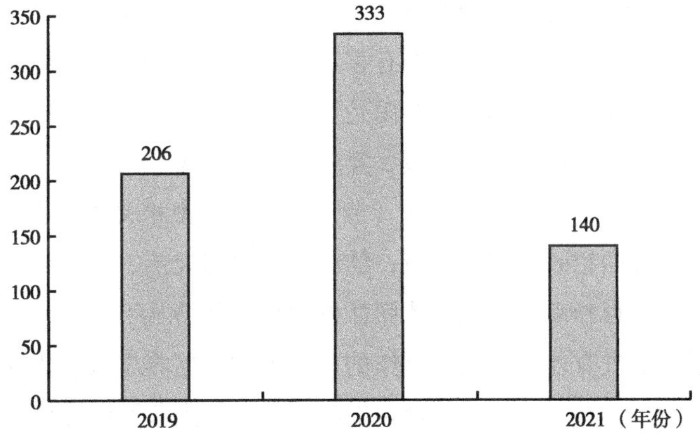

图 3.8　杉杉研发人员数量

资料来源：杉杉 2021 年度履行社会责任报告。

杉杉始终以客户需求为中心，通过不断提升产品质量和服务水平，满足客户不断更新升级的需求，超越客户期待。杉杉建立了系统的客户服务体系，从客户意向对接、产品需求对接、产品验证、订单确定、订单交付、产品售后服务、满意度调查等方面建立了完善的客户服务体系，以及时响应客户需求。通过为客户提供具备价格和性能优异的产品，以帮助客户成功发展，为客户提供创新价值，实现与客户共成长。

供应商管理方面，供应商是企业生产和创新链条的重要环节和基础保障。杉杉致力于构建健康、稳定、可持续发展的责任供应链。杉杉通过体系化的供应商准入管理、专业化的培训、定期的评价和经验分享，帮助伙伴不断提升生产和产品品质，实现共创、共赢、共发展。比如，“双碳”背景下为进一步保质保供，完善产业链布局，上海杉杉通过与国内顶尖原材料供应商建立全面战略合作，保证了原材料供应安全和成本优势。

绿色发展方面，杉杉始终秉承“安全生产第一”的原则，建立和完善安全生产制度、开展安全生产检查、定期推进安全生产培训、开展安全设施、设备、安全生产事故的应急救援。杉杉设置专门的环境安全生产部门（“安环部”），并且安环部与各部门签订年度安全生产目标管理责任书，签订责任书纳入公司年终绩效考核。

杉杉始终注重自身经营发展与资源环境的和谐统一，积极践行低碳绿色运营模式。杉杉持续通过节能改造、引入清洁能源、加强环保投入等多项措施，减少温室气体排放，有效管控有害物质，最大限度地减少生产经营对环境的不利影响。绿色发展不是负担而是竞争力，杉杉持续大力提升自身工艺智能制造水平，推动绿色转型升级，实现可持续发展。

关爱员工方面，杉杉严格遵守《劳动法》等国家相关法律法规，坚持公平、公正、公开的招聘及用工政策，结合公司内部规范、有效的人才选拔及入职管理制度。杉杉高度重视人才团队的建设，坚持从引进、培养、激励等多方面入手，引进有才干、能够合作的一流人才，培养忠诚、优秀、认同公司企业文化的人，激励经营、管理、生产、研发、技术等核心骨干团队（见表3.6）。

表3.6　　　　杉杉股份员工基本情况

指标	单位	2020	2021
员工总数	人	4760	5982
新增员工人数	人	2419	4339
本科以上人员比例	%	23%	22%

资料来源：杉杉2021年度履行社会责任报告。

杉杉着力打造立体化、多元化、系统化的人才发展体系，助力员工成长，重视和强化管理干部队伍培养，年内开展干部大讲堂、财务/人力行政条线干部能力提升等多个专项管理能力提升项目；公司及下属产业公司深入开展了研发类、生产类、营销类等多类别专业能力提升培训和实践；重视内训师队伍培养，新培养了一大批专业或管理能力突出、乐于分享的内训师，推进公司人才发展战略的实施，促进股份平台关键人才管理和专业能力素质的提升。

并且，杉杉建立了完善的后备人才培养方案，坚持“内部培养为主、外部培养为辅”的培养原则，并采取“滚动进出”进行循环培养，公司的人才培养体系由“雏鹰计划”“飞鹰计划”“精英计划”和“雄鹰计划”四个部分组成，四个部分形成储备干部、专业技术、基层管理、新人培养等四个战略人才库，为公司的发展不断培养和输送人才。目前杉杉新材料的战略人才库中共计有 64 人，其中专业技术人才占比达 70%，硕士以上学历为 15 人，本科以上学历为 42 人，基本完成了专业技术人才更新迭代，学历和业务水平大幅提高。专业技术人才建设效果显著，持续为新建项目输出，提供专业技术支持，近三年累计为兄弟公司输出人才共计 13 人，派出支援人员共计 14 人。

员工关怀方面，本着“提升员工幸福感，全力打造幸福企业”的目标，杉杉股份着力营造融洽的企业氛围。公司重视员工的业余生活和心理健康，提供了多项员工福利；建立员工沟通渠道，有效传递信息；鼓励员工开展丰富多彩的文体活动，丰富员工业余生活，增强员工的凝聚力。

回馈社会方面，杉杉股份根植于社会，秉承“回报社会、回馈民众”的理念，在提供产品及服务的同时，关注社会整体利益，依法诚信纳税，积极支持地方经济建设，热心公益事业，逐渐形成了有杉杉特色的回馈社会模式。

未来，杉杉将持续聚焦锂电池负极材料和偏光片两大核心主业，充分把握全球新能源汽车产业大发展、显示面板产业国产替代带来的历史性机遇，不断提升核心业务的全球竞争力，实现高质量发展，全力打造锂电池负极材料和偏光片两大细分市场的全球领导者。杉杉将继续遵循内部控制管理要求，不断完善内部控制管理制度，加强重点领域日常管控，聚焦关键业务、重点领域以及公司运营的重要环节，以风险管理为导向，业务流程管理为主线，进一步提升公司经营管理水平与风险防范能力，实现公司战略目标。杉杉将根据实际生产运营情况，通过制定合理的薪酬福利待遇，提供优良的工作生活环境以及良好的职业晋升通道，持续优化人员结构与管理体系，同时结合现有的业务部门绩效、员工绩效考评体系等，逐步修订完善绩效考核体系，并适时推出股权激励计划，增强团队凝聚力和企业活力。公司将坚守“正直、负责、创新、担当”的核心价值观，持续加大科技创新，打造精益品质，在追求自身发展的同时，积极响应国家号召，减少能源资源消耗，投入绿色公益活动，坚持安全生产，保护生态环境，支持社会公益活动，积极纳税，创造就业，竭诚回馈社会，为全球的可持续发展贡献力量。

（五）得力与企业社会责任

得力集团有限公司创建于 1981 年，是中国知名的办公与学生用品产业集团，多工作场景整体解决方案的领导者。得力通过持续不断的产品创新、管理创新和产业布局，在业内建立了中国第一的市场地位，并成为全球拥有广泛知名度的办公文具品牌。如今，得力的产业规模已从文具扩展至办公设备、打印设备、金融机具、安防监控与视频会议系统等，不仅提供硬件产品，而且还在系统和软件方面为用户提供服务。丰富而完整的产品集群，全方位地满足了企业级用户一站式整体采购的消费需求，同时，也给更多的个人消费提供了多样化与个性化的产品选择。创造美好产品，服务全球用户。

得力集团以成为一家值得信赖且受人尊敬的企业为使命，爱社会、爱企业、爱产品、爱客户、爱同事、爱家人为价值观，务实、稳健、专注、创新为文化基因，责任，荣誉，勇气，自律为的得力精神。为缓解教育系统公共防疫物资紧缺压力，确保复学复课工作安全有序进行，得力捐赠防疫物资，助力复学保安全。此举受到了各级领导的高度赞许，也收获了广大师生的一致好评。得力本次捐赠是继向红十字会捐赠 1000 万元、协调物资驰援一线之后的再一次善举，得力希望通过爱的践行，进一步传递温暖，弘扬企业正能量，为社会各界打赢抗疫攻坚战奉献得力力量。在得力集团发布的《2018 年企业社会报告》中可知，近年来，得力的销售收入每年保持高速增长，2018 年公司实现销售收入超 200 亿元，上缴税收超 10 亿元。2019 年 4 月 19

日，得力集团与宁海县慈善总会签署了“扩增得力慈善基金规模”的捐赠协议，成为宁波市冠名基金规模最大的企业，体现出得力“财富来源于社会，财富的价值也只有通过回馈社会才能体现”的慈善理念。至此，得力已累计向社会公益事业捐赠上亿元，《宁波日报》等各大媒体进行了相关报道。近十年来，得力积极投身扶贫济困、助学奖教、敬老爱幼、助医赈灾及环境保护、新农村建设等多个方面，默默坚守着行善的义举，先后帮扶新疆、内蒙古、甘肃、宁夏、四川、贵州、云南、河南、安徽、江西等老少边穷省份的数万名困难群众，打造出“爱在夕阳红”敬老、“用爱点亮生命”无偿献血、“蔚蓝梦想·快乐假期”留守儿童关爱、“圆梦”贫困学生系列等多个公益品牌，荣获了“浙江省慈善奖”“浙江省绿叶奖”“宁波市十大最具爱心企业”“宁波无偿献血爱心单位”等诸多荣誉。继西藏圆梦公益活动之后，得力再次远赴千里之外，将承载企业祝福的2000份爱心文具，送到了贵州省大方县风山小学全体贫困学生的手中，集团总裁助理胡冬代表得力参与现场捐赠。在全国政协扶贫办、中国制笔协会的共同见证下，得力聚爱心帮助贫困学子，汇真情支持教育事业，将企业温暖送至需要帮助的学生身边，在他们的心里播撒希望的种子，助力孩子们快乐前行。

第三节　共同富裕视域下企业社会责任的新发展

“十四五”时期将处于三个“百年”的三期叠加期，即百年未有之大变局的深度调整期、百年未遇之大疫情的持续影响期、百年奋斗之大目标的历史交汇期，“立足新发展阶段、贯彻新发展理念、构建新发展格局”是贯穿未来创新发展的逻辑主线和中国新价值创造的核心要义。企业社会责任是重要的时代命题。习近平总书记指出“只有富有爱心的财富才是真正有意义的财富，只有积极承担社会责任的企业才是最具有竞争力和生命力的企业”。

一、企业社会责任发展战略

立足新发展阶段，贯彻新发展理念，企业履行社会责任应该放大格局、提升使命，创新战略发展，树立始终与国家和时代同频共振的发展愿景，与时代同步，与国家同频，聚焦“国之所需”、响应“民之所盼”。企业需要立足新发展格局来谋求自身发展，履行企业社会责任。共同富裕是整个经济社会高质量发展的结果，是体现新发展理念的共同富裕，包括通过科技创新、制度创新和管理创新做大蛋糕，进一步夯实共同富裕的生产力基础；缩小区域差别，着力推动协调发展；以人与自然和谐共生的理念促进绿色发展；平衡好公平与效率，促进共享发展。因此，推动高质量发展、实现共同富裕，需要尊重经济发展规律，深化供给侧结构性改革。第一，加大创新，推动企业自身在科技创新中发挥更大作用。在构建新发展格局过程中，加强战略联动，瞄准科技前沿，提高原始创新能力，加快突破关键核心技术。着眼数字经济、生物科技、新材料等战略性新型产业发展，合作创新，形成产业链上下游、大中小企业协同创新生态系统，关系发展全局，也是形成以国内大循环为主体的关键。第二，企业家创新活动作为推动企业创新发展的关键，弘扬企业家精神，推动企业家做创新发展的探索者、组织者、引领者，放大格局、提升使命，勇于推动生产组织创新、技术创新、市场创新，重视技术研发和人力资本投入，有效调动员工创造力，实现员工和企业价值，努力把企业打造成为强大的创新主体，为新发展格局提供有力支撑，为高质量发展积蓄持续动能，从而夯实共同富裕战略的物质根基。

二、企业社会责任发展战术

构建新发展格局，企业履行社会责任应该创新战术。依托数字经济、智能经济等新经济形态，即数字化和智能化的基础设施，充分发挥新基建的引领作用，运用好大数据、区块链、人工智能等新技术，重视、发挥和激活各个生产要素，驱动和助力产业链向中高端发展。十九届四中全会提出除了人力资本、技术要素、文化创意要素乃至品牌等，数据成为新的生产要素。同时，在新发展阶段，企业间互联网、大数据平台大规模协作以及人机协作等创新组织形态。“双循环”格局下，企业促进创新发展，进一步推动产业铸链、强链、引链、补链，促进产业链、供应链、创新链、价值链深度融合，实现高质量发展。最终，企业通过创新驱动协同发力，依托新基础设施，发挥新生产要素，以新市场为牵引，以长期导向创新协作，最终助力企业构筑新经济生态系统，实现高能级跃迁，不断夯实并壮大共同富裕的产业基础和物质根基。

创新企业社会责任实践范式，深化平台化履责以放大综合价值创造效应。在数字智能技术的深度渗透下，企业社会责任实践范式也悄然发生革命性变化，即传统依赖企业个体式履责、企业供应链式履责、企业集群网络履责逐步转向了企业搭建的平台生态圈式履责，越来越多的企业逐步搭建基于数字技术的社会履责平台，或者嵌入到一定的社会责任实践平台之中，形成平台嵌入式、平台嫁接式、平台新创式等多元化的平台化履责范式。平台化履责最为显著的特征在于企业开展企业社会责任实践的资源基础、利益相关方构成以及社会责任实践议题不仅仅局限于企业内部，其思考社会问题以及解决社会公共问题的基本逻辑在于以企业所处生态圈为逻辑起点，尽可能地最大程度撬动企业所处生态圈内多元利益相关方的爱心资源、社会资源与经济资源，形成面向特定公共社会议题的履责实践议题范围，通过数字化手段实现多方生态资源的链接，最终共同开展社会责任实践活动。诚然，平台化履责并非适用于所有企业，搭建社会化、生态化的社会责任实践平台需要企业具备高度的社会影响力以及巨大的经济价值创造潜力。因此，对一般类型的企业尤其是资源约束较大以及社会影响力较低的企业而言，可以加入到相应的履责平台之中，形成平台嫁接或者平台嵌入式的社会责任实践范式创新，更多地与企业所处行业的龙头企业、高社会影响力企业形成同频共振效应。更为关键的是，平台化履责不仅仅意味着企业自主式搭建社会责任实践平台吸纳更多的生态方加入到社会责任实践过程中，更强调企业以平台思维与平台共创理念更好地开展社会责任实践，如在开展环保类社会责任实践议题的过程中，更多地推动企业所处的上下游企业开展环境保护活动，以平台用户节点激活企业社会责任实践过程中的网络效应，撬动更多的具有环保意识的相关组织、社会个体以及用户参与到社会责任实践过程中，因此这一平台思维与平台理念更偏向于实践过程中的参与主体平台化、参与过程社会化，而非单一地搭建社会责任实践平台实现多边生态方的链接。

创新企业社会责任实践组织范式，从商业组织迈向混合型组织：不管是企业社会责任管理还是企业社会责任实践，其本质上需要依托既定的组织载体。实质上，在以企业为主导的创新体系之下，以市场逻辑为本位的商业组织成为驱动企业技术创新、产品创新、工艺创新、商业模式创新以及服务创新等多种创新内容的主要组织载体。但以市场逻辑为主导逻辑的商业组织在开展系列创新活动时往往难以实现社会利益相关方嵌入，且创新场域与创新价值主要聚焦在个体私人场域以及经济价值，形成创新的社会价值割裂或者创新的综合价值创造效应不足。共同富裕战略视野下，由于其不仅仅要求企业创造更大的市场经济价值“做大蛋糕”，更要求企业在创造价值的过程中扩展更多的社会性利益相关方网络，并在价值捕获、价值创造、价值分配等领域更好地平衡经济性与社会性元素，实现企业创新过程中的商业利益与社会利益有效混合兼容。相应地，依托商业组织为社会责任创新主体的组织载体越来越难以适应上述要求，追求商业组织的社会化与混合化运动成为共同富裕战略视野下企业社会责任实践组织范式变革的突出方向。商业组织的社会化运动以及使命混合化将进一步驱动组织向混合型组织的转型与创新。实质上，混合型组织并不陌生，其本质上是将多重制度逻辑包括市场逻辑与社会逻辑、家族逻辑与国家逻辑等耦合，进而规避单一市场逻辑主导下商业组织产生社会责任实践不可持续或者综合价值创造低阶化，在组织开展商业决策以及价值创造的过程中综合考虑利益相关者的多维需求，遵守甚至超越经济、社会、环境三重底线原则，主动推进立足企业技术、产品与服务等经济性创新为基础的社会责任创新，将社会责任内生融入其创新战略体系中，通过建构责任式创新（责任式技术创新、产品创新与服务创新）与可持续性商业模式创新等可持续导向的创新范式，更好地满足多元利益相关方的价值诉求。

三、企业社会责任发展制度

作为国家与时代的重要命题，企业社会责任需要制度创新，以支撑企业长期履行社会责任，行稳致远。2006 年是中国企业社会责任元年，开始实行《公司法》。《公司法》中第五条要求，“公司从事经营活动，必须遵守法律、行政法规，遵守社会公德、商业道德，诚实守信，接受政府和社会公众的监督，承担社会责任”。而《公司法》的制定旨在“规范公司的组织和行为，保护公司、股东和债权人的合法权益，维护社会经济秩序，促进社会主义市场经济的发展”。同时，《深圳证券交易所上市公司社会责任指引》（简称《指引》）在2006年出台，要求上市公司积极履行社会责任。《指引》的初衷是“为落实科学发展观，构建和谐社会，推进经济社会可持续发展”。

2008年，国务院国资委以1号文形式发布《关于中央企业履行社会责任的指导意见》，以“深入落实科学发展观，推动中央企业在建设中国特色社会主义事业中，认真履行好社会责任，实现企业与社会、环境的全面协调可持续发展”。并且，上海证券交易所印发《关于加强上市公司社会责任承担工作暨发布〈上海证券交易所上市公司环境信息披露指引〉的通知》，“为倡导各上市公司积极承担社会责任，落实可持续发展及科学发展观，促进公司在关注自身及全体股东经济利益的同时，充分关注包括公司员工、债权人、客户、消费者及社区在内的利益相关者的共同利益，促进社会经济的可持续发展”。同时，中国企业改革与发展研究会发布《中国企业社会责任标准原则》，上海市出台《上海市企业社会责任地方标准》。

2009年，中央政治局第十一次集体学习时，胡锦涛同志提出要积极引导企业履行社会责任；并且国资委召开中央企业社会责任工作会议。2010年，财政部等五部委联合发布《企业内部控制配套指引》，以及国资委颁布《中央企业节能减排监督管理暂行办法》。2011年，国资委出台《中央企业“十二五”和谐发展战略实施纲要》，多次明确提及环境和社会因素。2012年，中国合作贸易企业协会、中国企业改革与发展研究会联合发布第一份《中国企业信用发展报告》。2013年，党的十八届三中全会发布《中共中央关于全面深化改革若干重大问题的决定》，要求国有企业以“承担社会责任”等为重点，深化国有企业改革，成为推进国家现代化、保障人民共同利益的重要力量，将企业社会责任的提升作为国有企业未来的一个重要改革方向。

2014年，中共十八届四中全会明确提出，要“加强企业社会责任立法”。同年，国务院印发《关于促进慈善事业健康发展的指导意见》。2015年，中共十八届五中全会中提出，要增强“国家意识、法治意识和社会责任意识”；并且新《环境保护法》正式实施。2015年，《社会责任指南》《社会责任报告编写指南》《社会责任绩效分类指引》等三项社会责任国家标准出台，呼吁“在当前我国经济快速发展但社会和环境发展相对落后的背景下，每个组织都行动起来，共同为社会和环境的健康发展担负起应有的责任，为我国经济、社会和环境的可持续发展做出自己最大的贡献”。

2016 年，在“十三五”规划的“创新、协调、绿色、开放、共享”理念指导下，各行业都将企业社会责任作为重要切入点。国务院国资委发布《关于国有企业更好履行社会责任的指导意见》，推动国有企业“积极履行社会责任，以遵循法律和道德的透明行为，在运营全过程对利益相关方、社会和环境负责，最大限度地创造经济、社会和环境的综合价值，促进可持续发展”。2018 年，证监会发布新版《上市公司治理准则》，要求上市公司“贯彻落实创新、协调、绿色、开放、共享的发展理念，弘扬优秀企业家精神，积极履行社会责任”。

2021 年是中国具有里程碑意义的一年。在中国共产党成立 100 周年全面实现小康社会后，共同富裕成为一个新的时代主题。站在新的历史位置，在促进共同繁荣的大背景下，企业社会责任被赋予了新的内涵和使命。共同富裕是社会主义的本质要求，深化共同发展理念，更好推动人的全面发展、社会的全面进步、人民的共同富裕，成为全面建设社会主义现代化国家的迫切要求。改善民生是发展的根本目的，发展为了人民、发展依靠人民、发展共享人民，让人民过上更加美好的生活。保障和改善民生将成为加快转变经济发展方式的根本出发点和落脚点，坚持实现居民收入增长和经济增长同步，劳动生产率增长和劳动报酬增长同步。把促进就业放在经济社会发展的更加突出位置，进一步深化对劳动价值论的认识，健全科学的工资水平决定机制、经济正常增长机制和工资保障机制，完善劳动、资本配置机制，按技术、管理等生产要素的贡献。对外经济贸易大学公共政策研究所首席研究员苏培科表示，公司应该对自己的运营和基于现实的可持续发展负责。因此，对于企业来说，促进共同繁荣，企业的健康发展是第一位的。

| 第四章 |

共同富裕视域下家族企业社会责任测量

建立科学合理有效的共同富裕家族企业社会责任评价指标体系，是家族企业履行社会责任推动共同富裕最终成效的关键所在，也是明确家族企业履行社会责任的方向、目标和路径方法的重要前提（Su et al.，2022）。

第一节　共同富裕战略重要指标

国家统计局在国新办的新闻发布会上也曾表示，我国将推出幸福指数、人的全面发展指数、地区创新指数以及社会和谐指数等，用以适应各方面对我们国家经济社会协调发展、人的全面发展以及民生、人文这方面的需求。目前，国内国外关于共同富裕相关的评价标准体系很多，其中包括较有影响力的生活质量指数、小康社会建设指数、国民幸福指数、人类发展指数、综合发展指数、绿色经济发展的统计与评估等（中共浙江省委党校，2022）。

一、生活质量指数（PQLI & YBLI）

物质生活质量指数（The Physical Quality of Life Index，PQLI），作为测度物质福利水平的综合指标，由曾任美国海外开发委员会主席的詹姆斯·格蒙特和客座研究员大卫·莫里斯指导，由美国海外发展委员会提出，于 1977 年作为测度贫困居民生活质量的方法正式公布。该指数旨在衡量一个国家或地区满足人们基本需要方面所取得的成绩，即物质生活质量。该指标由婴儿死亡率（反映了饮用水的净化程度、居住的环境条件、母亲的健康状况等）、平均预期寿命（由营养、公共卫生、收入及一般环境等指数综合而成）和识字率（与一国经济发展水平相适应的人们生活水平和教育发展程度的反映）三大指标的算术平均值，是目前国内外公认的一种用来评价居民物质生活质量的方法。这三项指标都是社会普遍关心的问题，作为重要的基本构成要素；并且每个指标都是很好的综合指数，可以反映社会在满足基本需要方面的许多特征，是社会发展成就的综合体现；同时，此项指标具有广泛的国际可比性，满足构造综合指数的标准。

虽然 PQLI 指标易于理解，计算简单，但是也存在一些局限性。首先，它没有反映一个国家的全部社会福利状况。构成 PQLI 的 3 个指标中，反映健康状况的有两个指标（婴儿死亡率和平均预期寿命），这实际上是赋予健康指标以双倍的权重。这可能适用于最贫穷的国家，但却不适用于一般发展中国家，对发达国家的衡量判断更缺乏敏感性。总体而言，社会福利的内容是广泛的，仅用三个指标反映一个国家的福利水平显得太粗糙、太简单。其次，PQLI 只是测度了一个国家社会发展的结果，而未能反映出发展的过程。因而，它只是一个“宏观的”指数，不能反映出具体发展计划或政策的过程及其成就。再次，在计算方法上采用简单平均，将每个指标看作对发展的作用相同，缺乏一定的理论依据。最后，PQLI 所关心的是发展政策能否成功地满足贫困国家人民的基本需要这一问题，并不力图测度所有的“发展”，也不测度自由、公平、安全或其他无形的东西。同时，它也不包括“生活质量”一词所意指的许多其他社会和心理特征，诸如安全、公平、自由、人权、就业、满意感等。因而它被冠以“physical”生活质量指数的称号，而不是一个全面的“发展”指标。

由于 PQLI 缺乏反映居民物质生活的经济类指标，生活质量指数（Your Better Life Index，YBLI）由联合国经济合作与发展组织（OECD）于 2011 年推出，从居民生活质量角度来反映与比较不同国家经济发展和社会进步状况的综合指数。该指数主要包括物质生活条件分类指数和生活品质分类指数，涵盖有关居民生活质量的住房、收入、工作、社区、教育、环境、政府管理、健康、生活满意度、安全和工作生活平衡度共计 11 个领域。通过评估和比较生活质量指数，可以更加深刻地认识和理解经济、财富、精神生活和社会环境等一系列影响居民生活质量的因素，能够较科学地测算与比较不同国家经济发展和社会进步的状况及程度。因此，YBLI 指数研究的意义在于测量社会进步与人民生活水平时，既要关注经济因素，也要关注人文因素，充分体现现代社会对生活质量的定义和理解，使生活质量的高低既从人类自身需求出发，又综合社会物质文化与精神文化生活等多重因素，以准确衡量社会的全面进步与发展水平。但是，从 YBLI 指数的指标来看，有相当一部分指标并不能在常规统计中找到，在测算中较难搜集数据，比如人均房间数量、无基本设施的居住场所比率、住户金融财富、用于休闲和个人护理的时间等。

综上而言，上述两种指数均有较高认可度；但最重要的是，这两个指数都忽略了人的主观维度。

二、小康社会评价指标体系

小康社会指标体系是中国社会小康水平的定量化综合指标体系。自从我国改革开放总设计师邓小平在 20 世纪 70 年代末 80 年代初提出“小康社会”以来，理论部门学者和实践工作者对小康社会指标体系展开了广泛的研究。其中，国家统计局 2008 年出台《全面建设小康社会统计监测指标体系》，该指标体系由 6 个子系统共 23 个指标构成。党的十八大以后，全面建成小康社会对我国社会主义小康建设进程提出了更高的要求，评价指标体系必然要进行相应的修正和完善。为此，2013 年国家统计局为贯彻党的十八大会议精神，对指标体系进行了调整，调整后的指标体系主要包括经济发展（人均国内生产总值、科学研究与试验发展经费支出占国内生产总值比重等）、社会和谐（基尼系数、城乡居民收入比等）、生活质量（居民人均可支配收入、恩格尔系数等）、民主法制（公民自身民主权利满意度和社会安全指数）、文化教育（文化产业增加值占国内生产总值比重、居民文教娱乐服务支出占家庭消费支出比重和平均受教育年限）、资源环境（单位国内生产总值能耗、耕地面积指数和环境质量指数）六大类，以此测算全国及各省、直辖市和各地区全面小康的建设进程。这是目前较为全面地对小康社会建设进度进行监测的指标体系，其指标分类总体合理，相关数据客观可获取，但就测量居民的“共同富裕”程度来看，指标的针对性仍不充足。

三、国民幸福指数（GNH）

国民幸福指数（Gross National Happiness，缩写 GNH），是反映国民生活质量和幸福程度的指标。20 世纪 70 年代，不丹王国的国王首先提出国民幸福总值 GNH 的概念，针对国内生产总值 GDP 指标不能反映国民的生活质量，不能测度国民的幸福程度，不能反映经济的可持续发展而提出的。他认为“政策应该关注幸福，并应以实现幸福为目标”，人生“基本的问题是如何在物质生活（包括科学技术的种种好处）和精神生活之间保持平衡”。这种执政理念已经引起全世界瞩目。国民幸福指数由此以实现幸福为目标，建立了政府善治、经济增长、文化发展和环境保护四级指标体系。美国心理学家卡尼曼与普林斯顿大学的艾伦·克鲁格从 2006 年起编制国民幸福指数，指数由四级指标体系构成：社会健康指数、社会福利指数、社会文明指数、生态环境指数。每一级指标体系中都由若干个指标构成，指数的计算采用加权平均法。国民幸福指数是针对国内生产总值指标不能反映国民的生活质量、幸福程度和经济的可持续发展而提出的，将关注点由“物”转向“人”，对于转变发展观念有着重要的意义。不过，它不能完全表征和度量经济发展状况，不同的人对幸福感的理解和诠释也不尽相同。该指数将“幸福”简单化、绝对化处理，且尚未有任何一种幸福感测量工具能够得到普遍认同。

2022 年，清华大学中国新型城镇化研究院、城市治理与可持续发展研究院联合举办“新时代人民幸福论坛”，并首次发布《人民幸福指数研究报告》。《人民幸福指数研究报告》选取了 185 组基础数据，其中 55% 来源于统计数据、45% 为新型数据，如遥感数据、地图 POI 数据、网络数据、调查数据等，完成了基于“国民幸福指数”和“人民城市幸福指数”两大应用场景的测算。该报告指出，总体来看，我国国民幸福指数整体持续向好。“人民幸福指数研究”创新探索了理论内涵、模型框架、场景应用、地方实践四个方面。首先是对人民幸福理论逻辑与时代内涵的深刻挖掘与重新释义。“人民幸福指数研究”以马克思主义为理论基础，广泛吸纳中外优秀成果，结合中国传统文化和时代特征，阐释当代中国人民自我认同的幸福内涵，具体概括为：“在社会环境和人居环境的支撑下，拥有健康的身心状态和健全的基本保障，保持和谐的家庭关系和积极的社会关系，对生活有相对自由的掌控度和选择权，同时对成长和改善有所期待，并能够将个人价值与社会进一步相融合。”其次是强调“人民立场、人民需求、人民反馈”原则，厘清从个人幸福感受到群体幸福共识、从主观幸福感受到客观生活质量之间的映射关系，创造性地搭建起“3×3”的指标体系框架模型，包含个人家庭、社会生活、人居环境3个圈层，以及生存需要、享受需要和发展需要3个需求层次，涉及9个领域、27项指标。在此基础上，指标库可以随着社会经济发展、数据开放程度和技术手段进步，进行维度拓扑延展，增强了研究的时代性、针对性、有效性。第三是明确指数应用的场景和逻辑，完善适用于具体场景的指标体系并开展数据测算、结果分析与情景预测。研究遵循结果导向、对标国际、动态循环、场景多样的指标筛选原则，参照国内外已有研究和实践基础，构建了包含185个指标项的幸福测度基础指标库；随后根据不同的应用场景，选取最具代表性的指标项，合成特定幸福指数。在指标的测算上，研究针对横向与纵向应用场景，分别采取基期指数法和极差法实现数据标准化处理。第四是不断开展地方实践探索工作，针对我国典型区域，选取重点城市展开深入调查研究，结合地方特色和实践，不断探索“人民需求—人民反馈—政策调整”的决策闭环。

具体而言，一方面，“国民幸福指数”应用场景选取了从1978～2020年的有关指标。总体来看，我国国民幸福指数整体持续向好，随时间发展变化，各版块得分趋向均衡；“社会生活”及“人居环境”逐年向好，体现出影响幸福感的客观条件改善显著。从人民幸福与经济发展的耦合关系来看，国民幸福指数综合得分随GDP总值及人均GDP增长呈逐年上升趋势，证明我国经济的稳定高速发展是人民追求幸福生活的坚实基础；但2006年以后，国民幸福指数总分增速小于GDP增速，意味着经济水平将不再是决定人民幸福的最关键要素，也对下一阶段“改革发展成果惠及人民”的工作目标提出了新要求。通过分项的发展趋势分析，我国多项民生福祉水平持续提升，硬件设施建设取得飞跃式进步，公共服务供给水平不断提升；对标国际，科研投入、互联网普及、就业稳定性和政府工作效能等都属于我国的优势领域。未来应在提升居民收入、缩小城乡差距、提高社会服务质量及环境质量方面持续发力，向社会公平与共同富裕目标迈进。此外，“国民幸福指数”的调研结论跟荷兰 Erasmus 大学的 RuutVeenhoven 教授对中国 3 次幸福指数的调查有一些相似性。RuutVeenhoven 教授调查显示，中国 1990 年国民幸福指数为 6.64（1－10 标度），1995 年上升到 7.08，但 2001 年却下降到 6.60。研究结论强调，即使经济持续快速增长也并不能保证国民幸福的持续增加。

另一方面，“人民城市幸福指数”应用场景实现了对全国 283 个城市（包括省会城市、计划单列市、地级市等）的综合评估。整体来看，全面小康目标达成，但仍未有综合得分达到全面优秀水平的城市，在提升人民幸福感方面，各个城市都仍有较大的进步空间和重点方向。其中省会及计划单列市排名前十的城市分别为：杭州市、深圳市、宁波市、长沙市、厦门市、郑州市、南京市、武汉市、广州市、福州市；一般地级市排名前十的城市分别为：金华市、苏州市、湖州市、温州市、绍兴市、东莞市、台州市、舟山市、镇江市、无锡市。从分布区域来看，综合得分较高城市为沿海沿江城市及省会城市，浙江省、广东省、江苏省多市名列前茅，表现突出，国家共同富裕示范区引领作用显著；从规模特征来看，超大特大城市幸福感平均水平较高，部分Ⅱ型大城市排名靠前。通过各档城市的分圈层分析，西部地区在“个人家庭”圈层具备比较优势；东部城市在三个层次的需求满足方面均表现突出。而从与人口关系的耦合分析来看，人口流入较多的城市，幸福指数得分排名相对靠前，如珠海、深圳、杭州、长沙等，可见幸福指数的提升也在一定程度上反映了城市对人口的吸引能力。

未来，“人民幸福指数研究”除了持续发布国民幸福指数和不断扩展人民城市幸福指数的监测范围，还将进一步下沉社区尺度，关注各类人群的特定需求，并加强与相关国家部委、各类科研机构、新闻媒体、地方政府、企业的合作交流，最终构建起一个多尺度、多类型、持续性的指标研究体系，以期真实反映全体人民全面需求。

四、人类发展指数（HDI）

人类发展指数（Human Development Index，HDI）由联合国开发计划署

(United Nations Development Program, UNDP) 自 1990 年起每年都在《人类发展报告》中予以发布，以“预期寿命、教育水准和生活质量”三项基础变量（分别反映了人的长寿水平、知识水平和生活水平），按照一定的计算方法得出的综合指标，用以衡量联合国各成员国经济社会发展水平的指标。1990 年以来，人类发展指标已在指导发展中国家制定相应发展战略方面发挥了极其重要的作用。之后，联合国开发计划署每年都发布世界各国的人类发展指数，并在《人类发展报告》中使用它来衡量各个国家人类发展水平。HDI 将经济指标与社会指标相结合，更加强调人文发展，而不仅仅是经济状况。当前，全球发展进程正在遭受严重冲击，人类发展指数 30 年来首次下降。

该指数首先，是对传统的国民生产总值指标 GNP 挑战的结果，用较易获得的数据反映一个社会的进步程度，在指导发展中国家制定相应发展战略方面发挥了极其重要的作用。但人类发展指数 HDI 只选择预期寿命、成人识字率和实际人均 GDP 三个指标来评价一国的发展水平，而这三个指标只与健康、教育和生活水平有关，无法全面反映一国人文发展水平，更无法准确反映我国共同富裕的实现程度。其次，是在计算方法上，存在一些技术问题。最后，HDI 值的大小易受极大值和极小值的影响。因此，为确保 HDI 值准确全面地反映现实，计算 HDI 时应增加更多的变量，并建立非综合指数，因为综合指数难以确定权重。因此，对不同国家应制定不同的人类发展指数参照值。现在的人类发展指数只测量最基本的人类成就，如寿命、教育等，对于已经超过这一阶段的工业国家应制定不同的指数，以能够把握特别是工业国家社会经济进步的完整范围。2020 年 12 月，联合国开发署首次将二氧化碳排放和材料足迹两大全新衡量指标纳入指标体系，呼吁所有国家重新设计发展道路，将人类活动对于地球环境的破坏纳入考量，并应对阻碍变化的权利和机遇不平等。在加入新指标后，有 50 多个国家因为高度依赖化石燃料和材料足迹而掉出了“高发展水平”的行列，哥斯达黎加、摩尔多瓦和巴拿马等在环境保护方面做出突出成绩的国家，排名都有 30 名以上的大幅提升。

第二节　企业社会责任测量

企业承担社会责任的程度通过社会责任表现来衡量，格雷沃斯和沃多克

（1999）指出社会责任表现是衡量企业对关于与社会领域相关的一系列关注态度；Wood（1991）认为社会责任表现是“一个商业组织在与企业的社会关系上社会责任原则、社会反映过程、政策、计划和可观察的结果所表现出的建构”，是为商业和社会领域提供一个一致性框架时的有用概念；通俗地讲，社会责任表现就是衡量社会责任政策和实践的一种方法（Sharyn Rundle - Thiele et al.，2008）。对企业承担社会责任话题的研究离不开对社会责任表现的衡量，尤其是在需要做定量分析时，如卡罗尔（2000）认为社会责任表现应该是对企业关于社会问题和利益相关者的社会绩效的全面衡量，所以建立一个复杂的、多维度的衡量框架是必需的（Wartrick & Cochran，1985；Wood，1991；Roman et al.，1999；Griffin & Mahon，1997；Swanson，1999；Rowley & Berman，2000）。

国外从20世纪70年代开始关注社会责任评价方面的问题，涌现了一批有价值的研究成果。1971年，美国经济发展委员会发布《工商企业的社会责任》报告提出企业社会责任的“同心圆”模型。1991年，Carroll提出企业履行社会责任的“金字塔”模型，强调企业社会责任包括企业的经济责任、法律责任、道德责任和慈善责任。1980年，Elkington提出了“三重底线”模型，企业行为要满足经济底线、社会底线与环境底线。2003年，Schwartz和Carroll在分析“金字塔”模型局限性的基础上，提出新的“维恩图”模型，划分企业社会责任的内容为三个领域：经济领域、法律领域和道德领域。企业社会责任作为资本主义商业社会自我解救的手段，弥合商业给社会带来的种种负面影响，缓和社会矛盾，实现企业与社会协调发展（Wang et al.，2016）。Freeman（1984）提出企业不仅要对股东负责，还应该对债权人、员工、供应商和客户、政府、社区以及环境负责。

因此，企业履行社会责任对利益相关者的影响，包括对员工、政府、媒体、投资者、银行的影响，一方面从财务绩效表现上进行测度（Cocharan & Wood，1984；Margolis & Walsh 2003；McGuire et al.，1988；Peloza，2009；Orlitzky et al.，2003），另一方面从非财务绩效表现上进行测度，包括道德资本（Godfrey，2005），良好的企业声誉和形象（Du et al.，2010；Fombrun & Shanley，1990），提升的品牌形象（Liebtenstein et al.，2004），创新（Asonga，2007；Flammer & Kacperczyk，2015），降低风险（Godfrey et al.，2009；

Orlitzky & Benjamin，2001），强连结的利益相关者关系（Du et al.，2010；Sen et al.，2006），融资便利（Cheng et al.，2014），友好的公关政策（Werner，2015），竞争优势（Flammer，2015；McWilliams & Siegel，2011）。

我国企业社会责任起步较晚，沿用西方理论进行研究，进一步强化了企业社会责任的功利主义观。企业社会责任能够帮助企业获得政治合法性（Marquis et al.，2014；Zhang et al.，2016），帮助企业获取商业利益，改善财务绩效（Wang & Qian，2011），获取政治资源（Jia & Zhang，2018），帮助企业提高员工绩效（Hu et al.，2016），促进员工公民行为（Zhang et al.，2014）。目前，社会责任测度指标主要是《社会责任指南》基础上指定的国家标准，包括组织治理指标、人权指标、劳工实践指标、环境指标、公平运行实践指标、消费者问题指标和社区参与和发展指标七大类。而 Ruf 等（2018）从理论和方法两方面总结了目前研究结论不一致的五个具体原因：缺乏统一的理论基础、缺乏全面和系统的企业社会责任评价指标、缺乏严密的研究方法、样本选择差异较大、对财务绩效变量的度量标准不统一。

然而，正如 Risako Morimoto 等（2005）所指出的，建立一套社会责任表现的衡量标准主要的困难在于没有一个可广泛接受的社会责任定义，没有广泛接受的社会责任和社会责任表现的定义，研究者们就缺乏系统性地收集、组织和分析企业数据的基础（Clarkson，1995）；W Gary Simpson 等（2002）也认为，目前社会责任表现的全面概念框架还没有一种较为理想的实证衡量方法；卡罗尔（2000）指出，除非关于社会责任表现的全面框架有一个更好的实证衡量，那么也许就不应该做实证分析，卡罗尔（1999）还把目前各式衡量方法称为“社会责任表现衡量的涡流”。同样地，葛瑞芬（2000）、罗利和伯尔曼（2000）甚至认为“也许就不能期待一个普遍使用的衡量方法”，葛瑞芬（2000）指出，对于社会责任表现的全面衡量就意味着“时间、文化、行业和关系指标是没有区别的”。为了克服缺乏统一社会责任表现衡量标准的缺憾，许多现有研究都是各自建立一套社会责任表现评价标准，特克尔（2009）就认为尽管以往有许多社会责任表现的衡量方法但都是或多或少存在缺陷，其研究目的就是提供一种原始的、有效的和可信的社会责任衡量方法以反映出企业对各利益相关者的责任；再如 Darren D. Lee 等（2009）借鉴他人关于社会责任表现衡量的研究结果及一些大型机构的研究

（如 SA8000 标准、KTD 指数、ISO14001、AA1000 等）后提出一套标准。Sandra A 沃多克等（1994）认为社会责任表现是一个多维度的框架。其包括的行为包括一系列的投入（如环保设备或其他环保政策投资）、内部行为或流程（如对待女性和少数民族、产品性质、与客户的关系等）以及产出（如社区关系和慈善项目）（Wood，1991a，1991b；奥佩勒等，1985；Wolfe & 奥佩勒，1991），这些行为还是跨不同特征、历史的行业，它们在不同的社会责任表现领域的绩效也不同（沃多克和格雷沃斯，1994）。另外，许多管理决策和公司行为等都包括在社会责任表现中（Wood，1991a；1991b）。结果是在衡量社会责任表现上很少有比较明确之处。

实证研究中用到的衡量方法经常是单一维度的，并且样本企业很少。因此，需要采用一种跨行业的、大样本的多维度衡量方法。可见在目前没有或者根本就没有统一的社会责任概念和社会责任表现衡量标准下，采取结合具体研究对象选取相对应的社会责任表现衡量标准的方式是可取的。据不完全统计，关于企业社会责任的测量方法至少出现了 14 种以上（Reed，1990）。现在国内外最为常用的方法包括：声誉评价法、KLD 指数法、内容分析法、利益相关者贡献法和问卷调查法，我国学者主要选用后三种方法。

一、声誉指数法

声誉评价法是让具备专业知识和熟悉企业情况的参与者从多个维度评价企业的社会责任表现（陈煦江，2009）。声誉评分法是指用社会声誉指标测量企业的社会责任，直接利用现有企业社会责任声誉评价数据库中资料作为企业社会责任表现的衡量值，或者按照其中的声誉指数评价标准来由专家评分。其中，应用最广泛的是 1972 年莫斯科维茨和 1992 年版的《财富》杂志声誉指标（郑海东 2007；毛洪涛、张正勇，2009）。声誉指标法的确定过程：向被调查人（商学院学生、一般公众、企业高管等）发放问卷，由他们对代表企业社会声誉的各个维度逐一打分，各维度得分总和就是企业社会声誉的分值。这种方法是考察被调查者从不同的信息渠道，例如企业网站、年度报告、报刊杂志等所获取的企业社会责任信息的汇总。声誉指标法的缺陷：一是评价者偏差，即不同的评价者导致不同的评价结果；二是由于评价者的认识水平限制，一次只能对 20 个或者 40 个企业进行声誉评分。正是这些原因使声誉评分法很少用于研究。

声誉指数评价法中比较典型的声誉指数数据库包括 KLD 数据库（Kinder, Lydenberg, Domini Database, KLD）；《财富》杂志社会责任指数（the Fortune Index）；加拿大社会投资数据库（the Canadian Social Investment Database, CSID）等。其中应用最为广泛的是 KLD 数据库（温素斌，方苑，2008），KLD 可衡量美国证券交易所上市公司的社会责任，基于 8 类社会活动贡献即社区关系、雇员关系、环境保护、产品安全、如何对待妇女和少数民族、军方削减、核能和南非问题，这些变量又被分成五个等级（-2 到 2），其中，-2 为公司对相关利益者不负责任，2 为公司对相关利益者负责任；剩下 3 个变量则被分成三个等级（-1，0，1）。KLD 指数被认为是评价公司社会责任较好的方法，主要是因为它一方面反映了社会投资者的关注，上市公司是独立于其他企业而由相关的社会标准进行评价的，这样就可以在一定程度上增加评价的公正性和客观性。另一方面，它涵盖了诸多行业里的公司（大约 650 家公司，其中包括被列入标准普尔 500 指数的公司），允许研究者跨越时间维度对公司社会责任进行连续评价，可以较好地评估公司社会责任状况的变化。CSID 主要衡量一个企业在以下 7 个方面的优势及劣势的总和：社区、多样性、雇员关系、环境、国际化运作、产品和商业实践、公司治理。

然而，由于只有西方一些发达国家才有声誉数据库，其衡量标准并不能推广到一般。朱金凤等（2009）就指出，在中国没有任何的商业和研究机构提供有企业社会贡献的数据库；谢守祥等（2009）也认为，由于我国缺乏类似 KLD 指数的社会数据库，那么直接套用 KLD 数据库中利益相关者维度的索引会脱离我国的实际情况。

二、内容分析法

内容分析法（Content Analysis）是学术研究中的一种常见方法，它将不系统的、定性的符号性内容如文字、图像等转化成系统的、定量的数据资料进行研究（沃多克等 1997）。通俗来说，就是通过分析上市公司已公开的各类报表或文件，来确定每一特定项目的分值或数值。研究对象资料的来源主要是上市公司的财务报表、年度报告、公司官方网站以及所发布的社会责任报告，主要涉及企业文化理念、治理结构、履行企业社会责任的举措等方面，由于研究对象均为上市公司，则上述资料的获取较为可行并且真实性较高，如朱金凤等（2009）指出在我国缺乏社会责任数据库的情况下，最直接和可行的方法是从公开披露的年报中获取公司社会责任表现信息。内容分析法尽管可以对企业行为做深入观察，但它在很大程度上取决于文件最初建立的目的及其全面性，并且还很容易由于排除或囊括进某些文件而导致偏差（沃多克等，1994）。

因此，内容分析法将企业社会责任信息披露情况视为企业社会责任的履行程度。内容分析法是在全面分析企业公开出版物中有关社会责任活动记录的基础上，从性质和数量两方面对企业社会责任活动进行评价。这一方法具有分析程序规范、计算结果客观、分析技术适用于大样本等优点，因此在国内外学者的研究中得到普遍应用。不过，国外研究采用的文件一般为“年度社会报告”“可持续发展报告”“企业社会责任报告”，而我国没有规定企业提供专门的企业社会责任报告，研究采用的多为“公司年度报告”。然而，我国资本市场的不完善，企业社会责任信息并不能完全通过资本市场上的股价反映出来；另外，企业社会责任投资引入我国较晚，投资者对企业社会责任信息的关注度不高，企业没有足够的动力披露更多的社会责任信息（陈玉清、马丽丽，2005）。

更进一步地说，内容分析法是对企业年报、企业社会责任报告等进行分析，根据这些数据源所披露的社会责任信息的页数、句子数或字数等来衡量企业社会责任信息报露的数量，也就是说相关企业社会责任信息的页数、句子数或字数越多，那么企业就披露更多的此类社会责任信息。使用页数、句子数或字数衡量社会责任信息披露的水平有各自的优劣势。字数的优劣是较容易分类并且对特定词汇的查找使其具有实用性，其劣势是工作量很大；句子数的优劣是反映了企业对某类问题的披露空间，说明了某些问题的重要程度，其劣势是由于某个句子里有可能同时包括几个小类别的社会责任信息，所以在确定具体的类别时将引起争议。从实用性的角度出发，页数是人工较容易衡量的单位，其劣势在于过于笼统，不方便统计企业披露的社会责任信息的各种小类。在衡量企业社会责任信息披露时，上述三种方法均有学者使用过，比如，使用字数法（Zegha et al.，1990；Campbel et al.，2003）；使用页数法（Guthrie et al.，1989）；也有学者出于结论稳健性的考虑，同时使用三种方法（Joyce et al.，2005）。

在关于企业社会责任研究的文献中也常使用内容分析法，如安永会计师事务所（1973）利用内容分析法对当年财富500强公司的社会责任披露做了研究。Morgan Sones等（2009）的研究也采用内容分析法，通过事先根据GRI标准确定几组关键词，再从网站中找这些词出现的频率。为更全面地衡量企业社会责任，纯数值型的衡量指标更客观，也更容易衡量，但由于社会责任的概念广泛，社会责任表现涵盖多个方面，其中既有可以直接用纯数值型指标如财务指标衡量的部分，也有需要用非数值型指标如企业社会责任的理念等衡量指标。而内容分析法相对于纯数值型指标分析法的优点正在于可以把一些无法直接用数值型指标衡量的描述性社会责任行动转化为量化的指标，二者结合可以更全面地衡量企业社会责任表现。利用这种方式建立起社会责任衡量指标体系的研究有很多，如Lucio Lamberti等（2009）；Johan Graafland等（2006）；Yongqiang Gao（2009）等；林巧、戴维奇（2008）的研究。

三、以利益相关者为框架的企业社会责任测量

利益相关者是指可能影响企业决策和活动或被企业决策和活动所影响的群体（Freeman，1984）。利益相关者理论的提出拓展了人们对于企业关键利益相关者的认识（Donaldson & Preston，1995）。它将利益相关者所指对象从股东（投资者）这一单一群体拓宽，通过将诸如员工、消费者等群体纳入分析框架来丰富对于利益相关者外延的理解。从这个意义上来看，利益相关者就是企业应负责任的对象。这在一定程度上回答了企业社会责任这个概念中企业应该“向谁负责”的问题（周祖城，2011）。正因如此，以利益相关者为框架展开对于企业社会责任的测量就不足为奇。目前，已经有大量的企业社会责任测量与评价方法依据利益相关者分类来展开指标设计（Clarkson，1995；Turker，2009；李祥进等，2012；孙键、赵红，2013）。不完整统计，根

据现有数据发现以利益相关者为框架是现有企业社会责任测量与评价方法中最为常用的。

Clarkson（1995）的利益相关者模型提出了一个包含6个一级指标、49个二级指标的企业社会责任业绩评价体系。6个一级指标分别为：企业、员工、股东、消费者、供应商和公共利益相关者。每个一级指标又由多个二级指标构成。进一步地，每个二级指标又被细分成为若干个三级指标，其中不仅包含对该二级指标的描述，而且还需要衡量企业的具体绩效表现。不少文献在论述企业的利益相关者及其分类时，都会参考Clarkson（1995）的思想与观点。"中国最佳企业公民行为评选"活动的评选指标体系包括6个一级指标、18个二级指标、171个三级指标。其中，一级指标主要从善待股东、善待员工、善待客户、善待环境与资源、善待合作伙伴、善待社会这六个方面进行评价。每个一级指标又可细分为2~5个相应的二级指标。"中国最佳企业公民行为评选"活动由《21世纪经济报道》和《21世纪商业评论》联合创办。该评选活动主要通过问卷调查的方式进行，参评问卷分别由企业公民理念概述、企业公民组织架构和企业公民行为分类调查。与其他企业社会责任评价体系不同的是，"中国最佳企业公民行为评选"采用了一套相对客观的指标体系。它主要通过以下两种方式来收集企业的相关信息，一是通过数字来反映客观型指标，二是通过采用"是否型"这样一种比较直观的提问方式。李正（2006）实证研究企业社会责任与企业价值的关系，设计了包含6个一级指标15个二级指标的企业社会责任量表，其中一级指标按照利益相关者群体分类。

和讯网关于上市公司社会责任报告专业评测体系从股东责任、员工责任、供应商、客户和消费者权益责任、环境责任和社会责任五项考察，各项分别设立二级和三级指标对社会责任进行全面的评价。其中涉及二级指标13个，三级指标37个。不同行业权重比例分配说明：默认情况下，股东责任权重占30%，员工责任权重占15%，供应商、客户和消费者权益责任权重占15%，环境责任权重占20%，社会责任权重占20%。其中消费行业员工责任权重占10%，供应商、客户和消费者权益责任权重占20%，其他指标权重保持不变；制造业环境责任权重占30%，社会责任权重占10%，其他指标权重保持不变；服务业环境责任权重占10%，社会责任权重占30%，其他指标权重保持不变。

表 4.1　　　　上市公司社会责任报告专业评测体系

一级	二级	三级
股东责任（A）	盈利（Aa）	净资产收益率（2%）
权重：30%	10%	总资产收益率（2%）
		主营业务利润率（2%）
		成本费用利润率（1%）
		每股收益（2%）
		每股未分配利润（1%）
	偿债（Ab）	速动比率（0.5%）
	3%	流动比率（0.5%）
		现金比率（0.5%）
		股东权益比率（0.5%）
		资产负债率（1%）
	回报（Ac）	分红融资比（2%）
	8%	股息率（3%）
		分红占可分配利润比（3%）
	信批（Ad）	交易所对公司和相关责任人处罚次数（5%）
	5%	
	创新（Ae）	产品开发支出（1%）
	4%	技术创新理念（1%）
		技术创新项目数（2%）
员工责任（B）	绩效（Ba）	职工人均收入（4%）（3%）
权重：15%	5%	员工培训（1%）（1%）
消费行业此项权重 10%		
	安全（Bb）	安全检查（2%）（1%）
	5%	安全培训（3%）（2%）

续表

一级	二级	三级
	关爱员工（Bc）	慰问意识（1%）（1%）
	5%	慰问人（2%）（1%）
		慰问金（2%）（1%）
供应商、客户和消费者权益责任（C）	产品质量（Ca）	质量管理意识（3%）（5%）
权重：15%	7%	质量管理体系证书（4%）（4%）
消费行业此项权重20%		
	售后服务（Cb）	客户满意度调查（3%）（4%）
	3%	
	诚信互惠（Cc）	供应商公平竞争（3%）（4%）
	5%	反商业贿赂培训（2%）（3%）
环境责任（D）	环境治理（Dd）	环保意识（2%）（4%）（2%）
权重：20%	20%	环境管理体系认证（3%）（5%）（2%）
制造业此项权重为30%		环保投入金额（5%）（7%）（2%）
服务业此项权重为10%		排污种类数（5%）（7%）（2%）
		节约能源种类数（5%）（7%）（2%）
社会责任（E）	贡献价值（Ee）	所得税占利润总额比（10%）（5%）（15%）
权重：20%	20%	公益捐赠金额（10%）（5%）（15%）
制造业此项权重为10%		
服务业此项权重为30%		

资料来源：和讯网。

此外，利益相关者贡献法，是指研究者以企业公开出版物（主要为年度财务报告）中报告的对各利益相关者实际支付的现金来衡量企业社会责任履行度。这一方法由于其客观性及资料易获得性而受到我国学者的青睐，但各学者对利益相关者的界定并不相同，即使范围相同，相应指标也都是自由设定。杨熠、沈洪涛（2008）还指出，采用利益相关者贡献法计量的企业社会责任与以会计指标衡量的财务绩效存在较高的内在相关性。

四、问卷调查法

问卷调查法是指通过设计企业社会责任问题的调查问卷，对企业中高层管理者进行调查，但由于问卷收集的难度较高，其信度和效度又通常较低而难以广泛应用。由于中国企业社会责任发展起步晚且具有鲜明的中国特色，缺乏类似 KLD 指数之类的社会责任指数，甚至企业社会责任信息披露都很少，关于中国企业社会责任的研究多采用一种较为独特的方法——调查总结法，即通过访谈、问卷调查等方法总结出适用于研究对象的一套社会责任表现衡量指标体系，这些指标体系既参考了 SA8000 等通行的国际标准、国外已有的较为成熟的评价指标又能兼顾中国国情，是现阶段研究中国企业社会责任的首选方法。如中国纺织企业社会责任管理体系（CSC9000T，2005）是我国第一个企业社会责任测评体系，主要是参照 SA8000 社会责任标准同时结合中国纺织行业实际提出的，从管理体系、童工、劳动合同、工作时间、强迫或强制劳动、薪酬与福利、工会组织与集体谈判、骚扰与虐待、歧视和职业健康与安全九个方面进行评估；李立清（2006）在总结国外成熟研究基础上构建了包括劳工权益、社会责任管理、人权保障、社会公益行为和商业伦理五类因素的评价指标体系，下含 13 项子因素共计 38 项三级具体衡量指标；温素彬等（2008）用对货币资本利益相关者的责任、对人力资本利益相关者的责任、对社会资本利益相关者的责任和对生态资本利益相关者的责任四大项来衡量企业社会责任表现，含 9 项二级指标和 11 项三级具体衡量指标。

第三节　共同富裕视域下家族企业社会责任测度

家族企业作为一种常见的企业类型，广泛存在于中国各地，尤其是沿海等经济发达地区。家族企业在提供就业岗位、促进经济增长、增加国家税收收入、推动共同富裕等方面都发挥着重要的作用。但是，也有不少文献指出家族企业存在社会责任意识淡薄，社会责任缺失的现象。家族企业究竟有没有承担自己的社会责任，如何从整体上评价家族企业的社会责任现状，家族企业社会责任不良形象的根源在哪里，深入探讨这些问题，对于客观理性地评价家族企业的社会责任问题，推动我国家族企业社会责任问题的有效解决和促进经济、社会、环境的长期可持续发展具有重要意义。

根据中国企业社会责任发展报告（2021）指出，中国企业社会责任发展指数指标体系需既遵从国际规范又符合中国实践，推荐对标、参考联合国可持续发展目标（SDGs）、国际标准化组织社会责任指南（ISO 26000）、全球报告倡议组织（GRI）可持续发展报告标准（GRI Standards）、道琼斯可持续发展指数等国际社会责任倡议文件和指标体系；以及对标、参考《关于中央企业履行社会责任的指导意见》《关于国有企业更好履行社会责任的指导意见》《中共中央国务院关于实施乡村振兴战略的意见》、GB/T 3600－2015《社会责任指南》、中国香港联合交易所《环境、社会及管制报告指引》、中国社会科学院《中国企业社会责任报告指南（CASS－CSR4.0）》、各行业指南等国内社会责任倡议文件和指标体系，及世界500强企业社会责任报告等。

参考国内外相关指数体系，遵循比较性原则、合理性原则、可行性原则、发展性原则和综合性原则，基于新时代浙江建设共同富裕示范区，按照中共浙江省委党校编著《共同富裕看浙江》选用的三个维度指标进行共同富裕战略指标的量化评价，并结合家族企业社会责任的指标测量，构建共同富裕视域下家族企业社会责任测度体系。

一、共同富裕指标

（一）基础条件指标

基础条件指标，从经济社会等方面进行量化评价。共同富裕包括“共同”和“富裕”两个词，既要避免“共同”但不“富裕”的现象，也要避免“富裕”但不“共同”的问题。基础指标主要涉及经济社会发展水平，是对居民“富裕”的水平和“共同”的程度进行客观量化评估，包括两个二级指标。

第一，体现“富裕”的指标。“富裕”反映了社会成员对于财富的占有程度，相对于贫穷而言，是社会生产力发展水平的集中体现，包括绝对指标与相对指标。在绝对富裕指标上，富裕的整体水平以人均国内生产总值和人均可支配收入指标进行测量，社会整体富裕的下限以社会低保水平和是否消灭贫困来测量。社会中间阶层的发展壮大，是共同富裕的最重要标志，需要测量中等收入群体的占比情况。对于富裕的生活水平和状态，通过人均住房面积、文化娱乐活动支出占比等来测量。在相对富裕指标上，重点测量前述相关绝对指标中的收入增长率，以及浙江经济社会发展水平在全国的排名，与平均水平比较以及与国外主要经济体的比较，从而准确测定浙江在国内及国际上的总体位置。

第二，体现“共同”的指标。“共同”反映了社会成员对于财富的占有方式，是相对于私有制导致的贫富两极分化现象而言，是社会生产关系性质的集中体现；其实质是对富裕的差异性及这种差异的合理性进行测量。邓小平曾指出，“社会主义的目的就是要全国人民共同富裕，不是两极分化。如果我们的政策导致两极分化，我们就失败了”。共同富裕，“富裕”规定的是水平，“共同”则规定的是相对差距，这种差距必须要在合理的范围之内。重点从城乡差异、区域差异、群体差异、产业差异四个方面来对贫富差距进行测量。这四个指标总体涵盖了导致收入差距的社会性因素，能够反映共同富裕的范围和程度。

（二）主观评价指标

主观评价指标，主要凸显人民的满意度与认可度。“为中国人民谋幸福，为中华民族谋复兴”，是中国共产党人从建党开始就怀有的初心和使命；“坚持以人民为中心的发展思想”，是习近平新时代中国特色社会主义思想的鲜明特质。共同富裕的实现，人民自然应当是最重要的评判者。对共同富裕的主观感受和价值判断，可从三个方面进行测量：对生活的满意度、对差距的认可度、对未来的期望度。具体采用抽样问卷调查等方式进行。

第一，对生活的满意度。“人民对美好生活的向往”这一理念，是习近平新时代中国特色社会主义思想的鲜明主题和初心本色。在共同富裕的实现过程中，人民的获得感怎么样直接影响着共同富裕建设的最终成效。随着社会生产力的发展，人民期盼有更好的教育、更稳定的工作、更满意的收入、更可靠的社会保障、更高水平的医疗卫生服务、更舒适的居住条件、更优美的环境，期盼着孩子们能成长得更好、工作得更好、生活得更好。人民对美好生活的向往，就是我们的奋斗目标。党的十九大号召全党“永远把人民对美好生活的向往作为奋斗目标”，并从战略高度作出历史性重大判断，“中国特色社会主义进入新时代，我国社会主要矛盾已经转化为人民日益增长的美好生活需要和不平衡不充分的发展之间的矛盾”。

如前所述，国内外学者对生活满意度已经形成了一个比较一致的看法：幸福感是一种心理体验，它既是对生活的客观条件和所处状态的一种事实判断，又是对于生活的主观意义和满足程度的一种价值判断。生活满意度是个人依照自己选择的标准对自己大部分时间或持续一定时期生活状况的总体性认知评估，是衡量某一社会人们生活质量的重要参数，它表现为在生活满意度基础上产生的一种积极心理体验，受到许多复杂因素的影响，主要包括：经济因素如就业状况、收入水平等，社会因素如教育程度、婚姻质量等；人口因素如性别、年龄等；文化因素如价值观念、传统习惯等；心理因素如民族性格、自尊程度、生活态度、个性特征、成就动机等；政治因素如民主权利、参与机会等。但是，就当前经济社会发展的现实性和历史阶段性来看，对幸福感的指数也不宜设置过多，而应该抓住老百姓最关心、最核心的因素。因此，从“人民对美好生活的需要”的角度出发，人民对生活满意度的测量指标主要包括居民对收入、住房、医疗、教育、环境保护等几方面的总体满意程度。

第二，对差距的认可度。任何一个社会在发展过程中都必然存在着不同程度的贫富差距，特别是在市场经济发展过程中，一定程度的差距既是必然后果也是推动市场体制完善的客观要求，这是市场选择的结果，不以人的意志为转移，也是社会充满活力的体现。但如果贫富差距过大，甚至出现较为严重的两极分化趋势，那必然带来社会的不公。这意味着，合理的差距才有可能得到人民的认可。贫富差距的合理性具有量和质的双重蕴涵，在量上意味着差距的绝对值大小、先富与后富的速度差等，在质上则主要表现为致富手段的正当性以及致富资源的可选择性等，进而形成先富与后富的非对抗性关系。对此，邓小平曾经就深刻指出："我们提倡一部分地区先富裕起来，是为了激励和带动其他地区也富裕起来，并且使先富裕起来的地区帮助落后的地区更好地发展。提倡人民中有一部分人先富裕起来，也是同样的道理。"

将对差距的认可度纳入评价指标，核心意义在于落实习近平总书记所提出的"人民是阅卷人"的精神内涵。植根人民、依靠人民、服务人民是中国共产党区别于其他政党的显著标志。人民决定我们党和政府的努力方向，人民也是我们党的工作的最高裁决者和最终评判者。但如何以既有效率又富公平的方式实现共同富裕，是发展社会主义的一个大课题，也是一个没有现成经验的大难题，这意味着共同富裕不是平均主义，而是将对社会财富分配限定在合理的范围之内。这个差距是否得到广大群众的认可将直接影响人民对经济社会发展成效的最终价值判断。因此，对差距的认可度主要包括居民对高收入群体收入的认可度、对政府差异化保障体系的认可度、对社会公平正义的认可度等。

第三，对未来的期望度。人民有信心，国家才有未来，国家才有力量。习近平总书记在对"十四五"规划编制工作网上意见征求活动作出重要指示时明确指出，"人民对美好生活的向往就是我们的奋斗目标，人民的信心和支持就是我们国家奋进的力量"。发展为了人民，发展依靠人民，发展成果由人民共享。对未来的期望度，总体上反映了人民对共同富裕的信心和认同。先富与后富之间必然形成一定的时间或速度差，这里的时间和速度也有一个差距适度的问题。通过劳动创造，其收入的增长和财富的积累，受经济增长的内在规律的制约，通常需要经历一定的阶段、过程和时间。但如果差距扩大速度超过了经济增长和居民收入增加的速度，超过了人民群众的心理承受力，就会导致消极情绪和社会焦虑现象的增加，就失去了它的合理性。在这个意义上，贫富差距的合理性，也意指人民对于后富群体未来全面发展进步及逐步缩小与先富的差距在时间和速度上的认同，内含着差距形成的速度与经济和收入增长及人们对一定差距的适应程度的一致性、同步性，即对未来生活持续改善的信心，主要由对个人生活环境改善的信心和对经济社会持续发展的信心两个指标构成。

（三）支撑性指标

支撑性指标，主要评价相关制度性建设，确保共同富裕的长期可持续性能够经受历史检验。支撑性指标主要是通过体制机制的创新来持续完善共同富裕建设的制度性保障，包括先富带动后富、后富内生发展、增量收入调节三个方面。

第一，先富带动后富的长效机制。在充分认识实现共同富裕的长期性、艰巨性和复杂性的基础上，把握和拿捏好做大“蛋糕”和分好“蛋糕”的平衡点。如果先富群体仅仅愿意进行财富的纵向代际传递，而不是横向转移，将使我国收入差距表现为较强的代际收入传递性。社会主义市场经济与资本主义市场经济的本质区别在于资本意志对国家的影响不同，以及国家对社会收入差距的干预程度不同。在国家的努力下，不断增进社会的流动性，确保机会均等，使低收入阶层通过努力可以实现向上流动进而实现共同富裕。因此，重点测量通过税收、社会保障、转移支付等手段对社会存量财富进行再分配的比重，以及直接税比重、企业慈善贡献度，由此评价共同富裕的内生平衡机制是否有效。

第二，后富内生发展机制。授人以鱼不如授人以渔。习近平总书记强调，摆脱贫困首要并不是摆脱物质的贫困，而是摆脱意识和思路的贫困。近些年来，我国始终坚持扶贫同扶志、扶智相结合，把贫困群众积极性和主动性充分调动起来，通过精准脱贫来激发贫困群众内生动力。发展与扶贫并重、区域发展与精准扶贫紧密结合，是我国扶贫攻坚工作取得历史性成就的宝贵经验。为此，有效的后富内生发展机制是共同富裕是否具有长久的持续生命力的重要评价指标。要吸取西方福利国家教训，消除贫富差距的方法不限于国家救济和社会赞助，更重要的是后富群体的内生发展问题，既尽力而为，又量力而行，一件一件实事求是地去办，朝着共同富裕目标稳步前进。以平均受教育水平和职业再培训制度为重点，来测量后富群体的“发展权益”保护水平，提高后富群体抗风险能力。

第三，共同富裕的增量调节机制。按照马克思主义创始人的社会构想，“各尽所能、按需分配”是共同富裕的“最高级”形式和标准，在共产主义社会，将彻底消除阶级之间、城乡之间、脑力劳动和体力劳动之间的对立和差别。在生产资料社会主义公有制条件下，按劳分配为主体、多种分配方式并存，我国改革开放以来逐步形成的居民收入分配方式和制度，即对社会总产品作各项必要的社会扣除以后，按照个人提供给社会的劳动的数量和质量分配个人消费品，这是从中国实际情况出发所确立的分配原则，是中国特色社会主义理论体系的重要构成部分，也是我国逐步走向共同富裕的必经的阶段。在新时代的发展过程中，需要更加注重劳动收入对于社会财富分配的重要基础性作用，始终遵循"按劳分配为主体"的基本思路，切实保障劳动者的相关权利和待遇，注重提高劳动报酬在初次分配中的比重，提高居民收入与财政收入的增长比，提高财政支出的民生占比。

在上述共同富裕指标体系的基础上，可以进一步对共同富裕的实现程度做出合理的评价，也可逐步发展成为一种国际评价指标体系。当然，这还需要进而建立相关计量模型和对不同指标进行合理的赋分，这涉及复杂的计算和各个指标之间的总体平衡。但毋庸置疑的是，在三个一级指标中，基础条件指标是最直观和客观的指标，为此，建议将基础条件的分值比重设定为50%为宜，其余两个分别占25%为宜。总的指标体系，见表4.2。

表4.2　　共同富裕指标体系表

一级指标	二级指标	三级指标
基础条件指标（50%）	体现"富裕"的指标	人均国内生产总值与收入
		社会低保水平
		中等群体占比
		人均住房面积
		文化娱乐支出占比
		收入增长率
		横向排名
	体现"共同"的指标	城乡差异
		区域差异
		群体差异
		产业差异
主观评价指标（25%）	对生活的满意度	收入
		住房
		医疗
		教育
		环境保护

续表

一级指标	二级指标	三级指标
主观评价指标（25%）	对差距的认可度	对高收入群体收入的认可度
		对差异化保障体系认可度
		对社会公平正义的感受
	对未来的期望都	对个人生活环境改善的信心
		对经济社会持续健康发展的信心
支撑性指标（25%）	先富带动后富	再分配的比重
		直接税比重
		企业慈善贡献度
	后富内生发展	平均受教育水平
		职业再培训
	增量收入调节	劳动报酬比重
		居民收入与财政收入增长比
		财政支出的民生占比

资料来源：中共浙江省委党校编著《共同富裕看浙江》（p75～81）选用的三个维度指标进行共同富裕战略指标的量化评价。

二、家族企业社会责任指标

（一）家族企业社会责任测度的概念

家族企业社会责任测度，是指家族企业对其行为在社会公共利益方面影响所承担的责任程度，是反映企业在社会效益上的综合指标，体现了企业履行社会责任的积极性及公众心目中的形象和地位（Booth et al，1987）。在共同富裕的背景下，家族企业承担的社会责任越多，带来的社会效益越佳，社会地位越高。但是，不同规模、不同能力的家族企业所承担的社会责任和层次是不同的，因此不能用同一套标准来要求和衡量所有家族企业的社会责任。例如，处于低端制造业的家族企业，往往存在企业规模较小，利润收入微薄，竞争力弱等生存困境，公众对其履行社会责任的要求就会降低；反之，对于生产和经营状况良好的家族企业，公众则会期待他们能够履行更多的社会责任。

此外，对于处在不同企业生命周期阶段的家族企业所承担的社会责任和层次也是不同的。有学者指出，按照企业生命周期理论，每一个企业的发展都会经历初创期、成长期、成熟期、衰退期、蜕变期，在不同阶段企业承担社会责任的形式应该存在差异（许晓明、陈啸，2006）。对于初创期或成长期的家族企业，面临资金投入大、收益不确定性高、发展前景不明朗等困境，要求其提供优厚的职工福利，丰厚的慈善捐赠是不切实际的。因此，衡量家族企业是否承担社会责任，要看其是否在生命周期的各个阶段中最大限度地承担社会责任。衡量企业社会责任的最终标准是其对社会整体价值和整体福利的提升，即家族企业在繁荣经济、增加就业、共同富裕等方面发挥的作用，而不仅是满足部分利益相关者的期望。因此，需要探索并建立一套评价家族企业社会责任的指标体系，以规范及促进家族企业承担社会责任。

（二）家族企业社会责任测度体系的研究现状

目前，国内外尚无统一的企业社会责任测度指标体系（Su et al.，2022）。有关家族企业社会责任的测度，现有的研究基本上是在西方企业社会责任的定量方法和实证研究的基础上进行。例如，Galb（2004）在分析家族企业社会责任的实施时，采用实证研究方法将家族企业社会责任分为内部责任和外部责任，其中内部责任包括创造物质财富，为社会提供有用的产品和服务，支持员工的全面发展和企业的可持续发展；外部责任包括环境保护、支持教育、法律执行力度、打击恐怖主义。在 Deniz 和 Suarez（2005）的研究中，分析了西班牙家族企业的履行社会责任的情况，通过建立一般企业社会责任模型进行实证研究，将家族企业社会责任分为两个维度即狭义社会责任（社会责任的成本）和广义社会责任（社会责任的效益），将家族企业社会责任划分为社区、多样性、就业、环境、非经营环境、产品和其他。Niebm 等（2008）针对小型的家庭企业开展了社会责任研究，将家族企业的社会责任被划分为三个维度即社区承诺、社区支持和社区意识，并解释了这些小型家庭企业的社会责任变化。

此外，西方发达国家对于企业社会责任的评价也有了多种量化指标体系，如 SA8000 标准（第三方认证标准，主要内容包含童工、强迫劳动、安全与健康、结社自由和集体协议、歧视、惩罚措施、工作时间、工资和报酬以及管理制度共九大类)、DJ－SI(道·琼斯可持续发展指数，关注在财务报表中体现出的企业发展对环境保护、社会发展和经济发展的影响)、KLD(多米尼社会责任投资指数，美国发布的股票职数，评估指标包含环境、多样性、员工关系、人权、社区关系、产品质量及安全等七个要素)、GRI(全球报告倡议，要求企业从经济、环境和社会业绩三个维度出发，编制企业的可持续发展报告)。

相较于国外，国内对于家族企业社会责任的研究还比较少。改革开放以后，中国的家族企业开始崛起，经过了四十多年的发展，家族企业在履行社会责任方面存在诸多问题。因此，对家族企业社会责任测度体系的研究具有理论和现实意义(Su et al.，2022)。国内比较具有代表性的家族企业社会责任指标体系有姜万军、杨东宁和周长辉(2006)所建立了的家族企业社会责任评价指标体系。该体系从经济、社会和自然等三方面规范了家族企业的行为。从经济角度来说，家族企业管理者要坚持守法、诚信经营，提供就业，创造社会财富。从社会角度来说，管理者应该维护员工、消费者和社区的利益。从自然角度来说，家族企业应该控制污染率、节约能源。但该指标评价体系中的不少指标依赖于行业专家的打分，并且需要企业的积极配合，不利于开展大样本统计研究。

与姜万军等(2006)创立的指标体系有所不同，国内还有一位学者李正(2008)从企业社会责任的内涵和外延出发，归纳总结了一套基于企业年报数据的家族企业社会责任评价指标体系。该指标体系分为环境、员工、社区、一般社会、消费者和其他这六大类，其中包含了共十七小类，优点是有了公开年报的数据则不再需要企业的配合和专家的打分。但是，无论是姜万军等(2006)还是李正(2008)的研究中，均未把股东纳入企业社会责任的评价范围内。国内学者李立清、李燕凌(2005)设计出了一套测度中国企业社会责任信度评估指标体系，其以SA8000标准为基础，并结合我国企业的现实情况，该体系秉承了我国传统文化中对企业社会责任的价值观念。上海国家会计学院在2009年构建了一套更为全面的企业社会责任评价指标体系，从八个大类(环境类、节能类、员工类、雇用和提拔公平类、社会类、消费者类、遵守法律和商业伦理类、其他利益相关者类)，其中共包含了38个小类，更是首次提出了节约能源类和反对贪污行贿类等指标。节约能源是我国国民经济和社会发展的一项长远战略方针，国家推动循环经济发展，倡导建立节约型经济社会，这已成为我国未来一段时间的能源发展战略。家族企业在能源的消耗方面是比较严重的，由此更应该承担起能源方面的社会责任。此外，2014 年，山东省发布了国内首个《企业社会责任指标体系》和《企业社会责任报告编写指南》地方性指导标准，明确了企业社会责任的评价核心包含经济责任、社会责任和环境责任，企业社会责任报告编写的标准和要求，为各类企业进行社会责任活动提供了指南。

综上所述，国外学者对于企业社会责任测度体系的研究主要集中在企业社会责任与企业的财务绩效水平、企业的社会关系（利益相关者等）、自然关系、企业社会责任的规范化和国际化等方面，而我国目前还没有可以直接应用的企业社会责任指标体系。相较于国外的研究，国内的学者则主要将焦点集中在企业社会责任的范围、内容和指标等方面，相关研究的内容大多针对整个行业，没有全面系统地反映企业社会责任制度的现状，尤其是政府还没有从法律的角度来指导和规范企业社会责任指标体系的制定和实施。因此，法律约束力的缺失导致了该指标体系的实施过程容易流于形式和走过场。此外，从现有的企业社会责任指标体系来看，指标大多集中在企业社会责任的投入、产出和经济效益等方面，在测度的形式上基本以综合评价结果为导向，尚未体现系统演化指标体系的性质，也没有从复杂系统的角度研究指标体系。由此可见，目前的计量方法大多侧重于对企业社会责任指标体系的研究，更加系统、成熟的测度方法尚未形成。

（三）家族企业社会责任测度指标评价方法

自改革开放以来，在短短 40 年的发展历程中，中国在取得了西方发达国家 200 多年经济成就的同时也有许多社会问题的产生。例如，三鹿奶粉事件、长春生物假疫苗事件、苏丹红事件等商品造假问题；西门子商业行贿丑闻、葛兰素史克商业贿赂事件等企业诚信问题；富士康员工跳楼事件、员工讨薪等企业与工人的关系问题；中石油双苯厂苯胺车间发生爆炸事故、云南阳宗海砷污染事件等企业与环境的关系问题。在我国，实现共同富裕是社会主义社会发展的最终目标。企业作为生产者和消费者，承担社会责任对推动经济发展和共同富裕至关重要。而家族企业作为我国企业中最重要的组织形式，其在履行社会责任时也将深刻影响共同富裕的实现。因此，构建家族企业社会责任测度和评价体系，对其进行实证测量及评价，完善家族企业社会责任内容，引导家族企业更好地履行社会责任。

家族企业社会责任测度指标可分为定量指标和定性指标两大类。定量指标是用来衡量企业经济责任的各类财务指标，包含净资产收益率，总资产报酬率，销售净利率，市盈率，总资产周转率，资产负债表比率，流动比率，速动比率和环境责任指标和社会责任指标（环境保护投入、女职工比例、农民工平均工资、重大事故数量、慈善捐赠等）。这些指标通过查阅企业发布的年度报告和季度报告等信息得出的。定性指标则指代那些用来衡量企业经济和社会责任的非量化指标。这些指标获取通过对企业员工、高层管理人员的深入访谈和对企业相关人员（利益相关者、消费者等）发布问卷调查得出的。

常用的评价方法有层次分析法和模糊综合评判法等方法。T. L. Satty 等人在 20 世纪 70 年代提出了层次分析法，是一种定性与定量分析相结合的多准则决策方法。该方法的特点是在对复杂决策问题的本质、影响因素以及内在关系等进行深入的分析之后，构建一个层次结构模型，然后利用较少的定量信息，把决策的思维过程数学化，从而求解多目标、多准则或者无结构特性的复杂决策问题。另一种企业社会责任指标评价方法为模糊综合评判法，其依据和原理是客观世界中存在很多不确定的现象，这种不确定性主要表现在随机性和模糊性两个方面。随机性是指时间是否发生的不确定性；模糊性是指时间本身状态的不确定性（Freeman. R. E & Evan. W，1990）。随机性带来的不确定性是缺乏了解事物的因果关系，以及对事情发生的条件不能严格控制，所以导致事情的发展结果是不确定的，但是事情本身有一个明确的意义。模糊性是指某一事物或概念的边界不明确，它不是由于人的主观认识没有达到客观现实而造成的，而是事物的一种客观属性，是事物的差异性的存在而导致的结果。

家族企业社会责任的评价指标应在所建立的评价指标体系中选择评价方法，因为在企业社会责任程度的评价指标既包含了定量的因素，也包含了定性的因素，涉及的因素较多，从各方面对其进行评价时不可避免地会存在模糊性和主观性。采用模糊数学的方法可以使计算结果尽可能客观，由此取得较好的实际效果。因此，鉴于企业社会责任评价指标的关联性，在不满足模糊测度的基础上，可以采用改进的模糊积分评价方法对企业社会责任评价指标进行研究，例如运用多元统计分析中的“相关分析”方法解决了指标选取的问题，运用语义变量解决指标的主观性问题，构建出企业社会责任多层次模糊综合评价模型。

在家族企业社会责任的测度指标体系中存在许多定性指标，这些指标主观性强，难以用一定的价值进行评价。因此，可以利用语义变量的概念来描述主观评价值，利用梯形模糊数的隶属函数方法来表示语义变量，由专家对定性指标的评价值进行量化。针对企业社会责任测量指标体系包括定性指标和定量指标的多指标评价问题，基于改进的模糊综合评价方法和基于语义变量和模糊数的群体决策方法，构建企业社会责任度量指标体系的综合评价方法。运用改进的基于模糊积分的综合评价方法，以企业社会责任为实证分析对象，对企业承担社会责任的典型用途进行衡量和评价，从宏观发展阶段和主要模式揭示企业社会责任，为企业社会责任立法提供客观依据。

三、共同富裕视域下家族企业社会责任测度评价

企业社会责任测度评价是社会责任研究领域的关键命题，科学合理的测度评价模型既能反映社会的期望，又能引领组织社会责任的努力方向（Su et al.，2022）。基于共同富裕战略：①构建企业社会责任 2.0 体系，通过可持续商业体系保障机制，企业把推动共同富裕作为履行社会责任的战略方向，坚持长期导向以满足利益相关者诉求及其他群体诉求（贾明等，2021；贾明等，2022）；②履责动机上，从传统利益交换动机转为利他动机、主动参与，从股东至上追求利用润最大化到追求经济价值创造；③履责视野上，从关注资源富集的利益相关者转为关注资源贫乏的利益相关者，基于科技创新而不是劳动力剥削；④慈善责任上，从传统的现金支持转为基于能力开发的非现金支持，与企业优势对接（房彤月、贾明，2021）。共同富裕战略下，企业社会责任激活更广泛的间接互惠关系，提升组织的韧性和可持续发展能力，最终实现商业和社会共生，助力共同富裕（贾明等，2020）。

综上，过去专家学者对于企业社会责任的测度评价和实现机制进行了一定的研究，取得了一定的成果，但是在共同富裕视域下展开企业社会责任研

究非常缺乏（Su et al.，2022）。共同富裕对企业社会责任提出了新的要求，①强调企业从股东至上转向构建共生共益生态圈；②企业从追求利润转向经济价值创造；③强调时间和空间等多维度评价企业社会责任；④综合共同富裕战略目标和企业社会责任实现目标，构建企业社会责任的测度评价体系以及实现机制，从而高质量发展推动共同富裕。

基于扎实推进共同富裕，构建实现高质量发展推进共同富裕的体制机制，对共同富裕和企业社会责任进行深入系统的理论研究，提出共同富裕和企业社会责任的互相促进、共同推动的“双螺旋发展”研究框架。在共同富裕和企业社会责任“双螺旋发展”研究框架上，综合构建家族企业社会责任多维度测量和评价指标体系。对于共同富裕的战略目标，应该清楚认识到实现共同富裕的多融合、分阶段和可变式特征，发挥可持续发展机制、多元价值融合机制以及共同参与和信息共享机制的作用，从而自上而下宏观指引家族企业社会的履行。家族企业社会责任在共同富裕的宏观指引下，需要强调可执行、可评估、可改进的特点，发挥长期战略影响机制、信号传递影响机制以及价值创造影响机制等，最终通过自下而上的多元化治理推动共同富裕。总体上，共同富裕视域下家族企业社会责任测度评价的构建，依托利益相关者理论和可持续发展理论，强调共同富裕下“先富带动后富”“后富内生发展”以及“共富增量调节”和企业社会责任的重点要求“做大蛋糕”“创新创业”“公益慈善”，将其螺旋形发展作为二级指标进行考量，最终包含股东责任、员工责任、社区责任等等。因此，构建共同富裕视域下家族企业社会责任测度评价体系，第一步需要构建共同富裕支撑性指标（按照中共浙江省委党校编著《共同富裕看浙江》选用的三个维度指标进行共同富裕战略指标的量化评价）；第二步，构建企业社会责任通用指标；第三步，同时构建分行业企业社会责任特色指标（如图 4.1 所示）；第四步，建立共同富裕视域下家族 企业社会责任测度评价 $= \sum_{j=1,2,3,4,\cdots\cdots} Aj \times Wj$（$Aj$ 为得分，Wj 为权重）。

进入新发展阶段、贯彻新发展理念、构建新发展格局，推动企业社会责任高质量发展，激励家族企业启动共同富裕计划，提升家族企业履行社会责任的意愿，推动家族企业精准、高质量地履行社会责任，需要构建共同富裕视域下家族企业社会责任测度评价体系。基于跨学科交叉，综合多理论视角，运

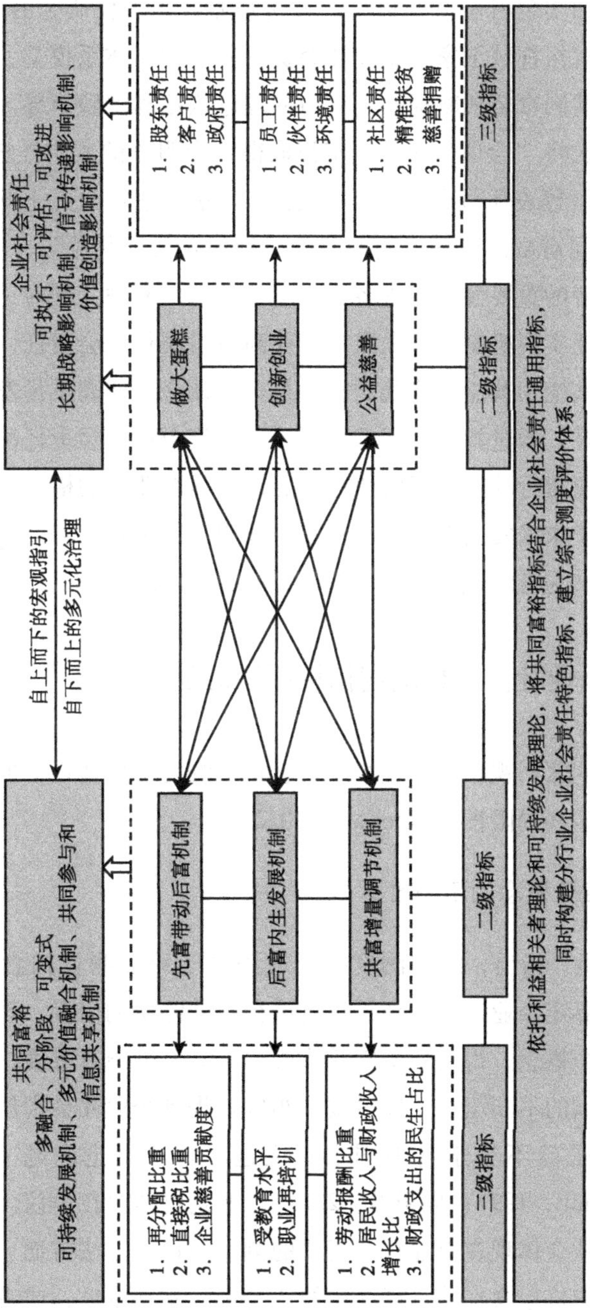

图 4.1　共同富裕视域下家族企业社会责任测度评价

资料来源：作者整理、设计。

用系统性思维深化企业社会责任研究，构建共同富裕视域下家族企业社会责任测度评价体系和实现机制研究模型，夯实企业社会责任研究的理论基础。因此，构建共同富裕视域下家族企业社会责任测度评价体系模型，为家族企业社会责任嵌入共同富裕战略提供更有力的理论依据和实践指导。党的十九届五中全会第一次将“全体人民共同富裕取得更为明显的实质性进展”“扎实推动共同富裕”等表述写入党的全会文件，指引企业社会责任由“企业股东至上”转向共同富裕视域下“企业与利益相关者共生共益”，从企业使命上强调利益相关者的重要性，促进各方利益相关者的利益。同时，着力破解家族企业社会责任实现机制。激发家族企业高质量履行社会责任，强调企业与利益相关者的共生和共益，将共同富裕与企业社会责任高质量发展有机协调统一起来。并且，通过构建共同富裕视域下家族企业社会责任测度评价体系，监测家族企业履行社会责任的执行情况，开展企业间的横向参照以及纵向比较，以及对于未来发展趋势做出预期与展望，进一步完善企业社会责任战略制定和调整，为各级政府及相关部门提供决策建议。

四、家族企业社会责任测度指标评价局限性

综合构建共同富裕视域下家族企业社会责任测度评价体系，但在后续应用推广中会存在一些局限性（Su et al.，2022）。

（一）社会责任概念的不一致

Hinkin（1995）指出，好的测度指标应该基于对被测量构念的明确定义。因此，清晰界定企业社会责任是对其进行准确测量的前提。然而，对于企业社会责任这个概念，得到一个广泛认可的定义似乎颇有难度，反而随着研究的推进和文献的不断增加，周祖城（2011）提到企业社会责任的定义变成了概念丛林。虽然不少学者力图去解决这一核心理论问题（Bansal & Song，2017；Carroll，1991；周祖城，2011），但是仍然存在争议。由此，这些理念上的不一致会体现在企业社会责任的测量与评价方法方面。比如，企业社会责任是否应该包含经济责任这样的“传统”责任维度，或者，企业社会责任的管理是否是企业社会责任内涵的一部分。不同的答案塑造了不同的

企业社会责任测量。随着企业社会责任研究的深入，对于企业社会责任概念的理解会更加清晰、全面，可以帮助我们厘清企业社会责任的内涵、关键维度和外延。未来研究在使用上一部分提出的家族企业社会责任测度指标时，首先应该对企业社会责任概念进行明确定义并保持这一术语内涵的一致性。

（二）权重赋分的科学性有效性和适用性

如果将企业社会责任作为一个多维构念或者对企业社会责任采用多个指标测量时，维度或指标的权重需要引起研究者的注意。在上述构建的共同富裕视域下家族企业社会责任综合评价体系中，除了融合共同富裕和社会责任的通用指标之外，对于构建的分行业企业社会责任特色指标的选取和衡量，尤其是各维度以及权重的选取，更需要注重其科学性、有效性和适用性。正如，现有的一些研究关注到了企业社会责任与其各维度之间的关系。ElAkremi 等（2015）将企业利益相关者责任视作一种共变形多维构念（罗胜强、姜嬿，2014），即企业社会责任是其所含多个利益相关者责任子维度的更高一级的因子，抓住的是这些维度的共同变异程度。其他的一些研究主要是将企业社会责任测量量表看作一种合并型多维构念（罗胜强、姜嬿，2014）。针对此种类型的多维构念，一个关键问题是要识别出各个维度及其指标的权重。

对于未来的研究，首先应该意识到可能存在不同行业企业社会责任的不同偏向和重点，分行业企业社会责任特色指标的维度或权重问题，认识到这些权重之间可能的差异性，而不是将它们默认为等同的。如果理论上认定维度或指标的权重应该不同，或者有证据证明它们的权重不应该完全一致，那么就应该采用严谨的方法来识别各维度或指标的各自权重。如果采用实证研究的方法来确定权重，可以参考层次分析法（赵芸等，2013）、模糊综合评判法（易凌、林建原，2010）和熵权法（买生等，2012）。在此方面，针对已有的普适性企业社会责任分行业特色指标的测量，需要做出进一步梳理，包括通过检验和比较各种方法的信度、效度和简约性等，来识别出相对更优的测量方法。另外，对于权变性企业社会责任测量方法，则需要首先全面而深入地识别具体情景中的关键特征，并把握其对企业社会责任的影响，从而体现权变性测量方法的真正特点。

｜第五章｜

共同富裕视域下家族企业社会责任机制与评价

第一节　共同富裕视域下家族企业社会责任动机

“共同富裕”将公平与效率放在同等重要的位置，为了实现效率和公平之间更好的平衡、动态的平衡，以及公平和效率之间的悖论整合。德鲁克认为，一个功能正常的社会应该是建立在健康的组织（政府、企业和第三部门）之上。如果作为社会器官的企业，每一个都是唯利是图的，都追逐局部利益最大化，那么，器官与器官之间的对抗性，并不一定能保证社会利益最大化。家族企业作为共同富裕的行为主体之一，如何履行企业社会责任推动共同富裕，特别强调利益相关者，而非股东利益至上。由此，利益相关者理论尤为重要，企业应该从关注股东转向关注更多的利益相关者，从个体企业转向供应链、价值链、甚至组织生态系统，从封闭体系转向开放体系。在共同富裕的背景下，社会责任理念逐渐成为全球共识。家族企业承担企业社会责任是向公众传递企业价值观和文化理念的一种途径，也使员工与企业、市场与企业之间的信息交流更加顺畅，同时也能够把家族企业与利益关联者之间存在的风险降低，从而塑造家族企业的良好形象，提升家族企业的影响力，吸引到更多的投资者、优秀人才和消费者，使企业在长时间内保持稳健的成长（Su et al.，2022）。因此，对家族企业社会责任进行实践探索具有较强的现实意义和理论价值。

一、家族企业社会责任的履责意识

改革开放后，邓小平同志指出：“社会主义的本质是解放生产力，发展生产力，消灭剥削，消除两极分化，最终达到共同富裕。”中国特色社会主义进入新时代，习近平总书记指出，共同富裕是社会主义的本质要求，是中国式现代化的重要特征。家族企业作为全球普遍存在的企业形式，在国内有着举足轻重的地位，为中国经济腾飞做出重大贡献，为实现共同富裕打下夯实的基础。但是，国内家族企业普遍存在生命周期短暂的现象，虽然造成该现象的原因是多方面的，但缺乏社会责任是制约家族企业发展的重要因素。

1924 年，英国学者 Sheldon 最早提出了企业社会责任概念，指企业在谋取经济收益的同时，还需增进其他利益相关者的利益。1979 年，Carroll 提出企业社会责任，是指某一特定时期社会对企业所寄托的经济、法律、伦理和自愿方面的期望，包括经济责任、法律责任、伦理责任和自愿责任四个维度。家族企业具有家族控制企业的所有权与经营权，企业基本传承模式为“子承父业”，家族文化趋于感性，人治重于法制等特点。家族企业独特的行为特征导致其社会责任意识和行为与一般企业存在一定差异。例如，家族企业员工往往与和客户有更多的私人关系，家族企业中的亲属员工比非亲属员工享有更快的晋升机会、更高的地位、工作稳定性和灵活性。国内的家族企业大多是在改革开放 30 年内发展起来的，大多还处在发展期，获取利润及生存下去是家族企业的一个不可回避的现实。而承担社会责任是需要付出成本的，如无内在动因或外在压力，期望家族企业主动承担起社会责任是不现实的。

二、家族企业社会责任的履责动机

企业履行社会责任的内部动机，MarkS. Schwartz 等（2003）提出的相交圆形模型，将企业社会责任动机归结为经济、制度、道德三个方面，并从三个方面相交而产生七个区域，即纯经济、纯道德、纯制度、经济/制度、经济/道德、道德/制度、经济/道德/制度七个方面的特点及影响，将企业社会责任动机划分经济主导型、制度主导型、道德动导型和平衡型。因此，家族企业承担社会责任既有经济动机，也有道德动机和制度动机。企业履行社会责任的外部动机，认为各种利益相关者为企业的发展发挥重要的作用，他们通过投资或者参与经营，与企业共担风险，因此企业在经营决策中必须考虑他们的利益。

家族企业如果没有利益驱动是不会履行社会责任的，因此经济动机是家族企业承担社会责任的根本动机，只有履行社会责任所得超出代价，才会使家族企业自觉的承担起社会责任。不少国内外学者认为，家族企业自觉承担社会责任，可提高产品的价值（Brain，2000；李正，2009）。随着公众素质的提高，不少公众开始注意企业的社会公共利益问题，公众宁愿付出额外的价钱来选择承担社会责任的企业。由此可见，企业获得利润的多少，依靠公众对企业产品的认同度，承担社会责任的家族企业不仅能提升社会形象，还能带来长期的发展，也就是说消费者对家族企业承担社会责任的认可最终可转化成企业的货币选票。

此外，政府有效监管也是促使家族企业履行社会责任的重要动机。促使企业主动履行社会责任的最有效和最直接的手段是政府的监管和惩治措施。政府可通过建立舆论媒介、消费者协会、工会等多层次、多渠道的监督体系，加强对家族企业承担社会责任的监督。如果政府无视企业社会责任，或者缺乏监督，使得对企业社会责任的惩罚低于企业的利润，那么企业就会因为追求短期利益而损害社会公共利益。因此，政府应该了解企业的动机，加强检查和评价的管理，加强监督，提高管理水平，增加不履行社会责任企业的生产成本，从而达到鼓励企业承担社会责任，维护整个社会的利益的目的。

履行企业社会责任是家族企业实施的一种特色优势战略。家族企业管理者的社会责任意识和社会责任行为对企业整体的社会责任履行是具有导向性的作用，这也对企业管理者个人的社会责任担当和修养提出了更高的要求，同时也要求在家族企业的内部加强企业员工的社会责任意识和行为，由此展现出不同风格的独特社会责任实践理念和模式。履行社会责任是家族企业持续成长和壮大的驱动力。在家族企业的日常经营活动中，体现了企业履行社会责任的种种行为，这是家族企业管理者基于内外部条件考量之后的必由之路。特别是对于处于创业和初创时期的家族企业，更好地履行社会责任将给企业带来更多的社会资本，获取更高的社会声誉，并增强家族企业员工的稳定性和凝聚力，吸引到更加优质的员工，从而促使家族企业与外部利益相关者取得和谐共赢的关系。此外，家族企业管理者良好的履行社会责任，也可以使企业累积积极的道德资本，这是企业的无形资产，能够保护家族企业的资产和收入流，规避因为经营风险而造成的经济价值，同时也是构建社会主义和谐社会的重要因素之一。履行社会责任是家族企业内部自我规制的结果。家族企业内部各构成因素之间相互作用，产生了主动、自觉和非强制性的特点，这是家族企业的自我调节、自我约束和自我规划的能力，也是家族企业履行社会责任的动力源泉。即使对于家族企业履行社会责任没有强制性的要求，但可以通过企业内部自我规制的影响达到潜移默化的效果，激发家族企业内部各构成要素的自觉性，从而使企业自觉承担社会责任。

三、家族企业社会责任履责的经济后果

经过这几年的快速发展，家族企业的实力不断壮大，已经具备了能够承担社会责任的条件，能够实现公众对于家族企业“仁义”的期望。总体来说，家族企业的社会责任履行情况要优于非家族企业。家族企业的创业者和管理者往往能够承担更多的社会责任，其中包括创造经济财富、保护债权人的利益、依法纳税，以及向社会提供产品和服务等。同时，许多家族企业积极投身于公益事业、教育事业、扶贫开发、医疗卫生、环境保护等活动，为改善人类的生活环境起到积极而努力的作用，这些有着社会责任心的家族企业家，正是社会及媒体需要关注和赞扬的。此外，随着家族企业的迅猛发展和经济地位的不断提升，越来越多的家族企业趋向于站在全球化的视角看待自身价值，将社会责任作为企业可持续发展的重要途径的同时，也不断在这方面探索创新企业社会责任实践的新范式，卓越企业的创新实践让能企业在回馈社会的同时也实现价值创造，从而使企业在经济责任、法律责任、社会责任、道德责任中实现平衡。

家族企业承担社会责任可以向企业的利益相关者传递包含企业价值观在内的多重信号，有利于解决员工与企业、市场与企业的信息不对称问题，减

少企业与利益相关者之间的潜在风险因素，能吸引到更多认同企业价值观的投资者、优秀人才和消费者，这些都将提升企业的声誉，形成潜在竞争优势，最终增强企业生命力。家族企业对社会责任的投资，是对企业长远社会形象、品牌及信誉的投资。不承担社会责任的企业，将不会被公众接纳，因而受到市场的惩罚，并给自身带来巨大损失。家族企业群体的努力，无疑会赢得社会的尊重，加强家族企业的稳定性和延续性，也将对中国的共同富裕起到推动作用。

同时，家族企业是在改革开放政策的鼓励支持下，从无到有，从小到大，从弱到强逐渐发展起来的，并对我国的经济社会发展中实现共同富裕发挥着巨大作用。家族企业由小到大、由弱到强的发展历程，也是家族企业对社会责任理念由模糊到清晰，由被动承担社会责任到主动，由盲从到自觉的过程，因此，家族企业社会责任的范围则越来越广泛。然而，在发展过程中由于各种负面的社会新闻对企业管理者的思想冲击，以及法律法规的不健全，部分家族企业为了使自身利益得到最大化，忽视甚至危害了他人和社会的利益。《企业社会责任蓝皮书》（2019）显示，中国企业300强社会责任发展指数为32.7分，整体处于起步者阶段；约五成企业发展指数低于20分，仍处于旁观者状态。此外，胡孝权（2014），刘继辉（2018）等学者的研究表明，家族企业在履行社会责任的过程中主要存在以下四方面的问题：第一是劳动者的权益得不到有效保障。有些企业存在不依法与劳动者签订劳动合同的情况，甚至以试用期为借口，随意压榨劳动力或者解雇员工，不给员工按时缴纳五险一金；在部分家族企业中，劳动者每日的工作时间超过8小时，加班现象较为普遍；在环境职业健康安全等方面，部分企业安全生产投入不足，生产安全事故频发。第二是产品质量状况堪忧。由于家族企业过分追求自身利益，加之改革过程中法律法规的滞后，家族企业的产品质量安全问题时有发生，甚至已经成为假冒伪劣产品的重要源头。第三是企业的诚信管理问题。部分家族企业中存在着不同程度的合同造假、账户造假、偷税漏税、欠债违约等问题，严重影响了企业的整体形象，破坏了市场经济的正常秩序。第四履行社会责任的动机不足。由于部分家族企业规模比较小，他们履行社会责任存在被动，盲目服从和功利主义的特点，还有些企业是为了商业炒作的目的，没有把企业社会责任纳入企业发展战略。

上述问题的产生，有企业自生的因素也有外部环境的影响。改革开放以来，随着中国经济的腾飞，家族企业实现了快速增长和发展，为祖国经济发展和人民生活水平的提高作出了重要贡献。但企业社会责任缺失问题，尤其是环境污染、工资拖欠、质量安全和企业道德缺失等问题的产生，充分体现了家族企业承担社会责任的必要性。随着我国社会主义市场经济的不断发展和完善以及对外开放水平的不断提高，良好的家族企业形象可以帮助企业在国际竞争市场上获取更强大的话语权。目前，我国许多家族企业正处于继承和更替的重要阶段，家族企业履行社会责任，对于提高我国家族企业的竞争力、促进家族企业的可持续发展和中国经济的持续稳定增长具有重要意义。同时，家族企业履行社会责任也是促进共同富裕的重要途径，有利于释放消费潜力，开拓未知的市场空间，探索一条社会责任的新路，在共同富裕的道路上继续奋进。

家族企业履行社会责任对于家族企业的成长和发展具有重要意义，家族的传承与发展离不开社会责任，家族责任和社会责任是一体的，同时这也是家族企业进行二次创业的重要动力（Archie B，2017）。实际上，当家族企业达到一定的发展阶段时，家族企业的创业热情趋于平淡，企业发展停滞不前，社会责任的扩大在此时就成为家族企业继续前进和发展的重要推动力。家族企业对经济发展和社会稳定起到了举足轻重的作用，积极承担社会责任，也将对经济和社会的可持续发展产生巨大的推动力。根据影响对象的不同，家族企业履行社会责任的影响效应可以分为内部性和外部性两个部分。

（一）家族企业内部性

关于家族企业履行社会责任的影响效应，众多学者的讨论焦点主要集中在家族企业绩效方面。Lee（2008）的研究中将家庭企业社会责任区分为社区承诺和社区支持两块，其中社区承诺对企业感知绩效有正面的导向作用，而社区支持对企业实际绩效的产生有正面的影响。家族企业对社会责任的履行是一种无私的行为，能够使家族企业积累道德资本和社会资本，与利益相关者之间和谐相处，并释放企业的价值观信号，吸引全心全意工作的优秀员工，维护现有员工的稳定。同时在家族企业陷入困境时，为其提供一定意义上的财产保护。Penning 和 Lee（2008）的研究显示，家族企业履行环境责任与企业绩效之间存在显著的正相关，当家族企业将社会责任纳入公司发展规划时，将为企业带来长期的经济效益和杰出的社会表现。

此外，关于家族企业履行社会责任对企业声誉会产生影响的研究也较多（Spence，2016；Panwar et al.，2017）。企业声誉对于家族企业来说是一项强大的无形资产。良好的声誉能够增强家族企业产品和服务的竞争力，便于企业通过优秀的外在形象来实施差异化战略，从而能在激烈的市场竞争中获得可持续的发展优势。因此，家族企业一般会通过采取履行社会责任的方式，在社会上获得公众更好的认可；在消费者群体和利益相关者中，享有更好的声望。相反，当家族企业的社会责任表现不尽如人意时，通常消费者就会拒绝购买企业的产品，甚至会招致公众的集体抵制，投资者也可能放弃投资，如此企业的发展便进入了恶性循环。由此可见，家族企业履行社会责任对企业声誉有着极其重要的正相关关系。家族企业重视家族的代际传承，注重企业的持续性发展，而家族企业的良好声誉正是使得其在消费者、公众和许多其他利益相关者中维系良好的形象的重要手段，企业声誉作为一种道德资本，能够为企业的向外扩张创造良好的外部环境，并提供足够的支持，减少由于管理不善或不可预知事件的发生而造成的经营损失（刘春芳，2016；张珍花，2017）。因此，许多家族企业可以通过承担社会责任，与外部投资者建立良好的联系，从而提升家族企业的声誉和形象，并且推动家族企业的可持续发展。

有关家族企业履行社会责任对家族企业产生的内部影响效应，还有一些研究注意到了社会责任与企业竞争优势之间的关系。Wartick（2006）表明，家族企业社会责任是企业对战略资源进行管理的一种有效方法，即使家族企业履行社会责任会使企业在生产投入之外付出额外的成本，会给初创时期的家族企业造成压力，但是家族企业可以通过社会责任获得更多的社会资本，家族企业的社会资本从多个渠道为企业的资源的增长和发展提供支持，从而优化了家族企业的竞争优势。从产品质量管理的角度来看，家族企业是否采用 SA8000、GRI、AA1000、KLD 等产品质量管理标准，是家族企业社会责任表现良好的一个重要指标。在生产管理过程中严格执行这些标准，家族企业将在国际市场竞争中获取有利地位。

（二）家族企业社会外部性

家族企业履行社会责任除了对企业的内部发展带来影响之外，不少研究中显示，这种影响还延伸到了社会上，即产生了对社会外部的影响效应（Simpson，2002）。企业社会责任可以被看作是一项能够平衡和实现利益相关者需求的活动，并且对能够在社会中产生强大的财富效应。Groot（2003）指出，当家族企业能够很好地履行环境责任时，就可以为当地的生态环境保护和居民的生活环境改善做出重要贡献；当家族企业能够很好地履行员工责任时，就可以有效地提升员工的幸福感和对工作的满意度，从而降低了员工的离职率，帮助政府解决就业等各种社会问题；当家族企业积极履行慈善责任时，慈善的力量能推动社会公益事业的发展，是构建和谐社会的重要组成部分。

还有部分学者的研究指出，家族企业履行环境保护责任的意愿比较强烈（Bhattacharya，2004；Storey，2009）。家族企业会在生产过程中认真落实环境保护相关制度，主要是因为通过此举可以在社会公众中树立良好的企业形象，维护自己的社会情感财富。自从我国把环境保护和绿色发展上升为国家战略以来，很多家族企业在发展壮大的过程中都逐渐意识到了履行环保责任的重要性。例如，美国的福特公司就在过去的 20 年间在中国资助了超过 400 项的环保项目，总金额过亿元；同时，福特还投资建设了有关环保的培训项目，使这项绿色工作得到可持续发展。

由此可见，家族企业履行社会责任对社会外部的影响主要集中在保护环境、保障就业、提升社会福利等方面。从某种意义上讲，这对企业和社会是能够达成共赢的局面的。事实上，许多家族企业在思考传承之道的时候，除了经济利益之外，更多的是关注到企业的社会价值。家族企业管理者在企业的发展上借鉴孔子的儒学思想，把信誉度和诚信放在首位，注重企业的社会效应、社会价值和社会责任。当然，家族企业在履行社会责任的过程中，也必不可少的会产生成本和费用，如何在有限的资源使企业生产收入和社会责任投资达成一种平衡，是家族企业需要解决的一个重要问题。

因此，如何让家族企业社会更好地履行责任的问题不仅是企业应该思考的问题，同时也是整个社会应该思考的，认识到这一点对于解决家族企业社会责任问题尤为重要。对家族企业社会责任研究提出以下几个方面的思考。

第一，研究家族企业社会责任的差异性。尽管现有的研究中比较分析了很多家族企业和非家族企业之间履行社会责任的差异，但很少有研究关注家族企业自身社会责任表现的差异性（Powell，2010）。不同的家族企业在治理模式、股权结构、管理体制和家族传承等方面的表现均是不同的，而这些差异性的存在势必会对家族企业履行社会责任的广度和深度产生影响。

第二，研究处于不同生命周期的家族企业在履行社会责任上的区别。不少研究显示，与处于成熟期的家族企业不同，处于初创期的家族企业首先面临的是生存压力，并没有那么强大的力量支持它们履行社会责任；家族企业履行社会责任的程度往往与企业获得的资源呈现正相关的关系，当家族企业获得的资源越多时，企业履行社会责任的能力也越强；同时，社会公众和其他利益相关者对于这类企业的期待值也越高，企业的行为和战略决策也会更受关注。由此可见，当家族企业的发展目标符合社会发展目标时，企业也会更加积极的承担社会责任，甚至表现得会超出公众的预期。因此，处于不同生命周期的家族企业在社会责任上的表现也是有不同的。

第三，研究不同的家族企业内部治理结构对企业社会责任的影响。家族企业在发展过程中，会面对一系列的利益相关者，有来自内部的利益相关者和股东、员工等来自外部的利益相关者；家族企业在追求利益最大化的进程中，采取不同的企业治理结构，有以血缘关系为核心的同心圆网状治理结构，以及市场为导向的外部监控治理结构。不同的家族企业采用不同的内部治理结构，对履行社会责任的影响也不尽相同。Mcguire（2008）指出，家族所有制和家族管理制的两类企业在履行慈善捐赠、员工福利和环境保护等社会责任时存在显著差异，例如，家族所有制企业在履行社会责任时，会更加注重家族声誉带来的影响；家族管理制企业则更容易关注对企业外部利益相关者的社会责任。

第四，关注政府、家族内部和个体等对家族企业履行社会责任的影响。有学者的研究中指出，家族企业履行社会责任的反应受到政府制度因素的影响，特别是处于经济转型期的家族企业，政府相关法规对于企业社会责任的信息披露会起到一定的引导作用。除了政府因素外，家族内部和个体也会对家族企业的社会责任产生影响，把多种因素结合起来，进行多维度和系统性的研究，有利于更好地促进家族企业社会责任的发展。

第五，研究家族代际传承对家族企业履行社会责任的影响。家族代际传承是家族企业在成长过程中面临的挑战之一，也是家族企业履行社会责任的重要动力之一，家族企业履行社会责任的重要前提是继承上一代的意愿和接管下一代的意愿（Arthur，2014）。在这种情况下，没有家族传承计划的家族企业就会因为没有长远发展的计划而不重视企业社会责任的履行，而有传承计划的家族企业的领导人就会有比较强烈的履行社会责任的意识。

第六，研究家族企业社会情感财富对家族企业履行社会责任的影响。社会情感财富理论从经济学的角度出发解释了家族企业在代际传承、家族管理等方面的风险感知和企业战略管理情况，是研究家族企业的全新理论之一，对于家族企业治理和战略决策具有重要意义（朱亢、叶琴雪、李新春，2012）。家族企业的拥有者通常憎恶风险，因为他们的大部分财富都集中在了家族企业中，风险的产生会造成财富的损失，所以为规避潜在的风险，家族企业管理者可能会牺牲短期利益，而追求企业的长期稳定。因此，当家族企业能够在短期和长期利益、财务绩效和非财务绩效之间做出正确抉择的时候，这也就成为了家族企业更有效地履行社会责任的重要一环（Oshionebo，2016）。所以，从微观层面运用社会情感财富理论分析家族企业的风险战略，对研究家族企业履行社会责任的动机具有重要意义。

第七，研究社会相关性对家族企业履行社会责任的影响效应。家族企业的社会相关性是指家族企业在生产和经营过程中逐渐形成的各种经济联系，包括了与政府、商业联盟、行业协会等的联系，是能够促进区域经济和社会高质量发展的重要因素（于贵穴，2002）。很多学者在研究中关注到家族企业的社会相关性，他们认为企业保持和维护这种联系能够给家族企业提供良好的社会环境，有助于企业的可持续发展，同时也是企业履行社会责任的强大助推剂。

第八，研究不同行业、社区环境和国情下对家族履行企业社会责任的影响。在不同行业和不同社会环境下，家族企业履行社会责任的需求是存在着显著的不同。有学者的研究发现，在当家族企业处于冶金、化工等重污染行业时，比处于服务业的家族企业，会需要承担更多的环境保护社会责任；当家族企业处于家具、箱包等职业病风险较高的制造业时，会需要承担更多的员工社会责任；当家族企业生产的产品对消费者的权益有重大影响时，应更多地考虑消费者的社会责任，严格控制生产安全和产品质量管理，确保消费者的安全。此外，家族企业的社区环境也会影响其承担社会责任，当家族企业在社区停留的时间越长，它对社区的归属感就越强，这往往会增强它的社会责任感，并提高在社会责任方面的表现（钟宏武，2014）。此外，不同国情下的家庭企业在履行社会责任的广度和深度上也存在显著差异。

第二节　共同富裕视域下家族企业社会责任评价

关于企业社会责任实现路径，股东至上理论认为，企业应该追求经济利益最大化，承担社会责任是一种额外的经济负担，然而 Carrol（1979）创造性地提出社会责任的概念和内涵，认为企业承担社会责任对经济指标会产生积极的作用（McWilliams & Siegel，2000）。Freeman（2010）提出了利益相关者理论，认为企业应该对政府、消费者、环境和社会公众等承担相应的责任。随后，Porter & Kramer（2006）从企业战略视角分析发现企业社会责任有助于企业保持竞争优势。企业承担社会责任逐渐得到社会公众支持。资源基础理论认为，良好的企业社会责任形象能够为企业带来收益，同时也是一种无形资源（Russo & Fouts，1997）。Felin et al.（2015）提出关于企业社会责任的"澡盆"机制，深入探讨高阶关系的微观原因。

并且，贾明等（2020）提出企业社会责任由传统互惠型社会责任转变为利他型社会责任，助力共同富裕的同时，激活更广泛的间接互惠关系，提升组织的韧性和可持续发展能力，最终实现向公益型组织的转变，实现商业和社会共生。同时，贾明等（2021）提出可持续商业体系保障机制构建企业的社会责任 2.0 体系，长期导向来满足利益相关者诉求及其他群体诉求。房彤月、贾明（2021）指出，企业应该把推动共同富裕作为履行社会责任的战略方向，履责动机上，从传统利益交换动机转为利他动机、主动参与；履责视野上，从关注资源富集的利益相关者转为关注资源贫乏的利益相关者；慈善责任上，从传统的现金支持转为基于能力开发的非现金支持，与企业优势对接。因此，国内外对于企业社会责任的研究比较成熟，目前主要的趋势：

（1）多理论、跨学科探究企业履行社会责任的意愿和行为；（2）企业社会责任1.0版本到2.0版本的不同内涵；（3）更加细分企业社会责任的内涵和外延；（3）不同情境下研究企业社会责任的路径、机制和效果评价。然而，如何嵌入共同富裕战略明晰企业社会责任的新要求和新内涵，如何探索共同富裕视域下家族企业社会责任的影响因素和动机、意愿和行为、测度和评价，从而拓展现有研究在新形势新情境下的理论和实践，更为重要。

具体而言，梳理家族企业切实履行企业社会责任的重要实践，将更有力地推动共同富裕（苏赛尔，2021）。

首先，企业作为市场主体，要切实做好自身经营，加大科技创新，打造可持续发展，从而实现稳定经营，促进经济增长、创造财富、做大蛋糕。科技创新是激发经济活力、实现共同富裕的重要推手。在推动高质量发展的新阶段，企业要加大科技创新力度，提升科技创新能力，实施精益生产、数字化战略，打造竞争优势，达到生产提效。用创新实现工厂智能化、管理信息化、制造精益化，推动企业持续转型升级，促进关键技术突破，提升整体管理运营水平，从而不断做大、做强、做优产品，向产品精加工、深加工、定制化加工等高端应用领域延伸，发展先进生产工艺，实现制造专业化、服务个性化。

创造财富做大蛋糕，加快共同富裕先行，科技创新是核心动力。企业要专注于细分领域的技术创新、产品质量提升和品牌建设，不断提高企业知名度与竞争力，不断提高产品市场地位，助力实体经济特别是制造业做实做强做优，提升产业链供应链稳定性和竞争力。同时，企业要聚焦产业发展，共同做大高质量发展的“蛋糕”，助力高质量发展建设共同富裕示范区。积极探索和推动关键核心技术研究、科技成果转化、科创制度供给、科创生态营造等，通过强链、补链、延链等方式，不断夯实产业链发展基础，全面提升产业链融合创新水平。

其次，企业切实履行社会责任，要充分考虑到各利益相关者的诉求，促进合作、共赢，共谋协同发展。一般而言，企业在创造利润、对股东利益负责的同时，还要承担对员工、供应商、债权人、社区和环境等的社会责任，包括生产安全、职业健康、保护劳动者的合法权益、遵守商业道德、保护环境、支持慈善事业、保护弱势群体等。其中，员工是公司发展的基石，是公司利润的创造者。企业始终需要坚持以人为本，重视人才的培养，为员工创造安全、健康的工作环境，积极推进员工关怀、互助帮扶，切实为员工解决工作和生活中遇到的问题。重点关注合规雇用、薪酬福利、职业健康与安全、培训赋能、职业发展等，激发员工发展的工作动力，切实将关爱员工与提升员工素质放在企业发展的突出位置。

并且，企业应始终重点坚持以消费者需求为创新导向，切实履行客户责任，以产品品质为根本，全方位服务消费者。围绕客户关系和客户责任管理，重点关注产品质量、优质服务、权益维护等。同时，企业需要将环境保护与安全生产放在发展的重点位置，将环保和安全作为企业赖以生存和可持续发展的生命线，投入财力、物力和人力，严格落实相关规定要求，确保环保高标准，实现生产与生态、生活的协调和谐发展。

最后，企业需要将公益捐赠与回馈社会放在企业发展的重要位置。企业通过公益慈善行为嵌入社会，作为一种链接企业与社会的基本桥梁来回报社会。以企业为主体的公益慈善主要包括企业公益活动、慈善捐赠以及社会救济等具体性行为。企业通过公益慈善项目的专业化、制度化运作实现社会资源的第三次配置，最终提升社会发展质量以及创造共享价值，进而成为社会治理与社会保障中的重要组成部分。企业慈善捐赠不仅是企业作为公司公民的“应有之义”，而且对于解决诸如赈灾、扶贫、助学、助弱等众多社会问题，具有非常重要的意义。

企业家应始终牢记企业社会责任，依法承担纳税义务，积极推动公益事业的发展。近年来，在抗疫救灾、环境保护、扶贫济困、教育助学、援助基建等方面，企业迎难而上，积极参与“万企帮万村”“万企兴万村”和光彩事业，踊跃捐款捐物捐服务，坚持回报社会，践行责任，彰显甬商使命、家国情怀和责任担当。此外，企业要实现可持续发展，必定肩负保护环境的重任，需在生产经营中坚持绿色发展，始终坚持贯彻节约资源和保护环境的基本国策，积极响应“碳中和”战略，深入贯彻履行环境责任的理念。

综上，企业履行社会责任的同时，更应主动去发现问题，解决问题，创造并共享价值，以创新的思维和企业社会责任的意识和担当，寻找企业与社会的结合点，利用企业的自身业务优势与资源帮助解决社会问题，创造企业与社会的共享价值。始终坚持经济效益、社会效益和环境效益等协同发展，切实履行企业社会责任，不断提升企业价值，在通往共同富裕的征途上，肩负使命和担当，全力推进共同富裕。

一、家族企业社会责任与创新

家族企业与一般企业相比，由于长期导向、风险厌恶偏好以及代理问题等，其创新活动并未达成一致结论（Duran et al.，2016；Hsu et al.，2015；黄海杰等，2018；赵晶、孟维烜，2016）。总体上，大量文献从组织层面论述企业社会责任与创新之间的关系，大多在经典理论溯源的基础上探讨了企业履行社会责任对于创新研发投入、创新氛围和创新绩效等方面的影响。基于资源基础理论，Gal－Lego－Álvarez 等（2011）认为，企业通过履行社会责任与主要利益相关者建立密切关系有助于其获取技术创新的无形资源，对企业的技术创新产生重要影响。Luo 和 Du（2015）采用知识资源基础论分析发现，企业的 CSR 项目能与利益相关者尤其是外部利益相关者建立良好的互动关系，有利于外部知识与企业内部知识的共享和交换，对于企业创新所需的内部知识来说是重要的补充和促进，从而对创新产生正向影响。企业对于社会责任的长期投资行为，可能激发企业创新研发与产品差异化的动机（2000）。企业实施对其利益相关者履行社会责任的战略，有助于提高企业技术创新能力（2004）。Ubius 和 Alas（2012）从创新氛围的视角进行分析，认为企业社会责任对企业的创新氛围具有积极的影响。Rexhepi 等（2013）研究指出，企业如果正确地履行社会责任并将其放在发展战略的高度，能有效促进企业的产品和过程创新，最终带来长期价值的提升。Flammer 和 Kacperczyk（2016）研究发现，利益相关者的导向能够通过鼓励员工创新生产而激发创新。

从国内的文献中，高建（2004）首次将创新绩效定义为产出绩效和过程绩效，与之前的研究相比较，更注重于过程绩效的评价为重点关注。无论是从创新过程的效率的提升来看，还是从产出类别或数量的增加来看，产出绩效是根据企业创新结果的影响和效益来衡量的，过程绩效是衡量企业创新过程中生产质量的一个指标。陈劲、陈钰芬（2006）同样将创新绩效评价体系分为两部分：创新产出绩效和创新过程绩效，其中创新过程绩效作为创新活动中运营水平的提高的体现，创新产出绩效包括技术研发、生产投入和市场销售等几个方面。戴勇、朱桂龙（2011）在之前研究基础上认为创新绩效是产品创新和过程创新的综合性成果体现。综上所述，企业创新绩效是指企业创新活动过程的表现为企业产出的绩效结果，包括整个过程对企业经营成功的信任度。由此可以看出，创新绩效包括：创新结果绩效、创新过程绩效、创新结果与创新过程绩效的综合。依据 Chris Freeman（1995）、Prajogo 和 Ahmed（2006）、王兰芳、王琢等（2012）的论点，从创新结果的视角去定义创新绩效进行研究，认为企业的创新绩效是通过一定创新活动和研发投入后所得到的创新能力的提高，主要衡量方式为专利申请量的增加。

2022 年，中欧家族传承研究中心和中欧财富管理研究中心联合推出的《中国 A 股上市公司家族企业社会责任报告》，通过对中国 A 股上市公司中 523 家家族企业 2300 多个观察值的研究发现，上市家族企业研发投入有待提高。2015～2019 年，虽然平均每家上市家族企业获得的专利数量略高于非家族企业，但两者之间的差距在逐年缩小。在研发投入方面，家族企业的平均投入低于非家族企业，且差距在逐渐扩大。2019 年，家族企业的平均研发投入为 4. 8 亿元，而非家族企业的平均研发投入为 5. 4 亿元。

具体来看，当前关于企业通过履行社会责任是促进创新还是抑制创新，始终是 CSR 领域讨论的热门话题，学者们未形成共识。第一点，认为企业履行 CSR 对创新绩效有积极影响。基于利益相关者理论与资源依赖理论的视角，积极承担社会责任，有利于企业从外部环境获取创新高质资源和技术支撑，吸收优质人才和创新知识。Calantone（2002）指出创新活动是贯穿产品从设计到使用的全过程，其中每一环节都需要利益相关者的支持。例如：员工的才华与贡献，为公司研发出受市场欢迎的产品；政府的政策扶持，使环节更加可靠；股东、债权人的资金投入，是项目开展的前提保障；需要上游供应商的知识与技术支持、竞争对手的激励、下游消费者的购买使用，从而为企业的创新活动提供方向，各个利益相关者缺一不可（Fang，2008）。维护好利益相关方的关系，有益于塑造良好的企业形象，提高企业声誉，从而吸引具有高质量的创新人才加入，会在工作中产生对企业单位的认可和赞赏，进而更加表现自我，营造一个良好的创新内部氛围（Tur - ban & Greening，1997）。有利于从利益相关者当中获取创新所需资金、知识与技术，将这些资源资本化用来提升企业创新能力。基于资源依赖理论，有利于企业从外界获取的知识与资源，与内部资源相比较，对创新活动的有用程度更高（Wang et al.，2014）。第二点，认为企业履行社会责任对创新绩效有反向作用，基于企业社会责任理论，企业承担社会责任的同时，内部有限资源进行了再分配，会增加企业不需要成本，降低企业竞争优势。Friedman（1970）指出 CSR 会增加额外的运营成本，会对正常的商业活动产生不利影响。Hull 和 Rothenberg（2008）指出，企业在积极承担社会责任时，会压缩日常经营活动与研发投入中所需要的资源，很大可能对经营绩效产生负面效应，并阻碍企业顺利开展创新活动碍。Saxton et al.（2009）也认为会使企业本就不富裕的研发资金因为承担额外的企业社会责任而捉襟见肘。

根据双元创新观点，即利用式创新和开发式创新。Romijn 等（2002）认为，利用式创新是通过对现有产品进行改进和完善的一种创新行为，具有较低的新颖性，适用于那些风险保守型企业，尽管该类创新技术和经济潜力较低，但却具有较快的回报和较低的现金流不确定性。而探索式创新则恰恰相反，该类型创新所创造的成果往往能拓展至某一行业技术领域，导致组织或企业竞争地位发生根本性改变，但也因为周期长和高度不确定性而存在大量风险。相对于前者，探索式创新难度更大，更依赖于企业技术人员的努力以及风险偏好程度（陈灿君、许长新，2021）。

基于外部利益相关者视角，具有企业社会责任行为能够为家族企业塑造良好的形象，为企业带来诸多优质资源，进而为双元创新行为提供助力。一方面，积极的社会责任行为有助于企业在市场中建立正面组织形象，而家族企业往往与家族名称联系在一起，这种独特身份或品牌间的维系关系为整个家族市场利益相关者创造了良好的知名度和声誉。Kashmiri 等（2010）发现，相比于一般企业，家族企业长期发展导向以及由家族内部控制的稳定组织结构有益于增强市场利益相关者对企业的信赖度，而良好的家族企业形象则进一步增强了两者间的联系。产品是企业与市场利益相关者建立桥梁的媒介，因此积极正面的形象有助于家族企业获取更多市场利益相关者对产品服务建议的相关信息，这些来源于市场的反馈能够使企业更加清晰地了解到自身产品优劣势及未来市场需求，在此基础上，企业可利用现有知识体系对当前产品、技术进行打磨和升级，充分发挥知识库的潜能，从而有利于企业对后续相关系列产品进行改进和完善（陈灿君、许长新，2021）。另一方面，外部利益相关者有助于加强家族企业社会联系，良好的家族声誉有助于拓宽信息资源交换渠道，并且有利于企业从外部吸引更好的专业人士。而企业开发式创新需要大量储备知识与新想法的相互碰撞，那些高层次交流知识与专业技能的引入，有助于扩充企业内部知识库及隐性知识分享，识别与突破企业技术壁垒，这些资源对企业新产品开发和设计提供了助力（陈灿君、许长新，2021）。

企业技术创新很大一部分来源于研发团队的努力，研发人员的主动性有助于新想法的产生与新技术的实现，具体体现在员工利用自身对新技术的正确理解，克服高层对于发展新技术和新产品的潜在阻力，并将其进一步推向市场。因此，企业员工主动性程度对开发式创新思想的产生和策略推进有直接影响，而团队氛围和待遇与员工主动性息息相关（陈灿君、许长新，2021）。然而，尽管家族企业通过社会责任行为帮助企业在市场上与利益相关者建立了更加紧密的联系，进而为企业创新提供了更多便利性资源，但在实际践行过程中，出于对 SEW 多重维度的追求，容易造成企业对内外部利益相关者区别对待的情形。相比之下，非家族员工自身利益难以得到有效保障。而且，基于家族成员对内部控制及外部形象和名誉的追求，这种践行社会责任行为过程同时“不负责”又“负责”的态度和行为导致员工产生心理落差，不利于企业内部和谐氛围的形成，在一定程度上阻碍非家族员工以主动、积极的态度实现技术突破和跨越。而反观利用式创新，在积极的社会责任行为导向下，企业得益于稳健的社会关系网络，外部信息资源为企业目前产品提供了良好的反馈条件，在自身产品问题和缺陷改良上有明确目标和市场导向。尽管研发员工的主动性较弱，但基于目前市场竞争激烈程度及创新带来的积极效应，有利于增加企业对员工以任务、绩效考核等方式而进行的利用式创新行为。同时，家族企业因保护 SEW 而催生的风险规避性战略偏好也会使企业创新行为更多偏向于稳健型创新模式，尽管开发式创新对企业发展较好，但出于维持家族对企业稳定控制的情感需求，也可能导致家族领导人过多偏向于低风险创新行为。

此外，进一步通过数字化转型视角深入剖析家族企业转型升级、创新发展（苏赛尔，2022）。

近年来，数字化浪潮进一步倒逼企业数字化转型，家族企业将密集迈入传承与转型双重挑战的重要时期。全球家族企业调研报告指出，绝大部分家族企业低估了数字化冲击，尤其面临数字化转型的挑战。根据埃森哲的研究数据，数字化转型处于领先地位的企业营收复合增长率高达14.3%，销售利润率12.7%；而其他企业营收复合增长率仅为2.6%，销售利润率仅为5.2%。广大家族企业积极寻求数字技术赋能，推进数字化转型。普华永道《全球下一代调查》和《全球家族企业2021》强调，新生代企业家对家族企业的未来发展有着重要影响，他们对于数字化转型认识充足，视自己为数字转型时代的变革推动者和数字化的重要推动力。作为持续创新的微观主体，新生代企业家成为推动家族企业转型升级的重要力量，是产业转型升级的未来，被视为带领家族企业进行战略变革、转型升级可持续发展的关键所在。

（一）宁波新生代企业家和家族企业数字化转型的现状分析

宁波作为创新增长极代表城市、长三角南翼经济中心和全国重要的先进制造业基地，成功入围“2021中国数字经济新一线城市”和“2021数字化转型百强城市名单”。近年来，宁波大力发展数字经济“一号工程”，并随着物联网、大数据、云计算、人工智能等新一轮科技革命蓬勃兴起，全球产业变革加速演进，数字化转型已然成为企业重构核心竞争力和高质量发展的必由之路。民营企业一直是宁波经济中最活跃、最具竞争力的发展力量，截至2020年底，宁波市场主体总量已突破110万户，其中，民营经济市场主体106.4万户，占比96.4%。宁波民企贡献了70%的国内生产总值、75%以上的税收、85%的就业岗位和76%的出口。并且，95%以上的高新技术企业是民营企业，95%的各类企业技术中心设在民营企业，80%以上的发明专利由民营企业申报和拥有。因此，民营企业是推动科技创新与转型升级的坚实基础，为宁波经济高质量发展作出了卓著贡献。根据《中国民营企业发展报告》的数据，截至2020年底，我国存在的民营企业已经达到4000多万家，其中90%以上为家族企业。家族企业数字化转型对于宁波经济高质量发展具有重要的意义。

基于宁波新生代企业家和家族企业数字化转型的现状，总体来说，宁波家族企业数字化转型具有较好的基础条件（Wang et al.，2021）。2020年，宁波数字经济核心产业制造业增加值 424.6 亿元，增速 9.7%。51 家国家级单项冠军企业中数字经济企业占比达 50% 以上。工业互联网、新一代信息技术领域的企业数量分别位居全国第 5 位、第 10 位。并且，宁波发布了国内首个自主知识产权的工业操作系统 supOS。宁波爱柯迪汽车零配件数字化工厂、宁波雅戈尔 5G 智能工厂、宁波捷创 5G + MOMO 平台应用与实践以及宁波创元模具工业互联网平台等成为 2020 年工信部工业互联网试点示范，为宁波先进制造业发展和传统产业优化升级赋能助力。

同时，家族企业数字化转型呈现积极成果。宁波市工商联和江厦智库经济研究院联合调研的《2021 年宁波市上规模民营企业调研报告》显示，上规模民企“智能化生产”“技术改造和装备升级”和“用数字技术发展新业态”比去年分别提高了 8.5%、6.3% 和 5.6%。比如，依靠“5G + 工业互联网”，余姚 3000 余家小家电及电器配件相关企业资源得以优化配置，依靠模具、汽配、家电等重点细分领域多个行业级工业互联网平台，全面实施“企业上云”工程，助推家族企业数字化转型（Wang et al.，2021）。又比如，宁波金田铜业铜管制造数字化车间、宁波华翔汽车数字化车间、宁波激智新材料光学窗膜数字化车间上榜 2020 年浙江省数字化车间及智能工厂名单。再比如，家族企业方太集团 2020 研发投入超过 4 亿元，占整体营收的 4%。相对于厨电行业的传统制造模式，方太智能工厂的生产效率提升 36.8%，运营成本降低 22.9%，产品开发周期缩短 30.3%，单位产值能耗下降 10.2%。同样地，比如宁波祈禧智能科技股份有限公司积极拥抱数字化变革重获新机，积极探索数字化及产业互联网发展新模式，成为一家省级制造业与互联网融合发展试点示范企业。通过生产数字化改革，祈禧公司的生产效率同比提高约 38%，销售额同比增长 20% 以上，员工小时收入提高 30% 以上。

大多数宁波家族企业在新生代企业家的积极推进下，都已经完成或正在进行数字化转型。新生代企业家作为家族企业的重要角色、数字转型时代的变革推动者、数字化的重要推动力，带领家族企业进行战略变革、转型升级可持续发展。普华永道的报告显示，中国家族企业的新生代企业家有 38% 为守业者，37% 为转型者，13% 为内部创业者及 11% 为创业家；而在全球家族企业的新生代企业家中，比例依次为 26%、46%、20%，和 8%。由此可见，中国家族企业的新生代企业家转型者比例低于全球水平，守业者比例高于全球水平。同时，报告还显示越来越多的中国传统家族企业正努力应对数字化转型，包括新生代企业家也正积极培养自身的技能和竞争力以应对挑战。

在新的发展阶段，新生代企业家是贯彻新发展理念的新动力人群，是提升企业技术创新能力和激发人才创新活力的主要力量。据新生代企业家“双传承”素质能力提升研究调查数据显示，我国新生代企业家的文化程度普遍较高，研究生学历以上的占24%，本科学历的占60%，其中有部分企业家有海外留学深造的经历。并且，大多数新生代企业家为“80后”“90后”，富有朝气和激情，创新创业理念新，依托新生代企业家协会等交流沟通方式多，更能抢抓新一轮科技革命和产业变革带来的机遇，活跃在电商、时尚、物流、金融、高端制造等领域，思路开阔，善于接受新生事物，能够利用“互联网+”平台寻求企业发展，注重引进核心技术、先进的管理理念和经验，推动家族企业数字化转型及跨代可持续发展。新生代企业家作为家族企业接力棒的传承者，不仅仅关系到家族企业是否能基业长青，也关系着经济是否持续发展和社会是否稳定繁荣，是当前与未来经济发展的中坚力量，是推动经济社会发展的最富活力和最有潜力的重要生力军。

（二）宁波新生代企业家和家族企业数字化转型的相关问题

根据福布斯中国的调研数据，家族企业代际传承处于高峰期。当前中国进入新常态与转型经济双轨同行时期，产业结构不断调整，原有家族企业的竞争优势在转型时期边际收益越来越低，甚至制约企业的发展。因此，急需新生代企业家打破原有的路径依赖实现企业资源的重新组合，推动数字化转型以应对内外部的压力。

1. 父辈创始人的权威影响新生代企业家推动家族企业数字化转型

父辈创始人通常经历了家族企业从创办到发展，对于家族企业具有十分深厚的情感，有着强烈的心理所有权，守护家族财富并持续管理控制家族企业。浙江省家族企业传承调研数据显示，抽样调查的839家家族企业中，只有92家在过去5年内完成了企业主的更替；其他家族企业名义上完成交接，但实际上父辈创始人并没有真正放手，绝大多数家族企业仍然处于父辈创始人的管理控制之下。父辈创始人作为家族企业关键人物，塑造了家族企业的使命和愿景、战略和规划，对企业有着高度的认同和承诺，对员工有着更为紧密的关系；由此，父辈创始人的角色往往更具有权威性和影响力，通常是影响家族企业代际传承走势和推动家族企业数字化转型的关键角色。因此，在新生代企业家参与管理的家族企业中，大部分父辈创始人为了避免传承接班失败以及新的经营风险，对于新生代企业家在重大决策方面的权力有所限制，并且一定程度上对于不确定的研发活动、企业创新、数字化转型等更为保守。

2. 新生代企业家欠缺更多实践历练，加大家族企业数字化转型风险

新生代企业家普遍受教育程度高、创新意识强、创新能力高、思维方式多元，这些方面有可能胜过父辈创始人；但是，从家族企业运作以及社交网络、社会活动等方面，新生代企业家需要给予更多的时间去成长，给予更多的机会去历练。新生代企业家起初往往权威合法性不足，在推动家族企业数字化转型上更容易受到内部的质疑和外界的压力。并且，新生代企业家参与家族企业运营时，往往伴随着新生代企业家与父辈在思想理念上的沟通与矛盾、不解与理解、干预与放手，新老团队的磨合与合作，新老制度的留存与更替，以及新老文化的冲突与融合，加大了家族企业数字化转型的难度和不确定性。同时，新生代企业家相比于久经历练、经验丰富的父辈创始人来说，在一定程度上仍然缺乏企业家精神和坚韧不拔的毅力、社会关系网络和社会资本积累、源自实践的经验积累、战略大局意识和全局观、应对危机的反应力和风险承担能力等，加大新生代企业家推动家族企业数字化转型风险。

3. 资源要素制约家族企业数字化转型，数字技术融合应用不够广不够深

家族企业数字化转型同样面临科技创新的三大外部制约因素，包括成果产业化困难、外部市场不确定性大、科技创新市场不够健全。《2021 年宁波市上规模民营企业调研报告》显示，43.5%的宁波上规模民企选择不需要与科研机构合作，其中 35%认为与科研机构合作对企业研发支持力度不大，32.5%认为高校技术与市场脱节，30.4%认为信息不对称。并且，该调研显示，宁波引进的约 70 家科研院所与宁波上规模民企的合作并不深入，导致相当一部分上规模企业建设的企业研究院选择在上海或杭州；这一定程度上反映了供需不相匹配，现有的技术供给、技术结构和合作模式需要一定的改善和提升。因此，资源要素包括资金、技术、人才、数据等一定程度上制约着家族企业数字化转型。目前大部分家族企业仍处于数字化转型探索过程，存在实施数字化转型的基础薄弱，融合应用数字技术的广度不够。同时，从数字技术融合的深度来看，大部分家族企业数字化转型仍然停留在“上云”阶段，以数字技术推进智能制造、推动企业转型发展比较少，呈现出一定程度的数字化转型能力不足等。

（三）新生代企业家推动宁波家族企业数字化转型的对策建议

1. 父辈创始人需要主动求变、化危为机，坚定信念向“数字化转型”进军

家族企业父辈创始人需要坚定信念，向“数字化转型”进军，敢于创新、勇于变革。父辈创始人需要打开新思路、新视野，给新生代企业家多一分信任和期盼，多一些试错和机会，多一分宽容和反馈，从而促进两代之间更为有效的沟通，共同推动家族企业数字化转型。比如，父辈创始人给予新生代企业家多岗位历练成长的机会，选择业务转型等关键时期帮助新生代企业家搭建自主管理团队。宁波家族企业海伦钢琴采用创业式传承，父辈创始人陈海伦给予新生代企业家陈朝峰搭建创新创业平台的机会，让新生代企业家陈朝峰负责开发新产品、发展新业态、探索新模式，培育新经济增长极，运用信息化、智能化技术，探索钢琴智能化转型之路，推动企业由传统制造向服务型制造转型升级。由此可见，父辈创始人与新生代企业家需要沟通顺畅，父辈创始人要提升对于创新失败的容忍度，营造适合创新转型的组织氛围，给予新生代企业家更多的信任和机会，推动新生代企业家积极投身于家族企业数字化转型，从而加速家族企业代际传承，更有力地推动家族企业数字化转型。

2. 新生代企业家需要强化使命、勇于担当，推动家族企业传承和数字化转型

新生代企业家作为最具朝气活力、最善创业创新的群体，要学习父辈的创业精神与使命担当，聚焦发展大局，强化使命意识，努力成为“政治上有方向、发展上有梦想、经营上有本事、文化上有内涵、责任上有担当、事业上有作为”的“新生代”。新生代企业家应该锐意进取、顽强拼搏，做好甬

商企业家精神的传承者，继承、发扬和丰富好甬商的企业家精神。脚踏实地，做实体实业的坚守者；把握机遇，做开拓创新的实践者。新生代企业家要全力把主业做强、把特色做优、把产品做精，拓展新业态、探索新模式，推动家族企业数字化转型，推动企业成为“宁波制造”乃至“中国制造”的新标杆、新典范，在新时代的发展征程中立新功、创辉煌。所以，数字化时代使得新生代企业家在传承中不再作为配角出现，从被动继承父辈历史成果转化为主动创新，以数字化的工具推动家族企业数字化转型，为自己赢得权威、合法性和主动权，为企业赢得转型升级和可持续发展。

3. 赋能新生代企业家，助力家族企业数字化转型

家族企业需要深耕专业领域创新发展，融入数字化变革浪潮，推动企业高质量发展。数字化转型不仅仅是对象数字化、过程数字化等，更是企业的意识、组织、模式和文化的变革，最终，助力企业提升效率和效益，提高客户满意度，实现企业可持续发展。一方面，家族企业自身需要积极探索有利于推动数字化转型的激励机制、容错机制和评估机制，健全产学研合作机制，构建高质量、可持续发展的合作，抢抓数字化改革机遇，积极探索、大胆创新，努力在数字经济综合应用上取得更多创新成果、发挥更大作用。同时，加强父辈企业家与新生代企业家之间的沟通联络，互相学习，加强两代企业家的凝聚力，抱团合力，更好地为经济高质量发展做贡献。

另一方面，政府应加强与新生代企业家及其协会的联系，强化政治引领，推动新生代企业家队伍建设，促进新生代企业家的快速成长（Wang et al.，2021）。并且，随着数字化改革的不断推进，政府应结合宁波家族企业数字化转型所面临的关键问题，梳理不同行业、不同类型、不同环节的家族企业对于业态、架构、技术的诉求，提出有针对性的指导意见和支持措施；围绕核心标准加速布局数字创新生态，搭建综合服务平台，完善家族企业数字化转型的基础支撑体系，建设高能级的数字化创新平台，加强多方协作，提升服务效能（Wang et al.，2021）。最终，以规模经济效应、网络经济效应、数字赋能效应切实助力宁波家族企业实现数字化转型，助推宁波数字经济发展。

二、家族企业社会责任与绩效

现有研究关注企业社会责任行为对企业绩效指标产生的影响，如企业社会责任与财务绩效、企业成长、竞争优势和企业价值的关系（Su et al.，2022）。大量研究聚焦于企业社会责任和企业财务绩效之间的关系，“绩效”一词来源于西方，是业绩和效率的综合，在企业组织里，体现为企业完成工作量、品质、成本费用以及其他因素对企业的贡献等。1984 年，伯纳丁（Bernardino）最先提出了绩效定义，认为绩效就是结果。随着绩效理论的发展，才有了后者企业绩效的出现，以及对于企业绩效的新理解，是指在某一特定经营时期内的经营收益与经营绩效。在已有的文献中，有各个的角度对创新绩效进行理解，通过整理可从广义、狭义两个视角去分析。从狭义视角来看是以创新结果来对创新绩效进行定义，弗里曼 Chris Freeman（1995）最早提出创新绩效是指企业的新发明专利投入市场获得的占有率等。Prajogo 和 Ahmed（2006）认为产品创新包括产品分类和产品更新速度，都是企业的创新绩效的表现。王兰芳和王琢等（2012）学者认为：企业投入相应的生产要素到创新活动里，在结果导向中产出的新产品、获得新技术以及专利申请量等来获取的利润回报，这些创新成果可以表现为创新绩效。从广义视角来看，从国内的文献中，高建（2004）首次将创新绩效定义为产出绩效和过程绩效，与之前的研究相比较，更注重于过程绩效的评价为重点关注。

国外对企业社会责任与企业财务绩效关系的实证研究最早源于 1972 年 Bragdon 和 Marlin，研究了纸浆行业的股本回报率与环境污染的关系。同年，Moskowitz（1972）研究了 14 家具有社会责任的公司半年内股票价格的增长，两项研究均得出正相关的结论，即履行企业社会责任对企业财务绩效有积极的影响。Vance（1975）重复了与 Moskowitz（1972）相似的研究，却得出了相反的结论。Alexander 和 Buchholz（1978）在 Moskowitz 和 Vance 研究的基础上调整了市场风险，发现企业社会责任与企业财务绩效间并没有显著的相关关系。Margolis 和 Walsh（2003）通过对 109 篇文章分析，其中 54 篇表明正相关（Wang & Qian，2011），7 篇研究表明负相关，20 篇研究表明混合关系，28 篇研究表明不相关。目前，较多研究关注了企业承担社会责任对企业财务绩效的影响，研究结论存在不一致。此后关于企业社会责任与财务绩效的实证研究层出不穷，但不断重复正相关、负相关和无关的结论。

其中，一类研究发现企业承担社会责任会对财务绩效产生积极影响。葛瑞芬、马赫尼（1997）以总资产、净资产收益率（ROE）、总资产收益率

(ROA)、企业年龄、五年平均销售报酬率为指标衡量企业的财务行为，以财富杂志年度企业形象调查、KLD指数、TRI指数以及企业慈善活动等多方面衡量企业社会责任，实证研究得出两者之间呈现正相关的关系。马格里斯和马赫尼（1999）的研究进一步为上述观点提供佐证，通过127个探寻企业社会责任与公司财务表现关系的实证研究表明："将研究结果简单汇集起来显示两者之间存在正相关，毫无疑问，很少有证据能够表明企业社会责任同财务表现存在负相关。"因此，正相关论认为，企业承担社会责任发生的成本相对于从社会责任中的获益是很小的，企业承担更多的社会责任将会引发更少的劳资矛盾、鼓舞员工士气、占有更大的市场份额、提高企业声誉以及改善企业与银行、投资者、政府等各利益相关者的关系，这些都将最终转化为企业的经济利益（Spicer，1978）。

Waddock（1997）从能力培养角度阐释了承担社会责任对财务绩效提升的作用，指出社会责任良好履行所要求企业拥有的能力与实现企业良好的财务绩效所需要的能力是共通的，即都需要企业优秀的战略与管理能力支撑。除此之外，依据信号理论、利益相关者理论和资源依赖理论，企业承担社会责任这一行为所传达的信息有利于缓解资本市场的信息不对称问题，社会责任的履行也有助于维护企业与利益相关群体的社会关系且从其中获得发展所必需的资源，最终促进企业发展。如企业履行社会责任能够降低代理成本（张兆国等，2013）、缓解资本约束（刘计含、王建琼，2012），这些均会正向影响其财务绩效。

Graafland（2002）发现，家族企业长期附加值与企业社会责任显著正相关；Niebm等（2008）在将农村社区小型家族企业社会责任界定为社区承诺、社区支持和社区意识的基础上，指出社区承诺对家族企业主观或感知的企业绩效有显著的正向影响，社区支持对家族企业客观或财务绩效有显著的正向影响；O'Boyle等（2010）揭示，家族企业的伦理焦点对财务绩效有显著的正向影响。主要原因是：第一，家族企业社会责任行为有助于企业积累更多的社会资本，确保企业员工的稳定性，吸纳高素质员工，改进并促进与外部利益相关者的关系；第二，家族企业社会责任行为作为企业非自利动机及潜在管理团队质量的信号显示，能够在利益相关者及社区产生积极的道德资本，保护家族企业潜在的关系资产和收入流，避免源于企业运营风险所带来的经济价值损失。但是，由于家族企业履行社会责任可能使企业的资源和管理能力远离企业核心业务领域并承担额外的成本，尤其是当家族企业分配资源在慈善事业、环境保护和社区发展等公共责任领域时，可能使企业相对于较少社会行为的企业来说处于一种相对劣势。因此，家族企业社会责任对企业绩效可能无影响甚至负向影响。理性决策过程与企业绩效关系存在情境依赖性特征。

另外，研究认为企业履行社会责任会对绩效产生消极影响，该类研究主要基于新古典经济学视角，认为企业的社会责任就应该是盈利。一方面，为了实现满足企业各方利益相关者的需求，企业会分散本该专注于企业发展的资源，增加了企业经营成本；另一方面，企业在使用有限的资源承担社会责任时，必然会由于反复权衡资源的使用方式而降低决策效率，这些影响会有损企业财务绩效。因此，负相关论认为，高额的社会责任投入比如慈善捐献、推行社区发展计划、保护环境等行动发生的投入，会增加企业的额外成本，这将使企业相对于那些未承担社会责任的企业而言处于经济劣势（Vance，1975；Ullmann，1985）。此外，不相关论认为，企业发生的社会责任成本是重大的，但通常被由此引起的其他成本（如经济成本）支出的减少所抵消，表现为企业社会责任与财务绩效不相关（奥佩勒等，1985）。

一些经验研究揭示，不同环境下的企业社会责任对绩效的影响不同。如Goll 和 Rasheed（2004）发现，企业社会责任的绩效结果在不同的外部环境变化很大，在高多样性和动态性的外部环境中，企业社会责任对企业资产收益率、销售收益率的影响更大；Hull 和 Rothenberg（2008）揭示，企业社会责任对企业资产收益率的正向影响在低创新能力的企业更明显。本书认为，家族企业社会责任与企业绩效关系可能比简单的线性关系更复杂，二者之间的关系受到家族企业的内部能力和外部关系的调节。具体而言，家族企业的内部能力正向调节内部人责任与企业绩效关系，但负向调节外部人责任、公共责任与企业绩效关系；家族企业的外部关系负向调节内部人责任与企业绩效关系，但正向调节外部人责任、公共责任与企业绩效关系。

另外，关于企业社会责任与企业财务绩效关系中何者为因、何者为果，不同学者持有不同观点。Margolis 和 Walsh（2001）通过对 1972～2000 年企业社会责任行为与企业财务绩效关系的 95 项研究统计发现，有 80 项研究均将企业社会责任作为自变量进行研究，且53%得出了正向的结论。还有19项研究将企业社会责任视为因变量分析，其中68%得出正向的结果，有5项研究认为两者互为因果关系。Preston和Bannon（1997）将这些不同的观点归纳为5种理论假说：（1）社会影响假说（Social Impact Hypothesis），即企业履行社会责任越好，则企业的社会形象就越好，其财务绩效也就越高；（2）权衡假说（Trade - off Hypothesis），即由于资源的有限性，企业只能在不同利益相关者之间进行权衡，如果履行社会责任，就会影响股东的利益，对企业财务绩效产生负面影响；（3）资金供给假说（Available Funding Hypothesis），即尽管企业社会责任与企业财务绩效之间呈正相关关系，但由于企业履行社会责任取决于企业所能够提供的资源，因此企业的财务绩效会影响企业社会责任而不是反过来；（4）管理者机会主义假说（Opportunism Hypothesis），即按照委托代理理论，当管理者报酬与企业财务绩效相联系时，管理者出于对自身利益的考虑，就会减少对企业社会责任的支出以增加现金流，从而导致企业财务绩效与企业社会责任之间呈负相关关系；（5）协同效应假说（Synergy Hypothesis），即企业社会责任与企业财务绩效之间的关系是相互影响、相互作用，但这种相互关系可能为正也可能为负。企业社会责任与企业财务绩效的关系如此复杂，Bowman和Haire（1975）甚至得出两者呈倒U型关系，而非一般认为的直线关系。众多干扰因素的存在使得检验企业社会责任和财务绩效的关系变得十分困难（McWilliams & Siegel，2001）需综合分析才能发现两者的真实关系。

近几年来国外学者更倾向于采用元分析方法综合多项实证研究结果，已有的4份元分析研究均得出企业社会责任与财务绩效正相关的一般结论。Orlitzky，Schmidt和Rynes（2003）汇总了52项企业社会责任和企业财务绩效的实证研究，总样本数达到33878份，结果表明企业社会责任在一定程度上可以改善企业财务绩效，但两者的测量方式会调节这一正向关系的强度。Laroche和Allouche（2005）将元分析的样本扩展到82项，其中75份研究都表明两者呈正相关关系，元分析结果也证实了两者间存在显著的正向关系。随着实证研究文献的增长，Wu（2006）将121项研究纳入企业社会责任与企业财务绩效关系的元分析中，结果显示两者关系的效应值约为0.166，且会计绩效比市场绩效拥有更强的相关性。马格里斯、沃施（2007）通过对公开发表的 167 份有关企业社会表现与企业财务绩效关系的实证研究进行元分析，得出两者是弱的正相关关系。

我国学者主要集中于对企业社会责任内涵以及企业是否应该承担社会责任的探讨，对于企业社会责任与企业财务绩效关系的研究起步较晚。学者们多以理论探讨的方式来阐述二者间的关系，用实证方法研究两者关系的研究比较少（王怀明、宋涛，2007）。国内采用实证方法对两者关系进行检验的研究始于 2005 年，此后实证研究数量逐年增多。其中较为典型的研究如陈玉清、马丽丽（2005）研究了 2003 年企业年度报告中社会责任信息的市场反应，发现两者的相关性不强；李正（2006）以 521 家上市公司为样本的研究表明，短期内承担社会责任越多的企业，价值越低；但从长期看，承担社会责任并不会降低企业价值。沈洪涛、杨熠（2008）发现我国企业社会责任信息对企业价值的影响力在 2002 年出现了转折，从不具有价值相关性发展为具有价值相关性。除了直接检验企业社会责任与财务绩效的关系外，贺小刚、陆一婷（2008）发现企业社会责任对企业财务绩效的贡献主要是通过提高企业的社会效应进而促进企业财务绩效，而不是直接地贡献于财务绩效。

虽然迄今为止已有百余项关于企业社会责任与财务绩效关系的实证研究，但彼此研究方法不同，内容有别，结论各异。多位国内外学者对相互迥异的研究结果进行了解释。Ruf 等（2001）认为，造成各项研究结果差异的原因在于：缺乏理论基础、缺乏一个全面和系统的企业社会责任指标、缺乏严密的方法，样本规模和构成受到限制，企业社会表现和企业绩效变量不匹配。陈煦江（2009）详细归纳了目前研究设计存在的缺陷包括：（1）对企业社会责任的主要构成因素考虑不全面，所构建的指标信度和效度不足；（2）控制变量不够全面，不能较为准确地反映企业财务绩效对企业社会责任的影响程度；（3）研究多限于选取横截面数据进行普通最小二乘法回归分析，较少选取效果更好的面板数据进行多方法回归分析。温素彬、方苑（2008）也指出我国关于企业社会责任与财务绩效关系的研究仍然处于起步阶段，研究的样本量较少，基本上都是基于截面数据的分析，结果难免具有一定的片面性。虽然学术界仍未在企业社会责任与财务绩效关系问题上达成一致，但多数研究者的观点一样，认为两者间存在着正相关关系（姚海鑫等，2007；朱金凤等，2008）。

Rowley 和 Berman（2000）指出形成企业社会责任与企业财务绩效关系研究窘境的症结在于：企业社会责任还没有发展成为一个理论上和实践上可行的概念。从理论上来看，没有合适的理论来说明为何企业社会责任与企业财务绩效之间存在关系以及存在什么样的关系。为此，有学者建议从利益相关者理论出发来寻求企业社会责任与企业财务绩效之间关系的理论基础。卡罗尔（2000）认为，企业社会责任与企业财务绩效之间的关系是复杂的，无论从理论上还是从方法上看，研究过程是难以处理的。但是，厘清企业社会责任与企业财务绩效的关系，无论对企业管理者、对股东以及其他的利益相关者来说，其价值都是无法衡量的。

三、家族企业社会责任与成长

“家族”系统基本上是一个情感系统。Kepner（1991）把家族系统分为配偶子系统、父母子系统和同胞子系统。其中，配偶子系统用于满足个人和双方的需要，同时扮演家族领导者的角色；父母子系统负责管理孩子的教育和养育工作；同胞子系统表现为兄弟姐妹之间的交往、学习、互相支持和彼此关爱。虽然在家族系统中也存在一定的权力结构（如父母的权威），但家族更多是依靠情感来维系。家族成员之间的情感联结、彼此关爱和信任，以及对家族的责任与忠诚使得家族关系得以维系和延展。以情感为基础的家族逻辑形成了家族社会资本，家族社会资本又带动家族人力资本和财务资本流入家族企业，三者共同形成家族资本，成为家族企业创立、成长和取得成功必不可少的条件。因此，基于家族逻辑的家族社会资本能够增强家族凝聚力，提高家族成员间的忠诚度、信任和责任感，但家族逻辑的泛化会产生非理性行为，导致利他行为诱导下的家族成员机会主义行为，比如处于情感方面的考虑，安排能力欠缺的家族成员进入家族企业工作等。非理性行为和机会主义行为的存在必然有损于企业利益，进而损害家族利益，最终导致家族和企业双输的局面。

相对而言，家族企业“企业”系统相比于“家族”系统更为理性化。比如 Swartz（1989）用“理性系统”来描述企业系统，认为企业成员之间的关系是一种基于理性的契约关系，而不是基于情感逻辑的关系。作为市场经济的行为主体，企业要比家族面对更多的竞争性、风险和不确定性，必须更多地考虑如何提升自身的市场适应性。因此，企业需要构建和不断提升自己的核心能力，通过拥有难以模仿或替代的战略性资源来实现自身的可持续发展，去适应市场竞争，获得生存和发展的机会。为了构建核心能力，企业必须采用以“效率”为核心的考核标准和以“能力”为尺度的选拔机制，是企业生存和发展的根本。所以，企业作为市场竞争主体需要采用以“能力逻辑”为基础的运营思想和行为准则。

总的来说，“家族”和“企业”都有一套符合自身需要的价值观、规范和原则。家族遵循的是情感逻辑，企业遵循的是能力逻辑。家族企业在决策上需要遵循家族逻辑和企业逻辑的双重评价标准。一方面，通过建立家族信任来凝聚家族社会资本、降低代理成本，来提高家族企业的运行效率；另一方面，通过“家族利他主义”产生家族企业成员的机会主义行为，进而损害家族及企业的整体利益和长远利益。最终，只有处理好家族与企业运营逻辑之间的平衡关系，充分发挥家族的凝聚作用，减少其对企业正常运营的负面干涉，最终使得中国家族企业实现可持续发展（代吉林、李新春，2012）。

当家族企业面临因为家族成员的自私自利行为和家族利他主义行为所导致的代理成本问题，“内部人信息”、家族消息灵通人士对企业的正式权力与决策的损害，以及基于裙带主义的人力资源制度对企业优秀人才的抑制与驱逐等，在一定程度上破坏了企业正常的制度，在一定程度上也损害了家族关系，最终阻碍了家族企业的发展。

尽管家族企业会因为“家族”系统与“企业”系统发生冲突而陷入成长困境，但同时“家族”系统与“企业”系统也依然存在互补的一面。基于“家族”系统情感逻辑，家族可以形成独特的家族社会资本，为创建和发展家族企业提供人力资源和财务资源，同时又能降低家族企业的代理成本，从而有助于家族企业取得成功。基于“企业”系统能力逻辑，家族企业可以提升自己的管理水平和绩效，同时又改善家族企业福利。2022 年，中欧家族传承研究中心和中欧财富管理研究中心联合推出《中国 A 股上市公司家族企业社会责任报告》，通过对中国 A 股上市公司中 523 家家族企业 2300 多个观察值的研究发现，企业社会责任与企业可持续发展成高度正相关，家族企业履行社会责任可以为家族积累延伸性的社会情感财富，这种长期战略导向财富可以提升家族声誉、社会影响力和企业价值，并有利于家族企业可持续发展和家族传承。同时，从强调股东利益最大化，转向更加注重利益相关者的利益均衡，尤其在“双碳”目标的约束下，企业必须更加重视企业社会责任。数据显示，过去10年，上证社会责任指数涨幅为58.02%，而同期上证综合指数涨幅为14.36%。然而，这一趋势常见于全球各个市场。因此，市场和社会主流价值观都认同，从长期来看，履行企业社会责任的企业将获得更高的成长性。

日本学者后藤俊夫对持续存活200年以上的长寿企业展开研究，研究表明长寿企业的特征中有四条都涉及了企业的社会责任，其中包括：一是提供优质名牌商品；二是优秀的业绩；三是得到利益相关者的尊敬；四是重视社会责任与慈善事业。基于此，后藤俊夫进一步指出导致这些长寿企业成功的关键因素主要是企业坚持长期的经营观点；重视安全性，为了持续的成长，许多长寿企业制定出家规和家族宪法进行自治；重视与利益相关者的和谐良好的关系；强烈的传承志向，有承担责任和义务的决心。由此，家族企业履行社会责任能降低成本和风险，建立竞争优势，协同价值实现双赢，促进家族企业成长（Su et al.，2022）。

首先，企业履行社会责任能够降低成本和风险。

T·斯密斯（2005）从自然环境角度出发认为可以通过社会责任降低成本和风险：“1999年，三起独自发起的代表塞班制衣工人针对27家知名零售商的起诉显示出供应商标准缺乏的风险。”伯尔曼（1999）则认为以社区关系管理为导向的企业社会责任可以降低成本和风险，良好的社区关系可以获取税收的优惠，同时可以减少针对公司的制约条款。

其次，企业履行社会责任能够建立竞争优势。

N·斯密斯（2003）认为企业可以经由社会责任战路形成竞争优势：“如果一个公司能够真正和仔细构想社会责任战略，那么将会是独一无二的……。”独一无二可以将公司同竞争对手区分开来，相应地，也就是公司的竞争优势。Bruch 和 Walter（2005）认为，公司利用慈善事业，通过市场（外部）和胜任能力（内部）结合可以提升公司竞争优势。通过市场导向，企业设计慈善活动，以满足外部关键利益相关者需求和期望。因此公司通过（员工）作为主人翁或与政府和非政府组织的良好的关系网络，市场营销和销售能力等建立起竞争优势。

最后，企业履行社会责任能够实现价值协同，从而实现双赢。

德鲁克 1984 年提出经由承担企业社会责任实现双赢的概念："企业正确的社会责任是……将一个社会问题转化为经济机会和经济利益，转化为生产能力，转化为人的胜任力，转化为高薪的工作职位，转化为财富。"双赢的企业社会责任实践目标是在满足利益相关者需求的同时，让公司能够寻求自身的发展。

无论是有助于良好的财务表现、降低企业成本及风险、建立企业竞争优势，还是达到价值协同的双赢局面，企业承担社会责任无疑都在一定程度上促成企业的可持续成长。企业社会责任与企业可持续成长存在内在的一致性。荷兰 Erasmus 大学 Wempe 和 Kaptein（2003）的研究将企业可持续成长作为终极目标，而企业社会责任处于中间层，用于平衡公司的"三条底线"。Wempe 和 Kaptein 的模型是一个更为广义的企业可持续成长概念。经济、社会、人的因素全部被纳入到企业的成长模型之中，而企业社会责任的作用是糅合三项因素以实现企业可持续成长的终极目标。在模型中，环境因素被单列出来，可持续发展的概念被引入企业社会责任之中。Marrewijk（2003）研究认为：过去，企业可持续成长仅局限于环境问题，而企业社会责任则仅限于社会层面，如人权等。当下，人们开始将企业社会责任与企业可持续成长等同起来。但是，两者仍然有细微本质上的区别。企业社会责任同诸如公开透明、利益相关者的对话及可持续报告有关；而企业可持续成长则聚焦于等诸如价值创造、环境管理、环境友好生产、人力资本管理等方面。

以宁波家族企业中的大批专精特新"小巨人"企业履行员工责任，培训员工，赋能员工成长成才，促进企业成长为例。治国之道，富民为始，而推动共同富裕亦成为家族企业积极履行社会责任的重要着力点。共同富裕是社会主义的本质要求。共享发展理念更加深入，更好地推动人的全面发展、社会全面进步和人民共同富裕，成为全面建设社会主义现代化国家的迫切要求；增进民生福祉是发展的根本目的，要做到发展为了人民、发展依靠人民、发展成果由人民共享，使人民生活更加宽裕；保障和改善民生成为加快转变经济发展方式的根本出发点和落脚点，坚持在经济增长的同时实现居民收入同步增长、在劳动生产率提高的同时实现劳动报酬同步提高；把促进就业放在经济社会发展更加优先的位置，进一步深化对劳动价值理论的认识，健全科学的工资水平决定机制、正常增长机制、支付保障机制，完善劳动、资本、技术、管理等生产要素按贡献参与分配的机制。宁波建设共同富裕先行市，对企业履行社会责任提出更高的要求，“共同富裕”必然包括“员工共富”。企业的背后是万千个员工，而员工的背后是万千个家庭。整个社会是由家庭构成的，而员工是每个家庭的顶梁柱，只有员工富裕了，千千万万的家庭才能殷实。一个企业的兴荣，关乎员工的收入与发展，更关乎全社会的共同富裕。企业作为市场主体，首先应在企业层面努力为员工谋福利，推动员工共富。

宁波家族企业中有一大批专精特新“小巨人”企业，而专精特新“小巨人”企业是国民经济的重要细胞，是提升我国产业链供应链稳定性和竞争力，助力实体经济特别是制造业做实做强做优的重要力量。近年，宁波不断加强对中小企业转型升级的引导，并以此推动制造业高质量发展。此前在工信部的“制造业单项冠军”遴选中，宁波也以 45 家企业入选的成绩位列全国之首，并且已连续 3 年保持全国第一，充分展现了制造业创新发展的竞争优势。宁波市目前共有国家级“专精特新”小巨人企业 182 家，在全国城市中仅次于上海和北京，在非直辖市城市中排名第一，其中 39 家为重点“小巨人”企业。工信部先后公示了三批专精特新“小巨人”企业名单，从行业上看，宁波的“小巨人”企业主要集中于高端装备、新材料、新能源、工业互联网等几大领域，充分体现了宁波先进制造业高质量发展的产业优势。《粤港澳大湾区专精特新企业年度调研报告》认为，宁波“盛产”专精特新“小巨人”企业的主要原因，与该市民营经济活跃且注重支持中小企业创新发展密切相关。

推动员工共富，需要宁波专精特新“小巨人”企业更好地赋能员工，与员工实现共创、共享、共赢，从而更强有力地推动共同富裕先行市建设。员工是组织的血液，是现代组织最核心的生产力要素。员工如何对待工作、如何对待客户、如何对待同事、如何处理日常事务，将决定企业的荣辱成败。专精特新“小巨人”企业需要培训和开发员工，满足员工自身发展的需要，提高技术，提升能力，从而调整人与事、人与人之间的矛盾，促进优秀企业文化和团队精神建设，进而提高人的素质和工作的积极性，培养优秀员工。

同时，提高员工和企业适应环境变化的能力，在知识、能力、理念、素质等方面跟上精益生产的迫切要求，把“精益求精、持续改善”深入人心。并且，专精特新“小巨人”企业需要更增强员工的主观能动性、创造力和工作效率，支持和满足企业的市场竞争需要，从而提高企业的短期和长期效益，提升员工的当下和未来的能力，共同成长实现共赢推动共同富裕。

（一）培训赋能员工成长，助力员工成才

为政之要，惟在得人。功以才成，业由才广。专精特新“小巨人”企业要实现产业转型升级，离不开人才培养的创新，必须加大对“内生型”人才的培养力度，搭建完整的人才培养体系，如针对管理干部的培养计划；面向储备人才的培养计划；旨在提升技能人才能力的领军计划；锻造专业人才素质的特战队、特训营等，尽最大可能挖掘人才发展动能。因此，“小巨人”企业需要认真开展全员职业提升计划，尽可能建立覆盖员工全职业生涯周期的教育培训体系，对内覆盖所有员工，对外覆盖全产业链合作伙伴，积极打造学习共同体。推行导师制，“带教导师”和“高管导师”共同助力员工培养、员工赋能。把“问题”变“课题”，开展“专项课题认领”以及“圆桌会议”，更有力、高效地提升人才培养，推动员工潜能开发。同时，多元化培训赋能员工，需要加快数字化转型，比如学习平台从线下走向线上，并且邀请集团高管、干部及标杆人物等进行授课分享，确保从实习生到副总裁都有对应课程，实现全员共同学习、共同成长。

除了加大对“内生型”人才的内部培养力度，推动跨界资源整合，或引入专业机构的相关课程体系，或与高校合作共同开设培训班，或甚至与政府机构合作开设专项人才培养、认证班等。同时从各领域聘请内外部专家，建设企业智库，推动企业人才培养和发展。比如，余姚健峰管理培训学校针对“小巨人”企业在经营战略、管理等方面的需求，打造符合“小巨人”定位的课程体系，助力“小巨人”向上提升，推出“小巨人”企业高端系列培训课程。健峰管理培训组织智能制造标杆研学团项目，组织企业赴深圳、广州近距离参观优秀企业的营运管理模式，掌握智能工厂顶层设计要点。比如，专精特新“小巨人”新芝企业也给员工提供了全方位培训的机会，包括联合余姚健峰管理培训学校开展员工培训、赋能，助力员工成长。新芝始终

强调“学中做，做中学”，学习全新的精益生产理念，学习系统性改善思维、持续性改善思维，学习改善对策的拟定，理解精益系统的运作模式等；终将使得全员以全新的面貌、振奋的精神投入到企业的生产经营管理中。再比如，宁波鄞州鄞创大学生创业园管理服务有限公司与国内知名高校合作，借助清华大学和浙江大学合作平台，利用知名高校高层次人才教育资源以及多地教学基地师资、科研资源优势，定制优质师资课程，拓宽企业家的视野，推动“小巨人”迈上新的台阶。

宁波专精特新“小巨人”企业助力员工成才，需要依托多维渠道。专精特新“小巨人”企业宁波臻至机械模具从仿制到原创，从跟跑到领跑，面对日新月异的技术变革，依托当地政府建立了强有力的“外脑支持”。并且，宁波臻至机械模具与北京航空航天大学宁波创新研究院签订协议，专家团队定期到车间帮扶指导，每年为企业解决技术难题。因此，借助科研外力，赋能“小巨人”企业，培养高端人才。“小巨人”企业的共性特点是研发创新能力强，2020 年，182 家小巨人企业平均研发经费占营业收入比重为 4.63%，研发人员平均占比 18.6%，有 176 家企业获得了高新技术企业认定。为进一步提升企业研发水平，宁波专精特新“小巨人”企业可以依托国家级研究所——中科院宁波材料所，通过提供成果推介、技术培训、大专家问诊、关键技术和生产线建设等五大方面的服务载体，成为“小巨人”企业的“研发部”“指导员”和“智囊团”。

此外，宁波专精特新“小巨人”企业借助外力，参与各类培育工程，赋能员工、赋能企业，实现共创、共享、共赢。比如，专精特新“小巨人”新芝企业以“读书分享会”的方式助力员工学习、成长。高管导师团以及人力资源部合作分享书单，开展读书分享会，由员工进行读书分享。企业内部开展“榜样分享会”，定期不定期组织优秀的前辈员工进行工作分享，促进人才培养；开展“董事长面对面”，以倾听员工诉求、解决员工实际问题为出发点，赋能员工，提振士气。此外，新芝为员工提供外部学习考察机会，进一步提升员工的人才培养质量，给员工提供丰富多维的学习机会，通过内外部不同的视角提升自己。同时，为服务“人才梯队建设”战略，宁波专精特新“小巨人”企业应该以开放、包容的姿态提供多维反馈方式，切实提升员工的培养。沟通反馈机制方面，高管导师、带教导师以及人力资源部等相关人员畅通与员工的沟通，了解员工所思所想，并且及时帮助员工解决面临的各种实际问题；考核反馈机制上，由人力资源部组织实施并开展，对于优秀的学员给予表扬激励、表现一般的员工给予相应的要求和压力、不合格的员工将其退出培养计划并持续观察、跟进。

（二）坚持保障能人培育，践行人才建设

宁波专精特新“小巨人”企业应当始终重视人才梯队建设，坚持人才梯队培养，坚持“专业型培养和综合型培养”同步进行，充分挖潜专业领域掌握较高技术水平的人才以及较高管理水平的人才。比如，成立人才发展委员会，由董事长担任委员会主任，总经理担任委员会副主任，各分管副总担任委员会委员，共同负责制定人才发展计划。人力资源部作为人才培养的组织协调部门，负责人才培养规划、人才甄选标准和程序的制定，跟踪后备人才的培养计划执行。各个用人部门作为人才培养基地，负责人才培养对象的初步甄选和各部门具体人才培养制定与实施。并且，人才梯队建设开展高管导师制，由高管导师制定所带员工的目标，与员工沟通，了解其所思所想并及时解决相关问题，解除其后顾之忧。因此，宁波专精特新“小巨人”企业需要设立和完善自己的整套人才培养机制，非常注重将一批有发展潜质的人才纳入人力资源开发体系，实施基于公司发展战略的人才培养计划，充分发挥各梯次核心人才的中坚力量。

培育高层梯队人才，主要针对各部门经理、高级技术人员等，侧重点是团队管理能力、独当一面的工作能力、目标管理能力、专业能力、学习能力以及敬业、责任心等等。用心培养高层梯队人才，给他们更多的成长机会，提供职权对等的岗位，明确绩效目标，并由高管如分管副总等定期与高等梯队人才沟通绩效表现及改进方案；并且，更多地通过公司内部培训、外部学习，“榜样分享”“圆桌会议”“读书分享会”“职业生涯规划辅导”“轮岗计划”等切实举措达成高层梯队人才的培育。培育中层梯队人才的项目，主要针对在职部门主管、专业骨干员工等，培养侧重点是专业能力与学习能力、解决实际工作问题的能力、环境适应能力、团队协作能力以及敬业、责任感等等。培育中层梯队人才的项目赋能员工可以作为专精特新“小巨人”企业培养人才的最主要路径，让员工深刻了解企业的成长史，传承企业精

神，年轻一代员工的思想需要与企业的思想保持高度的一致，从而持续地为“小巨人”企业输送强有力的人才后盾。

（三）坚持人才发展文化、制度、平台建设

专精特新“小巨人”企业应在不断加强基础设施建设和环境保护下，注重文化氛围的营造和绿色企业的打造，采取多层次、多形式丰富职工文化生活，提升职工技能，提高就业能力，增强致富本领，激发职工主人翁意识，真正让职工参与创业，并享受企业发展成果。职工幸福是赋能共同富裕的动力，因此，企业文化熏陶，培养人才全面发展，共赢新收获。专精特新“小巨人”企业应始终强化人文关怀，与员工共享收获，积极构建与员工命运共同体的关系，为员工打造理想家园，让员工真切感受到共同富裕看得见、摸得着、真实可感。除了开展丰富多彩的文化活动，还需要有专项的关爱活动，更需要达成价值观共鸣。企业的价值观成为公司所有员工的价值观，每个人都真正理解公司运营必须遵循的规则，真正地根据公司的价值观和基准来有效地开展工作，从而实现价值共同创造，实现高质量的交互融合，形成企业核心竞争力新源泉的关键。

一系列完善的企业制度，包括薪酬机制、分红机制、股权机制、晋升机制、荣誉机制、成长机制、激励机制等等，切实保障人才培养，增强员工的获得感，提升全员的职业尊严，增加员工的敬业精神，激发员工的创新与创业精神，从而提升企业的竞争力，促进企业可持续发展。首先，薪酬机制、分红机制上，专精特新“小巨人”企业需要致力于建立和完善企业与员工的收益共享机制，激励员工更好地奋斗、创造价值，推动企业长期、持续、健康发展。股权机制上，建立事业合伙人机制，探索多种形式的股权、期权、收益权、奖金等激励组合。员工将基于业绩表现参与股权激励或收益分配，实现员工收入与企业效益的同步增长，最终实现共创、共担、共享、共赢和共富。通过构建创新的长期激励机制，形成全新的“利益共同体”，有效推动员工由“打工者”向“合伙人”转变，把“做工作”变成“干事业”，促进公司长期稳健发展。另外，专精特新“小巨人”企业需要建立系统、完善的可持续帮扶计划，解决员工的“急难愁盼”问题，让员工充满安全感、自豪感、幸福感。综上，专精特新“小巨人”企业需要用制度保证员工与企业

的共同富裕，保障员工分享到企业发展的成果，共赢新收获。员工的稳定，不仅有利于“小巨人”企业的快速发展，也能让人才能够集中精力沿着自己的专业方向不断实践探索，提高造诣，真正创造价值。

专精特新“小巨人”企业需要坚持不懈地努力创造各种条件关爱每一位成员，为他们及他们的家人尽可能地谋福利、谋发展。努力打造各类平台，通过平台夯实人才培养。比如，设立“助学基金”，或面向全社会开放，或优先资助员工子女，资助其读大学、硕士、博士、出国等。设立“健康基金”，或由红十字会管理，面向全社会开放，或优先资助员工与家属，特别是大病重症的救助。部分专精特新“小巨人”企业成立了或员工学堂或研学中心，鼓励员工终身学习，始终围绕人才培养、人才赋能，打造与时俱进的学习型组织，从而为销售队伍提供及时、完备的产品和销售技巧培训；有效传播企业文化及企业价值，提升员工职业化素养；培养一批具备专业管理能力的核心骨干；以及创建线上营销通道，推动企业从产品输出向专业服务提供的转型升级。最终，携手所有员工达成共创共享共赢，进而推动共同富裕。

未来，宁波专精特新“小巨人”企业需将一如既往地以推动社会经济发展和促进员工共同富裕为己任，履行好社会责任，在宁波积极探索实践，推动宁波作为共同富裕先行市建设，并为浙江建设共同富裕示范区贡献力量。专精特新“小巨人”企业将从“小而精”迈向“大而强”，始终保持成长性好、专业化水平高、创新能力强、产品服务特色化明显，坚定不移地走“专精特新”发展道路，培育更多在细分市场领域中的“单打冠军”和“配套专家”。赋能员工，进一步地提升全员职业尊严，培育全员敬业精神，从而提升企业的竞争力，带动全产业链可持续发展，实现共创、共享、共赢，从赋能一群人到成就一座城。

综上，家族企业承担社会责任与企业的成长和可持续发展之间并非是相互矛盾的。家族企业承担社会责任有利于提升企业品牌的知名度和美誉度；有利于树立良好的企业形象，赢得消费者的信任；有利于提高员工的忠诚度，增强企业的竞争力，另外，家族企业的成长和可持续发展也有利于推进企业承担社会责任的进程。

四、家族企业社会责任与传承

（一）家族企业代际传承

国外学者 Malone（1989）提及代际传承的影响因素主要有家族和谐。Handler（1990）从个人、相关利益者关系及外部环境层面提出研究框架。Goldberg（1996）指出，代际商业契合程度和信任程度影响传承。Gersick 等（1997）认为，传承计划较为重要。Drozdow（1998）从企业核心特征 7 项指标转移来研究传承。Chrisman（1998）论证了诚信、对事业的承诺、能力及出生顺序作为影响因素。Berghe 和 Carchon（2000）强调公司治理结构。Tan 和 Fock（2001）表明接班人的管理技能、领导经验、创业精神、特殊社会关系等影响传承。Bruno（2002）从传承顺序、时间、技能、沟通等方面研究。Sharma 等（2003）表示传承影响因素有在位者的传承倾向、传承者接管意愿和家族成员意见。Irving 等（2005）认为对家族企业的传承承诺尤为重要。国内窦军生等（2006）建议从个体、人际、组织、社会/环境 4 个层面研究传承。陈凌等（2003）提出家族 - 企业 - 家族企业三极发展模式，联系内外部的复杂性来研究传承。赵映振等（2006）指出传承主要影响因素有在位者和传承者、传承计划、其他利益相关者。史煜筠（2010）表示核心社会资本要素比较重要。王晓婷（2011）通过实证研究证实家族关系显著影响传承。徐晟婷（2016）围绕创始人、继任者、传承人维度和外部环境等维度研究对于传承的影响。

Stavrou 和 Swiercz（1998）认为传承必须要充分考虑继承人的接班意愿。Cabrera - Suarez，DeSaa - Perez 和 Garcia - Almeida（2001）提出家族企业的传承效果在很大程度上取决于继承人充分吸收其前任的关键知识和技能。黄海杰、吕长江、朱晓文（2018）从创新角度证明了家族接班人在代际传承过程中的重要作用。接班人作为家族企业传承的参与者，也是影响传承成败的另一个重要因素。Sharma（2005）的研究也表明，传承计划得以成功的主导因素是子女的主动继承意愿，而非在任者的传递意愿。

全国工商联发布的《中国家族企业传承报告》显示，很多家族企业将在传承过程中面临老一辈愿意接班，而子女不愿意接班的困境。因此，为家族企业接班人保驾护航，从而激发家族企业接班人的传承动能是对家族企业的重大考验。家族企业的永续发展，对创始人和接班人履行相关责任作为企业社会责任中也有最核心、最原始的部分，尤其需要从接班人视角研究接班人的幸福感与企业代际传承。

（二）家族企业接班人幸福感

在家族企业创业者逐渐衰老、代际传承高峰到来之际，家族企业接班人接班意愿低正使以子承父业为主要传承模式的浙江家族企业面临后继无人的危机。调查数据初步收集表明，家族企业接班人普遍压力大，两极分化现象严重，导致家族企业传承问题严峻，创新发展动力不足。作为产业转型升级、家族企业健康发展的未来，家族企业接班人与老一代在企业经营动机、受教育程度、企业经营技能、环境适应、抗压能力方面发生了很大的变化。《中国企业家队伍成长与发展调查综合报告》指出，中国企业家数量和素质有明显提升，但企业家群体的压力上升，幸福感降低，企业家的健康与心理状态值得重视。作为企业家新生代力量，其幸福感直接反映了当下浙江企业经营生态和环境的总体水平。较高水平的幸福感能够增强认知和情感运用能力，帮助更好地应对压力和挑战，影响接班人参与、继承企业的意愿及承诺，最终对企业的顺利传承、战略革新及创新发展等产生重要影响。因此，当企业传承与新时代经济发展的挑战与机遇相互重叠，家族企业的传承与转型创新相互交织，对实践和理论都提出了新的挑战。研究家族企业接班人幸福感，着力破解制约家族企业发展的传承、创新等突出问题，坚定家族企业信心，进一步激发家族企业活力和发展动力，推动家族企业持续健康发展，为家族企业代际传承提供一定的解决对策。

随着幸福经济学研究的兴起，幸福感影响个人行为决策，影响个体的认知和对环境的评估（Smith & Ellsworth，1985；1988），强调幸福感对于改变个人亲社会行为和风险偏好的重要作用（李树、陈刚，2015；Rao 等，2016）。幸福感作为一种典型的正向情绪，势必对个人的行为选择和行为结果产生重要影响（Andrews & Withey，1976）。幸福感促进员工对工作意义与价值认知的升华（Wright & Cropanzano，2004），为员工创新行为提供内在动力（Amabile，1988；Einsenberger & Shanock，2003）。幸福感不仅会影响个体的认知、行为等（Kesebir & Diener，2008），还会影响社会进步与经济发展，例如 Naude 等（2014）。幸福感作为一种企业家重要的心理特征，影响着企业的成功（例如企业绩效、企业创新）（Baron & Tang，2011；Dijkhuizen et al.，2016）。幸福感对个体、组织绩效以及社会的发展有显著的积极影响（Kuoppala et al，2008；Amick et al，1999；Hassan E，2009；Tompa E，2002）。

国内研究主要有魏江和权予衡（2014）同时检验内部因素（创业动机）和外部因素（制度环境）对创业幸福感的影响；潘慧等（2007）从工作、企业、家庭、生活四个方面考察了企业家满意度对其心理健康（焦虑和抑郁）的影响。2013 年《中国企业家幸福指数白皮书》从财富、事业成功、良好生活品质和身体健康等 10 个方面的指标来衡量企业家的幸福感。辛宇等（2014）用实证方法就持股水平和制度评价对民营企业家幸福感的影响情况进行了研究。严冰、张伟、张漪帆（2010）指出，企业经营状况、企业外部经营发展环境、企业家自身和社会支持系统四大因素和我国企业家的幸福感相关联。Sharma（2001）指出对家族企业而言，继承过程满意度对企业的延续和发展十分重要。

代际传承是家族企业成长和发展过程中难以逾越的挑战，目前相关研究大都集中在企业主的传承意愿上，鲜有研究对传承过程的另一个关键参与者——接班人的重视。并且，现有文献多从个体、企业和市场等静态视角探讨影响家族企业传承的因素，研究结论停留在对变量间因果关系的浅层揭示，鲜有把研究界面向更接近本源的心理学方向推进。同时，针对企业家幸福感的研究从数量和成果上都有所欠缺，家族企业接班人幸福感与代际传承的影响研究比较少见，大多集中于关注创业者幸福感的影响因素、政府干预、中外比较等方面。国内外相关家族企业传承过程满意度幸福感的实证研究很少，而且国外已有的实证研究深度也有待加强，Sharma 只实证研究了五个决定因素对继承过程满意度的直接影响，没有实证检验其间接影响。

因此，未来的研究应基于社会身份理论聚焦家族企业二代，从社会心理学视角研究其幸福感，关注多变量的综合作用，并且从横断面的调查研究到通过跨时间的纵向设计、交叉滞后调查设计等方法来确定预测变量和被预测变量之间可能存在的因果关系，通过定性分析结合定量实证研究，建立起幸福感和代际传承之间的因果链条。

（三）家族企业履行社会责任与代际传承

践行社会责任是企业实现“基业长青”的重要保障，对于迎来代际传承高峰期的家族企业而言，家族企业社会责任与传承是一个值得深入探索的命题（Su et al.，2022）。代际传承是一个以企业持续发展和家族财富保全为目标，涉及职位和权力交接的复杂过程。代际传承成功与否不仅影响家族企业的成长和竞争力，还关乎整个国民经济和社会稳定。经过改革开放以来40余年的发展，家族企业一代管理者渐老，“交班”问题迫在眉睫，中国家族企业正步入代际传承高峰期。民营经济强则国家强。而家族企业是民营经济最主要的力量，其传承及持续发展已成为影响经济发展的重要问题。改革开放至今，很多家族企业面临史无前例的大规模“接班潮”，时间之紧、数量之多，挑战之大，形成紧迫的代际传承问题。

《2016中国家族企业健康指数报告》显示，二代成员进入家族企业任职的比例已达到60%以上，其中超过80%二代成员担任中高层管理职位。代际传承势必为企业带来权力结构、组织结构和企业战略等诸多变革和不稳定。大多数学者认为，企业承担社会责任有助于塑造企业形象、获得竞争优势。良好的形象和声誉能够获得消费者的认可和忠诚度，增强员工和家族成员对企业的认同感，维护良好的政企关系，有助于推动家族企业传承。即：企业社会责任是获得利益相关者支持、提高家族企业声誉和企业形象、降低企业风险的关键手段。

作为民营组织主体的家族企业，既有一般企业的经济目标，又有以社会情感财富SEW为主导的非经济目标，这种独特的特征使其在管理过程中产生对待内部和外部利益相关者具有差异化特征的现象，这又进一步衍生出家族企业在践行社会责任过程中存在内部社会责任和外部社会责任划分的视角。根据企业利益相关者的内外部属性差异，可以将家族企业社会责任划分成内部社会责任与外部社会责任。内部利益相关者（如员工、股东）与企业具有紧密联系，是企业经营与传承过程的见证者，能够对传承效果施加影响（邹立凯等，2019）。外部利益相关者（如消费者、环境、政府等）会对企业的发展和传承产生间接影响或者间接受到企业传承过程的影响（王凌云等，2003)。因此，家族企业代际传承期内外部社会责任履行极有可能会带来代际传承效果和企业发展差异。既往研究已指出企业履行社会责任是影响利益相关者态度和行为、提升企业竞争力、推动企业可持续发展的关键要素，可以作为企业发展战略中的一个重要构成部分。然而，家族企业控制家族与企业自身的资源往往都相对有限，履行社会责任势必占用资源，是一项昂贵的成本。同时，代际传承是家族企业发展中的关键节点，权力交接往往同时伴随着资源约束与社会关系紧张局面。此外，家族化方式、传承期长度、家族涉入程度等情况亦可能会影响社会责任履行与家族企业有效代际传承之间的作用关系，值得进一步讨论。

首先，家族企业履行社会责任有助于二代继承人权威的树立和外部认同。基于二代权威建立视角，家族企业代际传承过程中，一代权威的建立对企业绩效以及未来持续发展具有重要的作用，也是决定传承能否成功的关键因素。家族企业接班人建立权威的过程是一个被利益相关者认可的过程（任宇东、王毅杰，2020）。在传承期间，家族企业履行社会责任相当于控制家族在传递一种信号，即二代继承人和家族均具有包容和开放的态度，仍然尊重和考虑企业的社会关系网络维护。这种信号有利于获得各方利益相关者的认同，在一定程度上能够缓解家族企业接班人短期内权威不足、“难以服众”的问题，进而为二代继承人权威身份的树立提供支持，为后续家族企业持续发展提供保障。

其次，家族企业履行社会责任有助于促进二代继承人整合企业外部资源，保障传承后的企业持续发展。基于资源基础理论，企业的成长与发展往往需要从企业外部获取稀缺的、有价值的并且不可复制的资源。家族企业代际传承是一个极其复杂的过程，企业内部利益相关者和外部利益相关者均与其有联系。通过传承期的家族企业社会责任履行。二代继承人可获得各利益相关者的认同，进而获取和形成诸如家族权威、企业声誉、企业合法性等宝贵的无形资源。企业对这些无形资源的整合利用能够为企业带来持续性的竞争优势，有助于企业在市场上获得有利地位，促进企业财务绩效的提升，推动企业持续发展。

家族企业在所有企业组织形态中，有其特殊性。在家族企业中，家族成员所有权与控制权两权合一，家族成员既参与企业经营管理，又参与剩余索取权的分配，所以家族式企业中的家族成员有动力经营好企业，这使面临逆向选择和道德风险的可能性大大降低。同时家族企业中家族成员之间形成了一个小型的团体，团体内部由于经常在一起沟通交流，使得内部成员的信息不对称性以及成员间的协调成本大为降低。不仅如此，由于血缘关系的维系，家族成员对家族高度的认同感和一体感，使其对家族产生了一种神圣的责任，这使得家族成员为家族企业工作都是“各尽所能，各取所需”，不计较自己付出的劳动和获得的报酬是否处于合理的比例关系，从而使企业成员间的交易费用大大降低。

最后，在家族群体内部还有一种选择性刺激制度，即家族成员必须努力为家族的发展而奋斗，如果某个成员出现道德风险和逆向选择，他就可能会被族长开出族籍。在这种压力下家族企业中的家族成员一般都会比较自觉，为家族企业也是为家族的发展而努力工作。在信息不对称状况减弱和选择性刺激制度下，家族企业中的家族成员与企业签订契约的交易费用大大降低，而且由于家族成员具有共同的价值观和伦理观念以及他们之间存在着家族性的默契，所以企业主对员工的监督成本也很低。正是由于交易费用的降低，使得家族企业这种组织形式在一定的环境下能体现出相对其他组织形式的优势，这也是家族企业能普遍存在和顽强成长的主要原因。

另外，相反的观点则认为企业承担社会责任不一定能够正向影响企业形象和声誉。邓新明（2017）从心理契约违背和归因理论出发，指出当企业承担社会责任的时机违背大众心理预期时，大众会将这一行为归类为被动承担，认为企业的社会责任行为是由利己动机所驱使，对企业行为会产生漠视、甚至厌烦心理。

综上，研究结果发现企业积极履行社会责任对家族的帮助是全面性的，主要体现在家族企业和家族本身两方面。对家族企业来说，在企业形象方面，学者 Godfrey 发现企业践行社会责任将帮助企业积累无形资本，提高企业声誉、企业市值并增强企业的市场认知度；在生产方面，学者 Turban 发现这种声誉可以激发员工潜力，提高生产效率，从而为企业打造和谐生产环境；在竞争力方面，学者 Johnson 发现践行社会责任是一种建立竞争优势的独特渠道，而且能提高企业的财务营收水平；在合作方面，学者 Mayer 等认为，践行社会责任能加深与合作伙伴的信任关系并进一步降低合作成本；在市场方面，学者 Carl 认为，这将积极影响消费者的购买行为并促进消费者对企业忠诚度、满意度、复购意愿的提升。对家族本身来说，践行企业社会责任是一种利他、回馈社会的过程，是一种精神层面的实践，投身其中将促进家族成员彼此心灵沟通，破除隔阂，拓展家族境界的宽度与广度，进而在家族传承中为家族后代树立正确价值观的标杆。从实证层面来看，有学者对 2011~2015 年中国 A 股上市公司中的 523 家家族企业，共计 2304 个观察样本进行研究并验证发现：首先，社会责任履行与企业可持续发展之间的关系是显著的，说明家族企业积极承担社会责任将有利于企业的可持续发展；其次，家族企业的传承意愿越强，则越重视企业的持续经营，企业相对也就更容易实现永续发展；再次，家族企业践行社会责任可以为家族积累延伸型社会情感财富（SEW），这种长期、战略导向型财富能够提升家族声誉、社会影响力和企业价值，并最终有利于家族企业的可持续发展与家族传承。因此家族企业履行社会责任是极具建设意义的。

因此，研究结果进一步证实了传承期企业社会责任的履行对代际传承有效性的积极作用，有利于解释家族企业代际传承时期控制家族对待资源分配和社会责任履行的态度选择，引导家族企业重视利益相关者的需求以及传承期社会责任的履行，帮助家族企业在代际传承时期制定更加合理的社会责任投资决策，帮助家族企业实现代际传承平稳有效进行，促进家族企业持续长远发展，助力家族企业实现有效传承、克服存续难题，进而助力民营企业发展壮大，推动国民经济稳定发展。

第三节　共同富裕视域下家族企业社会责任披露

新常态下，家族企业作为民营经济发展中的一支重要生力军，家族企业的存在对于解决就业问题，从而推进和谐社会发展具有重要意义。为了增强家族企业信息披露的透明度和真实性，提高社会大众对家族企业的认识，从而使家族企业有更好的可持续发展，可以通过适当的方式对企业社会责任进行有效披露（Su et al.，2022）。2022 年，《2021 第六届中国新生代企业家组织暨中国新生代企业家调研白皮书》和《中国 A 股上市公司家族企业社会责任报告》指出，目前已有九成中国家族企业的盈利模式与社会和环境使命感有关，家族企业积极承担社会责任将有利于企业可持续发展。

一、共同富裕视域下家族企业社会责任披露动机

企业社会责任信息披露与企业社会责任有着紧密的联系。公众除了关注经济利益方面披露的财务报告，越来越重视企业社会责任的信息披露。20 世纪 70 年代以来，企业社会责任信息披露一直是资本市场发展中的一个重要问题。研究企业社会责任披露问题，有助于监管机构、投资者、社会组织等利益相关者理解企业社会责任信息披霹的影响因素，也有助于理解企业披露社会责任信息的动机和策略性行为（李冬生、杨秋林，2006）。目前，对企业社会责任信息披露研究主要集中在发达国家及其企业，而对发展中国家的企业，尤其是家族企业的研究较少涉及（卢代富，2007；李占祥，2009；刘俊海，2013）。国内外对企业社会责任相关因素的研究，大多从法律环境、政治制度、劳动力市场等方面分析企业社会责任行为（Campbell，2004；Ioannou，2012；周中胜等，2012），认为企业社会责任行为是在强制、规范以及模仿机制的推动下，更多基于"合法性"的考虑而发生的。然而，此类研究多以单因素为主，而缺少对不同动力机制的比较，更缺少理论上的对话与竞争。在为数不多的关于企业社会责任信息披露影响因素的实证研究中，大多数研究样本的时间跨度、行业类型和数据来源方面都存在数据量不够，行业跨度不大等问题，很少同时研究多个行业多年的数据；此外，关于企业社会责任的数据多集中在企业年报和网站上。这些都在一定程度上，影响了结论的一般意义。

关于企业社会责任信息披露的影响因素，国内外已有大量的研究。相关研究表明，家族企业社会责任信息的披露与其承担的社会责任活动密切相关，企业只有承担了相应的社会责任活动才能在年报中进行披露（Abbott & Monsen，1979；李金兵，韩玉启，2009）。通常来说，企业实际进行的社会责任活动越多，其披露的社会责任信息就越多（Gelb & Strawser，2001；Brammner & Pavelin，2004）。政府机构、社会大众、大众传媒可以从企业披露的社会责任信息中了解和监督企业履行社会责任的情况。

普遍认为影响企业社会责任信息披露的因素包括治理环境因素、企业特征因素、董事会特征因素等。家族企业社会责任信息披露与政府的治理水平呈正相关。LaPorta et al.（1998）认为法律制度环境比较健全的国家，其信息披露通常在及时性和透明性方面要求比较高。随着政府治理水平的提高，市场资源配置更加合理，市场秩序更加规范，市场竞争压力逐步增大，对家族企业信息披露要求也越来越高。家族企业社会责任信息披露水平和企业规模呈正相关。家族企业规模越大，利益相关人群更多，受到政府及公众关注更高，通过积极披露社会责任信息，提升企业形象，改善与利益相关者关系。家族企业社会责任信息披露水平与股东获利能力呈正相关。如社会责任披露的成本高于收益，家族企业披露的意愿较小；在认为社会责任信息披露可获得更多的优势资源，并能获得的收益高于成本的情况下，家族企业披露社会责任信息的意愿较强。此外，家族企业社会责任信息披露还受到行业类别的影响，往往重污染行业、食品行业披露更多的社会责任信息。

二、共同富裕视域下家族企业社会责任披露内容

研究企业社会责任的信息披露，有必要涉及企业社会责任的包含内容，指企业从事或计划从事的是企业社会责任活动（弗里德曼，1989）。过去，研究者在调查企业社会责任信息披露的内容时，最常用的是归纳法，这足以分析不同研究者对企业社会责任信息披露的内容定义，然后总结出共同的内容；或者直接使用以往研究中已有的类别。

学术界对于社会责任信息披露的内容基本上遵从 Gray（1995）的观点，即把社会责任信息披露应分为环境信息和社会信息。其中，对于环境信息的内容有一个普遍的共识，认为企业应当披露在自然环境、环境保护和资源或能源使用方面的信息。对于家族企业来说，应披露环境保护的措施及计划，环保设备的购买及投入情况，生态环境保护方面的支出、降低能耗的举措及企业在环境治理方面提供的产品和服务。然而，对于社会信息的分类，不同学者则有不同分类观点，一般按企业利益相关者群体，大致细分为员工、社区、客户（产品或服务）、股东类等（宋献中，2007；沈洪涛，2007）。例如，在员工方面，家族企业应披露企业为员工提供安全、健康的工作环境，

职工的薪酬水平、福利待遇、工伤保险及社会保障等方面的情况；在社区方面，家族企业应披露合法经营、依法纳税和遵守国家法律法规的情况及对社会公益事业、福利事业、慈善事业的支持和捐赠情况；对客户方面，家族企业应当披露产品性能、质量、安全等方面的信息，及产品的售后服务与承诺保证，顾客的满意程度等方面的情况；在股东方面，家族企业应披露真实的投资、经营情况及收益分配、股东权益等情况。

综上所述，家族企业的社会责任披露内容主要包括以下六大类：环境保护方面（包含污染治理、降低能耗、环保产品购置和生产、废料回收等）、员工方面（员工健康和安全、员工福利、员工社保、员工培训等）、社区方面（社会公益事业、慈善捐赠等）、消费者方面（顾客满意度、产品质量、售后服务等）、利益相关者方面（经营状况、股东利益等）、社会问题方面（弱势群体利益、公共安全和教育等）。

三、共同富裕视域下家族企业社会责任披露问题

据统计数据显示，2019 年总共有 991 家上市公司披露企业社会责任报告，占 3833 家上市公司总数的 25.9%，其中，国企 513 家，占比 51.8%，外企 25 家，占比 25%，民营企业 453 家，占比 45%，在 453 家中披露 CSR 报告的上市民营企业中有 198 家是家族企业，占比 43.7%。在 2006～2019 年，中国 A 股上市公司家族企业 CSR 报告披露数量递增趋势明显。自 2006 年证监会、沪深交易所等权威机构陆续发布社会责任相关指引开始，中国企业对 CSR 进行披露的数量逐年递增，2009～2019 年，年均增长率为 13.9%（见图 5.1）。虽然在一定程度上，这种趋势是由于国家法规的要求和社会公众对企业履行社会责任的期望，但仍然能体现出家族企业的成熟度越来越高，开始关注自身社会责任的履行。

2009～2019 年，披露社会企业责任报告的企业数量总体呈逐年递增趋势，年均增长率 14%。2006～2019 年 A 股上市家族企业 CSR 披露情况见图 5.1。具体来看，2019 年 A 股上市家族企业披露企业社会责任报告页数最少的是 5 页，最多的是 144 页，平均披露页数是 31 页（见图 5.2）。

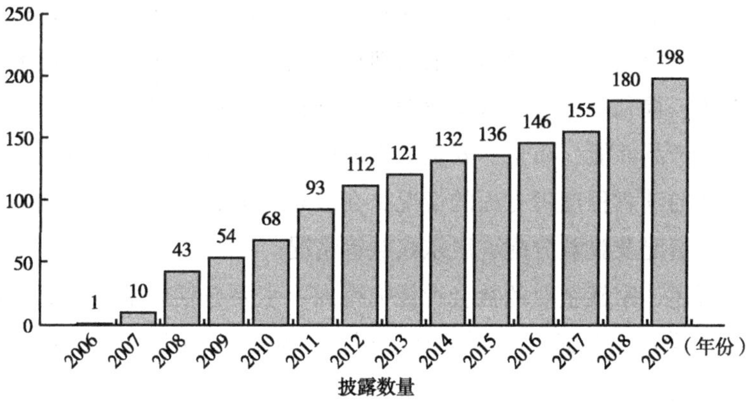

图 5.1　2006～2019 年 A 股上市家族企业 CSR 披露情况

资料来源：中欧国际工商学院《中国 A 股上市公司家族企业社会责任报告》。

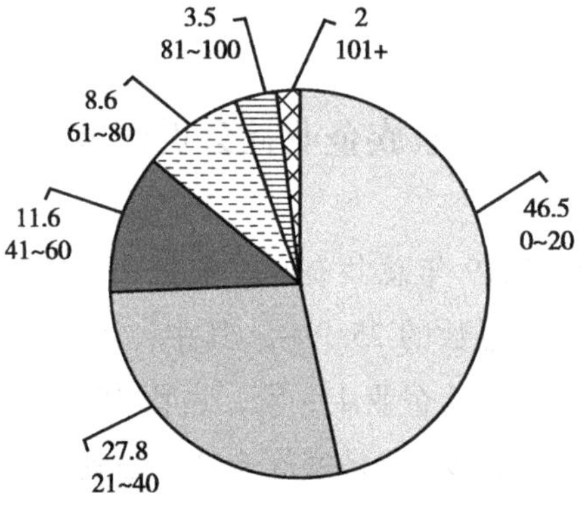

图 5.2　2019 年度 A 股上市家族企业 CSR 披露页数比例分布

资料来源：中欧国际工商学院《中国 A 股上市公司家族企业社会责任报告》。

同时，从横向对比和纵向数据来看，中国家族企业社会责任履行整体向好。而且不管是家族企业还是非家族企业，对于企业社会责任都是越来越重视。参与社会公益、支持教育和志愿活动的公司数量每年都在稳步增长。进行公益捐赠和支持教育事业的发展，已经是最普遍的履行对社会责任的方式。并且，在社会公益和捐资助学方面，家族企业的参与度要高于非家族企业。例如，《中国 A 股上市公司家族企业社会责任报告》数据显示，从 2015～2019 年，参与社会公益捐赠的家族企业的比率全部高于非家族企业的比率。2019 年度 A 股上市公司家族企业共有 180 家披露了其参与社会公益慈善与捐赠，占到家族企业的 90.9%，非家族企业则有 224 家进行过相关披露，占到非家族企业的 87.8%（见图 5.3）。

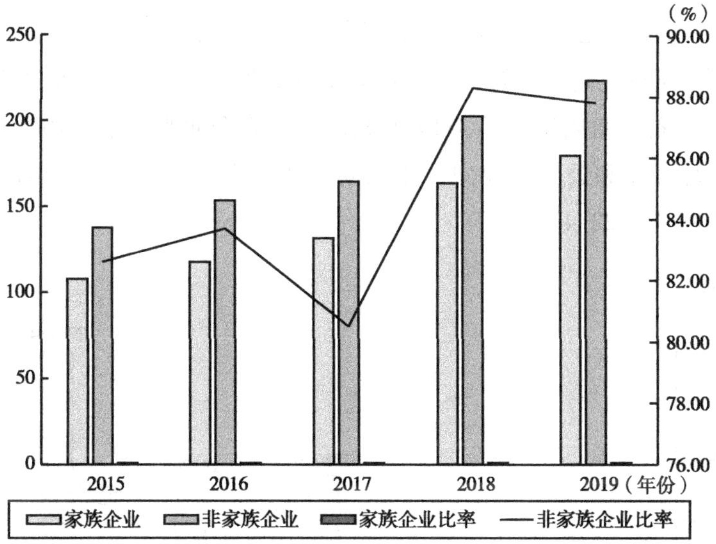

图 5.3　2015～2019 年 A 股上市公司家族企业社会公益捐赠披露数量

资料来源：中欧国际工商学院《中国 A 股上市公司家族企业社会责任报告》。

并且，2015～2019 年家族企业和非家族企业在公益捐赠总额方面都有稳步的提升，家族企业的捐赠总额由 2015 年的 3.1 亿元提升到了 16.4 亿元，增长了 5 倍多。非家族企业的捐赠总额由 2015 年的 6.8 亿元增长到 29.8 亿元，增长了约 4 倍多（见图 5.4）。在 2019 年，对于进行过社会公益捐赠的家族企业，其平均捐赠总额为 909 万元，低于非家族企业的 1336.9 万元。非家族企业的平均捐赠额是家族企业的近 1.5 倍。从行业来看，在房地产业、交通运输邮政业、文化体育娱乐业中，家族企业的平均捐赠额都比较高，且较大幅度领先于非家族企业的平均捐赠额。在房地产业，平均每家家族企业的捐赠额约为 1.3 亿元，而非家族企业约为 7443.7 万元。在文体和娱乐业中，平均每家家族企业的捐赠额为 923.4 万元，而非家族企业则为 335.6 万元。在 5 年间，除 2018 年外，家族企业参与教育支持的比率都要高于非家族企业。到 2019 年度已披露企业社会责任报告的企业中共有 147 家家族企业明确将教育支持作为企业履行社会责任的一部分，占到家族企业总数的74.2%。有172家非家族企业有披露教育支持的行为，占到非家族企业总数的67.5%。有74.2%的家族企业进行过捐资助学的活动。在交通运输和邮政业中，家族企业的平均捐赠额约为1068.2万元，而非家族企业约为691.5万元。对比之下，在金融业，环保和公共事业中，非家族企业的平均捐赠额则要远远超过非家族企业。对于金融业企业，平均每家非家族企业在2019年的公益捐赠额达到了3119万元，而家族企业平均捐赠额约为498.5万元。在环保业和公共事业中，非家族企业的平均捐赠额为3404.9万元，家族企业则约为22.4万元。

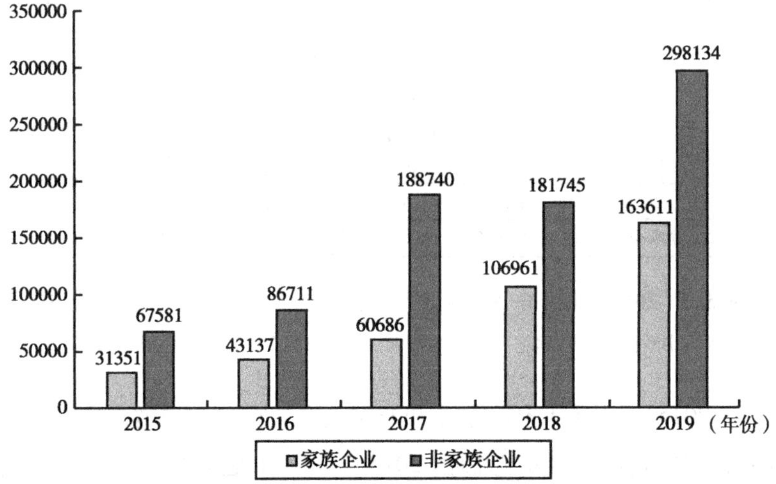

图5.4　2015~2019年A股上市公司社会公益捐赠总额

资料来源：中欧国际工商学院《中国A股上市公司家族企业社会责任报告》。

此外，《中国A股上市公司家族企业社会责任报告》通过数据库中的公开违规处罚信息，统计了报告公司的会计违规行为（见图5.5）。整体来看，在2015~2019年，家族企业与非家族企业出现会计违规的现象都呈现出波动状态，其比率都在8%~12%，处于比较稳定的水平。在2019年度共有22家家族企业有会计违规（11.1%），非家族企业则有27家（10.6%）。对于所有披露CSR报告的A股上市公司（含国有企业和外资企业），出现会计违规的企业数量为90（9%）。这也反映出，家族企业出现会计违规的次数要略高于整个A股上市公司的平均水平2个百分点。

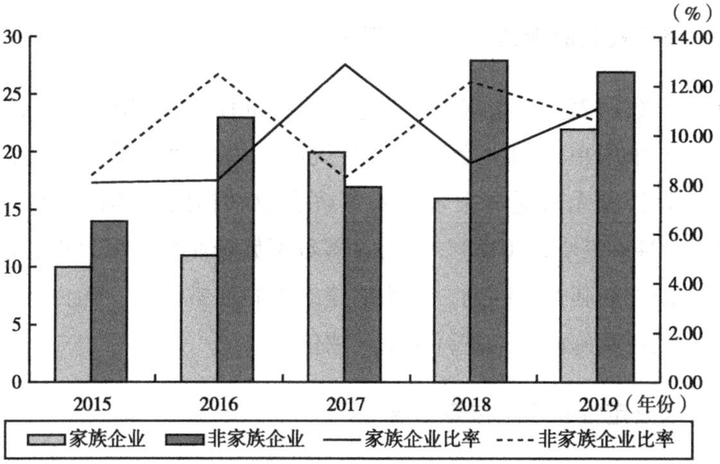

图 5.5　2015～2019 年 A 股上市公司会计违规统计

资料来源：中欧国际工商学院《中国 A 股上市公司家族企业社会责任报告》。

但总体来看，家族企业社会责任披露方面仍存在一些一般性问题（Su et al.，2022）。

（一）信息披露的内容侧重性强，完整度不高

家族企业发展的过程中会往往受到光荣祖先和面子工程等中国传统文化的影响，加之企业管理者的个人素质，会考虑如果将企业的社会责任信息一五一十地披露，不仅会影响企业的经济效益，而且会对企业乃至家族的声誉造成不可弥补的损害（王勇、刘文纲，2012）。由此，从质量角度看，家族企业主观性的存在，使得企业在披露企业社会责任时，披露内容侧重对企业利好性的信息，对公众真正有效的信息不多，使得社会大众往往难以根据企业信息披露的真实程度和效果来确定企业履行社会责任的真实程度和效果（王峥，2010）。坚瑞、戴春晓（2019）的研究指出，与一般意义上的公众上市公司相比，股权集中度高的家族控股型上市公司，其社会责任信息披露质量更低；股权制衡度水平越高的家族控股型上市公司，其社会责任信息披露质量水平更高；两权分离度高的家族上市公司，其社会责任信息披露质量更低；管理层持股比例对社会责任信息披露质量的影响不显著。

（二）信息披露的形式单一，创新性不强

相关研究数据表明，家族企业的企业社会责任信息披露基本依据企业的财务报告，并采用单纯的文字形式进行说明，很少使用单独的社会责任报告，让信息审计者无法通过报告深入了解企业承担的具体的社会责任活动（黎精明，2004；王峰，2015）。同时，多数家族企业存在信息披露的形式单一和报告中缺乏创新性的问题，即使披露的内容非常广泛，但由于缺少微观的数据，难以对实施的效果进行考量和评价。

（三）缺乏定性和定量披露标准

由于证券监督管理委员会对企业在企业社会责任的披露上更多采用指导的形式，对于具体的披露要求以及在不同行业中应该采用什么样的披露标准和模板都没有详细的规定和指示，这导致家族企业在社会责任信息披露方面的做法五花八门，并没有形成统一的标准，更缺少相关部门和审计机构的审核和监管（吴磊，2009；杨秋林，2013）。因此，一些家族企业可以自由发挥社会责任信息披露的内容，这不利于投资者的投资筛选和公众的监督。

四、共同富裕视域下家族企业社会责任披露对策

（一）转变观念

首先，家族企业的管理者应该将观念转变为对社会责任信息积极披露的状态。家族经营者应采取中立的态度，改变传统报喜不报忧的思维，辩证地、真实地揭示企业社会责任的有效内容，增强企业员工和社会大众对家族管理者的理性认识。其次，家族管理者应该仔细权衡社会责任披露的成本和收益之间的关系。尽管从短期来看，社会责任全面真实披露的成本较高，但从长远来看，企业商誉、家族声誉和投资者认可带来的社会效益远远超过短期经济成本。

（二）创新披露模式，采用定性与定量相结合的方式

家族企业的信息披露模式多采用文本形式说明，披露模式单一。因此，

企业可以根据自身情况创新性地使用补充报告内容和创新增值表，编制独立的社会责任报告等披露形式。单独的列出社会责任信息披露清单需要会计科目，更加直观地展示企业对于社会责任的投入和实施的效果。

（三）建立数据库，数据引流降低披露成本

建立了企业社会责任的信息数据库以后，家族企业可以在生产经营过程中不断建立和更新，当企业发布企业社会责任报告时，数据库中的数据可以直接录入到待发布的文件中，可以降低企业财务人员分析和整理数据的时间成本，从而降低企业的经营成本。

（四）出台相关规定，强化外部监督作用

除了引导企业披露社会责任会计信息以外，政府相关部门还应在不同行业发布针对性的社会责任披露内容以及披露模式的实施细则。细化企业会计信息披露的范围，准确并且真实的反映企业承担的社会责任。此外，还应该加强第三方审计机构和社会公众在监督企业社会责任执行方面的作用，建立第三方的审计机构、社会公众（包括公司员工）和政府三管齐下的监督体系。由于家族企业具有较高的社会关注度，因此家族企业的社会责任信息披露能更好地反映企业的社会反应程度和家族公信力。

根据王丽娟、刘金川（2014）实证研究，得出结论应该鼓励家族上市公司披露更多的社会责任信息。家族上市公司的社会责任信息披露仍处于较低水平，与企业希望以此增强公司形象的目标还有差距。同时，国家应尽快出台有关企业社会责任信息披露的相关标准，使企业在披露社会责任信息过程中有章可循。要充分发挥家族企业主在企业社会责任信息披露中的作用。研究已证实有政治关联的家族上市公司的社会责任信息披露质量要高于没有政治关联的企业，家族实际控制人在社会责任信息披露中能发挥重要作用，必须使其认识到社会责任信息披露对企业发展的积极作用。重视家族上市公司中无关联股东在社会责任信息披露中的作用。无关联股东应该在董事会或者股东大会中要求企业披露更多的公司信息，特别是社会责任信息。加强媒体对家族上市公司的舆论监督作用，强化其对家族上市公司社会责任披露的关注，引导企业将社会责任信息披露提升到公司“战略决策”的高度。

| 第六章 |

共同富裕视域下家族企业社会责任研究展望

我国现已如期完成了新时代脱贫攻坚的任务，正处于迈向第二个百年奋斗目标的关键时期。新时代的高质量发展需要企业家精神，呼唤创业型经济。当前中国的家族企业正处在家族传承、新生代创业与企业转型的三重叠加期，企业家除了要积极应对上述挑战之外，还要应对严峻的疫情与外贸形势，实现稳健经营以及可持续发展。我国的民营企业在解决就业、贡献税收、承担社会责任中发挥着重要作用，企业家们作为共同富裕事业的参与者与重要贡献者，正积极投身社会公益与光彩事业，努力实现“先富带动后富”“先富帮助后富”的目标。企业正在从“承担社会责任的企业”到“社会价值驱动的企业”。企业承担社会责任带有一种从外部要求企业的“迫使(obligation)”感；而“社会价值驱动”则是企业主动的、战略性的选择。在面对需要承担的企业社会责任时，企业不是只需要简单地对社会问题做出回应，而是从企业的长期发展战略出发，更有机和有效地将社会责任与企业相结合。“社会价值驱动的企业”是向善而行、因善而兴的企业（doing well by doing good)。其特征从企业愿景来看，社会价值驱动的企业强调改变世界的社会理想，致力于创新与变革，能够深入挖掘社会需求和公共性价值，其战略定位中会优先考虑特定的社会问题和民众呼吁；从企业的运营管理看，社会价值驱动的企业始终围绕如何为顾客、员工、行业、社会带来独特价值、独占价值，展开全部的运行体系和流程。在这样的社会背景之下，迫切需要对家族企业（典型民营企业）履行社会责任促进共同富裕问题进行系统研究。

第一节　共同富裕视域下家族企业社会责任研究的基础

2022年3月16日，为切实推动中央企业科技创新和社会责任工作，经中央编委批准，国务院国有资产监督管理委员会（以下简称“国资委”）成立科技创新局、社会责任局。国资委成立两局是进一步完善国资监管体制机制，更好发挥监管效能，建设世界一流企业的重要举措，有利于更好推动中央企业强化科技创新，履行社会责任，加快实现高质量发展。社会责任局是中央首个以社会责任为名的正局级部门，强化了央企以责任担当提升公平效率和社会福祉的作用。综合历史回顾和现实要求，国资委设立两局，以创新驱动提质增效，以履责反哺公平进步，既是对央企履责工作成绩的肯定和重要性的体现，同时也对推动社会责任体系构建有着划时代的意义。在百年未有之大变局的当下，我国发展内外部环境正发生深刻变化，全球产业链、价值链重构进入关键时期，国资委设立两局是加快推动央企做强做优做大的重要举措，充分体现了央企转型升级的决心，更是推进世界一流企业建设的实际行动，通过科技创新引领央企履行经济环境和社会责任，为我国实现碳达峰与碳中和共同富裕提供组织保障，也将对国家可持续发展战略的落实形成示范引领作用。

一、推动企业履行社会责任的税收政策

制定奖励和鼓励企业履行社会责任的相关政策措施，形成良好的社会导向。企业的一些社会责任相对较软，主要依靠企业自愿履行，如捐赠社会慈善事业、增加就业机会、开发新产品、提高产品质量等。这些都能有效增加社会的整体效用，有利于社会发展，政府应在政策上积极鼓励。一些西方发达国家在鼓励企业履行社会责任方面做了很多积极的实践，值得借鉴。例如，企业对社会的捐赠可以从所得税中扣除，在创造就业的同时可以减免税收，支持企业开展员工培训。

目前，中国许多地方政府也在积极探索，特别是在企业创新和技术进步

方面，也有很多鼓励政策，如政府对企业技术改造给予贴息，进口先进设备免征进口税等，这些都起到了很好的效果（Wang et al.，2021）。但总的来说，我们在这一领域还有很大的空间，需要进一步的研究和探索。2007 年 6 月 15 日，财政部、国家税务总局、商务部、民政部和中国残疾人联合会发布了《关于促进残疾人就业税收优惠政策的通知》。该通知对我国促进残疾人就业的相关税收优惠政策进行了较大幅度的调整。新政策已自 2007 年 7 月 1 日起实行。根据新政策，对安置残疾人的单位，实行由税务机关按单位实际安置残疾人的人数，限额即征即退增值税或减征营业税的办法。每位残疾人每年可退还的增值税或减征的营业税的具体限额，最高不得超过每人每年 3.5 万元。对安置残疾人就业的单位在企业所得税方面，实行由税务机关按单位实际支付给安置的残疾人员工资的 2 倍在企业所得税税前扣除的办法，并对单位安置残疾人取得的增值税退税或营业税减税收入，暂免征收企业所得税。新政策同时重申和规范了残疾人个人就业的税收优惠政策。2008 年 4 月 14 日，科技部、财政部、国家税务总局联合颁布《高新技术企业认定管理办法》，对高新技术企业的税收优惠政策是供给侧结构改革的重要措施，是加快产业结构调整、提高经济质量和效率的重要动力。科技部部长万钢表示，出台《认定办法》的总体目标就是要在建设创新型国家的战略指引下，通过鼓励创新的政策导向和新税制优化产业结构的引导功能，进一步增强我国高新技术企业以自主研发为核心的综合创新能力，促进高新技术产业升级发展。同时，要明确高新技术企业，明确标准，规范经营程序，改革管理体制，加强政策协调，切实落实优惠政策。

2015 年，税务总局根据“放管服”改革要求，发布了《企业所得税优惠政策事项办理办法》，该办法通过简化办税流程、精简涉税资料、统一管理要求，为企业能够及时、精准享受到所得税优惠政策创造了条件、提供了便利。为了深入贯彻落实党中央、国务院关于优化营商环境和推进“放管服”改革的系列部署，进一步优化税收环境。2016 年 4 月 8 日，经国务院批准。财政部、国家税务总局发布《关于落实中小微企业所得税优惠政策有关问题的通知》。进一步扩大小型微利企业所得税优惠政策范围。2020 年，国家税务总局公布的《财政部税务总局关于支持新型冠状病毒感染的肺炎疫情防控有关捐赠税收政策的公告》规定，企业通过公益性社会团体、县级以上人民政府及其所属部门和其他国家机关捐赠的抗击新冠肺炎疫情物资，在计算应纳税所得额时，可以全额扣除。

2021 年国务院办公厅发布《国务院办公厅关于进一步加大对中小企业纾困帮扶力度的通知》，指出有关部门要加强对中小企业面临的困难和问题的研究，总结经验和做法，加强政策储备，推动及时出台；加强对地方的引导支持，确保各项政策措施落实有效。2022 年，全国两会发布了税收优惠政策。对小微企业所得税优惠加大，对不裁员少裁员的企业继续实施失业保险稳岗返还政策。

此外，2022 年 6 月 1 日，中国银保监会印发《银行业保险业绿色金融指引》（以下简称《指引》），旨在促进银行业保险业发展绿色金融，积极服务兼具环境和社会效益的各类经济活动，更好助力污染防治攻坚，有序推进我国碳达峰、碳中和工作。《指引》要求银行保险机构从战略高度推进绿色金融发展，同时在组织管理、政策制度建设、能力建设、投融资流程管理、内控管理与信息披露以及监督管理六个方面对银行业保险业提出了下一阶段绿色金融发展的具体要求。在双碳目标战略背景下，《指引》再次明确银行保险机构应当完善信贷政策和投资政策，积极支持清洁低碳能源体系建设，并且此次保险机构的加入，这意味着绿色金融在绿色信贷的基础上引入绿色保险，起到了一定的担保作用，让更多的投资人对绿色项目有信心，更能吸引资金流入，有效解决“双碳”项目融资问题。值得关注的是，《指引》首次提出了银行保险机构最终需要实现碳中和，尤其指出要渐进有序降低资产组合碳排放（范围三排放）的强度，同时为银行保险机构如何核算资产组合碳排放和建立碳足迹数据库奠定了基础。

二、推动企业履行社会责任的环境政策

党的十七大报告首次提出了生态文明建设的要求，明确指出：“建设生态文明，基本形成节约能源资源和保护生态环境的产业结构、增长方式、消费模式。”生态文明是以尊重和维护生态环境为主题，以可持续发展为基础，以生态文明建设的必要性为重点的人类未来持续发展的一种人类文明形式。在我国的背景下，由于承担环境社会责任的成本巨大，绝大多数企业缺乏自

觉履行环境社会责任的动机和意识。在社会转型时期，政府对企业环境社会责任的培养起到了主导作用。在政府规范和立法监督的指导下，国家的土地资源、水环境和大气环境得到了一定程度的保护，防止了企业对环境的进一步破坏，增强了企业的环境责任和社会责任意识（狄梦华，2012）。

工业革命不仅给欧洲和美国带来了快速的经济发展，也给这些国家带来了严重的环境问题。然而，正是因为欧美国家较早的经历了环境危机，在各国的努力下，企业环境与社会责任逐渐融入企业的运营过程中。随着我国生态文明建设的不断发展，政府在企业环境社会责任培育中的作用日益突出。然而，企业环境责任和社会责任缺失的频繁发生，如松花江水污染事故、山西矿难事故的不断发生，对公民的生命健康造成了严重的危害，使我们不得不质疑政府作用的有效性。学者指出，政府是推动企业社会责任的主导力量之一，其作用和职能包括监管者、促进者和监督者。为监督企业更好实施环境责任，政府颁布并实施了一系列相关政策（狄梦华，2012）。例如，2006年1月1日，十届全国人大常委会第十四次会议通过的《中华人民共和国可再生能源法》开始施行。国家将可再生能源的开发和使用作为能源发展的优先领域。通过制定可再生能源开发和利用的总体目标和相关措施，促进了可再生能源市场的建立和发展。2006年3月14日，十届全国人大第四次会议审议通过《中华人民共和国国民经济和社会发展第十一个五年规划纲要》，中央政府针对资源能源节约和环境保护提出了两个约束性指标：2010年单位国内生产总值能源消耗和主要污染物的排放量要在2005年的基础上分别降低20%和10%。

2007年2月8日，国家环境保护总局会议通过并公布《环境信息公开办法（试行）》。国家鼓励企业自愿公开下列企业环境信息：企业环境保护方针、年度环境保护目标及成效；企业年度资源消耗总量；企业环保投资和环境技术开发情况；企业排放污染物种类、数量、浓度和去向；2007年3月1日，国家环境保护总局颁布《加强国家污染物排放标准制修订工作的指导意见》的公告。它反映的是国家政策、环境保护政策、规划，以环境保护优化经济增长，控制环境污染源排放，实施环境输入和输出。实施国家污染物排放标准对促进产业结构调整和技术进步具有重要作用。2007年6月3日，国务院发布《关于印发节能减排综合性工作方案的通知》。如果不加快经济结构调整和增长方式转变，资源将无法承受，环境将无法承受，社会将无法承受，经济发展将无法持续。只有坚持经济发展、清洁发展、安全发展，才能实现良好、快速的经济发展。与此同时，温室气体排放导致全球变暖，引起国际社会的关注。进一步加强节能减排，也是应对全球气候变化的迫切需要，是我们必须承担的责任。2008 年 1 月 22 日，国务院发布《国务院办公厅转发环保总局等部门关于加强重点湖泊水环境保护工作意见的通知》。2012 年 1 月 25 日，为深入贯彻落实科学发展观，加快推动经济发展方式转变，提高生态文明建设水平，国务院下发《关于加强环境保护重点工作的意见》。

2015 年 1 月 1 日起正式实行《中华人民共和国环境保护法》，保障公众健康，推进生态文明建设，促进经济社会可持续发展。2021 年 5 月 30 日，生态环境部印发了《关于加强高排放、高耗能建设项目生态环境源头防控的指导意见》。《指导意见》立足区域环评、规划环评、项目环评、排污许可、监督执法、督察问责“六位一体”全过程环境管理框架，明确环境管理要求，引导“两高”项目低碳绿色转型发展。

2013 年我国首次发布《国家适应气候变化战略》，明确了 2014 ~ 2020 年适应气候变化的总体要求、重点任务、区域格局和保障措施，为开展适应气候变化工作提供了指导和依据。2022 年提出《国家适应气候变化战略 2035》提出新时期我国适应气候变化工作的指导思想、基本原则和主要目标。

同时，为积极构建有利于促进资源高效利用和绿色低碳发展的财税政策体系，财政部于 2022 年 5 月 30 日印发了《财政支持做好碳达峰碳中和工作的意见》（以下简称《意见》），从重点支持方向和领域、财政政策措施和保障措施三方面组织财政部门深入贯彻落实党中央、国务院关于碳达峰碳中和重大战略决策。2022 年 8 月 1 日，工业和信息化部、国家发展改革委、生态环境部联合印发《工业领域碳达峰实施方案》（以下简称《方案》）的通知。这是国家三部委首次发布工业领域的减排指导意见，确立了工业领域二氧化碳排放在 2030 年前达峰的总体目标和实施框架，对工业领域企业的减排路径提出了重要指导。并且，国务院国有资产监督管理委员会发布了《中央企业节约能源与生态环境保护监督管理办法》（以下简称《办法》），旨在指导督促中央企业落实节约能源与生态环境保护主体责任。《办法》自 2022 年 8

月1日起施行，更强调了中央企业服务于碳达峰和碳中和的国家战略，突出了低碳作为发展的战略重点；也进行了更严格的考核措施；同时新增对统计监测与报告和突发环境事件应急管理这两方面的更为具体的要求。《办法》明确中央企业节约能源与生态环境保护工作的四项原则，分别是：“坚持绿色低碳发展”“坚持节约优先、保护优先”“坚持依法合规”“坚持企业责任主体”。

三、推动企业履行社会责任的劳动政策

在企业劳动合同制度的实施过程中，其最为重要的影响是有助于切实维护企业劳动者的合法权益。目前，在企业的劳资关系中，侵害劳动者合法权益的行为时有发生，迫切需要政府履行监督职能。政府作为合法劳动关系的主要保证人，在订立劳动合同的过程中，应优先保护劳动者的合法权益，监督企业的用工行为，促进企业劳资关系的协调稳定发展。政府干预劳动力市场调节有两种基本方式：一是市场经济国家通行的集体谈判模式；二是以人力资源管理为主的劳动关系调节模式。我国执政党的性质、国体和政体，决定了政府必须将劳动关系建立在尊重劳动者基本人权和各项劳动权利的基础上，使广大劳动者能够分享社会进步和经济发展的成果，从而达到整个经济和社会的协调和谐发展。

同时，我国地方政府在劳动者劳动过程中起到了积极的作用，主要体现在政府制定和颁布了一系列的法律和政策相关的劳动合同制度，促进劳动保障系统的建设，规范企业劳动用工制度，推动建立劳资关系协调机制。例如，2006年12月11日，中华全国总工会第十四届执行委员会第四次全体会议通过了《企业工会工作条例》。2007年2月14日，国务院第169次常务会议通过了《残疾人就业条例》，自2007年5月1日起施行。2007年8月30日，第十届全国人民代表大会常务委员会第二十九届会议审议通过了《中华人民共和国就业促进法》，自2008年1月1日起施行。2010年正式实施《2010年劳动和社会保障事业发展计划》，加大了维护职工合法权利的力度。

2019年5月18日国务院办公厅关于印正式实施《职业技能提升行动方案（2019～2021年）》，把职业技能培训作为保持就业稳定、缓解结构性就

业矛盾的关键举措，作为经济转型升级和高质量发展的重要支撑。2020 年 1 月 7 日，中国人大网发布新修改的《中华人民共和国劳动法》。国家通过促进经济社会发展，创造就业条件，扩大就业机会。国家鼓励企业事业组织、社会团体在法律、行政法规规定的范围内兴办产业、开展经营，增加就业。2021 年 1 月 1 日，第十三届全国人民代表大会常务委员会第三十二次会议通过的《关于修改〈中华人民共和国工会法〉的决定》正式开始实施。修改扩大了基层工会的覆盖面，明确了新就业方式劳动者参加和组织工会的权利。

四、企业社会责任报告的演进发展

企业社会责任报告的演变，不仅表现在报告议题、名称和水平等方面的发展，也是报告作用的不断认识与创新。20 世纪 70 年代通过雇员报告来提高雇员的忠诚度，成为企业吸引人才的重要工具；20 世纪 90 年代通过环境报告来回应公众的期望和压力，成为企业风险控制的重要手段；进入 21 世纪，社会责任报告扩展至更广泛的社会议题，向利益相关方展示企业对全面社会责任的承担，使发布报告成为企业获取“经营许可”的公关手段。最新趋势表明，一些具有前瞻意识的公司开始将社会责任报告的发布，作为企业核心商业价值与战略的一个重要组成部分，以创造企业责任竞争力，提升企业的商业价值。《公益时报》社总编辑赵冠军在致辞中表示：“如何应对挑战、坚定信心，成为更有活力、创造力和竞争力的市场主体，成为更有社会价值的商业机构，做新时代下的‘好公司’？这是新时代给企业和企业家们提出的一道必答题。不断提升经营能力和管理水平，开展基础研究和科技创新，响应国家重大战略号召，在守法经营做大‘蛋糕’的同时，积极履行社会责任、实现社会价值、参与社会公益事业，成为有担当的企业和企业家们的共同选择。”与企业财务报告相比，披露企业非财务业绩的社会责任报告还不够成熟，但其重要性正在不断增加。近年来，随着经济理念和企业社会责任的发展，企业社会责任报告作为企业管理的一项重大概念创新，在全球范围内激增，成为大型跨国企业的一种趋势。企业社会责任报告有几种类型和名称。一些先进的企业社会责任报告，从环境报告开始，不断涉及企业运营中涉及的其他社会问题，内容不断扩大。事实上，《企业社会责任报告》的出版已经成为企业履行社会责任的重要做法。

据统计，全球已有2500多家公司发布了不同类型的企业社会责任报告，包括安全报告、健康、安全与环境报告、企业公民报告、可持续发展报告等。越来越多的公司使用企业社会责任报告来展示他们在企业社会责任方面的行动、成就和贡献。相比之下，我们的《企业社会责任报告》已经很久没有发表了。2006年，发布企业社会责任报告的公司仍然很少。自2022年发布社会责任报告分析得出，《企业社会责任报告》已经成为平台企业、特别是国有大型企业，反映了他们的努力和表现，表明近年来为促进经济发展、环境保护和社会进步，并与广泛的利益相关者沟通，以取得更大的进展。在这方面，2021年，江西移动通信（GSM）出版公司责任报告期内的资本公司从2022年年初开始，冶金、能源、电信、金融、房地产、纺织制造、机械设备制造、公共服务、媒体，十几个行业部门纷纷发布了年度社会责任报告。一系列企业社会责任报告的发布标志着企业社会责任观念系统化、稳定和合理化的开始。就近年来发布的《企业社会责任报告》数量来看，中国发布社会责任报告的机构数量一直保持着年均20%以上的高速增长。

2021年，港交所对《企业管治守则》及相关《上市规则》条文进行了修订，其中大部分内容已于2022年1月1日起正式实施，本次修订的重点为ESG中的“G”管治议题部分，涉及了董事会独立性、多元化及公司反贪污等多个内容。此次更新的内容将对港股已上市企业及2022年后预备上市的企业产生重要的影响。

2022年4月15日，中国证监会发布《上市公司投资者关系管理工作指引（2022）》（以下简称《指引》）。自2005年版指引发布后，时隔17年证监会发布新指引，体现了监管层对市场需求的回应，也意味着上市公司和投资者之间的关系管理将迈入一个新的阶段。《指引》在投资者关系管理的沟通内容中首次纳入“公司的环境、社会和治理信息（ESG）”，并于5月15日正式施行，这为进一步规范上市公司投资者关系管理奠定了坚实的制度基础，也有利于加快国内上市公司规范化信息披露的发展进程。2022年5月27日，国务院国资委发布《提高央企控股上市公司质量工作方案》（以下简称《工作方案》），明确提出央企贯彻落实新发展理念，建立健全ESG体系。

2022 年 4 月 16 日，由中国企业改革与发展研究会立项、首都经济贸易大学中国 ESG 研究院牵头起草的《企业 ESG 披露指南》团体标准正式发布，并计划于同年 6 月 1 日起实施。由于缺乏统一标准，在该标准订立前，我国上市企业大多参照全球报告倡议组织（GRI）标准、国际标准化组织 ISO 26000 社会责任指南等海外主流标准体系进行 ESG 信息披露。但上述标准体系在关注领域和议题上各有侧重，故企业在进行有关信息披露时仅能选择性参考。此外，由于西方市场发展背景与我国目前市场现状存在的差异，使得上述披露标准的适用性受限。因此，《企业 ESG 披露指南》团体标准的出台将有助于弥补标准难统一、不够本土化等局限，并推动建立具有国际视野、具有中国特色、适应行业差异的 ESG 信披框架。

五、企业社会责任论坛常规推进

在我国构建社会主义和谐社会的背景下，随着社会各界日益认识到企业社会责任的重要性，政府部门、企业、学术界以及各类公益组织纷纷举办各类企业社会责任论坛，在中国大地掀起了一股企业社会责任的讨论热潮：

2006 年 7 月 12 日，由中国——欧盟世贸项目组织、欧盟企业总司联合中国国家发展和改革委员会共同主办的“中欧企业社会责任高层论坛”在北京举行。欧盟和中国高层官员就企业社会责任的概念达成了广泛共识，这也为中欧双方在这一领域进一步开展技术合作与交流创造了良好契机。2007 年 1 月 20 日，由国务院国有资产监督管理委员会、中国企业改革与发展研究会、中国企业社会责任联盟主办，世界银行、德国国际企业家商会特别支持的“2006 第二届中国企业社会责任国际高峰论坛”在北京人民大会堂举行，环境保护成为与专家、学者和企业家关注的焦点。2007 年 6 月 29 日，由联合国开发计划署（UNDP）和中国企业联合会（CEC）共同主办的“2007 企业社会责任在中国”国际论坛在北京昆仑饭店举行。本次论坛的主题是“创新、实践、和谐”。来自企业、政府部门、非政府组织和学术界的 500 多名代表出席了本次论坛。2007 年 11 月 2 ~4 日，以“文明的和谐与共同繁荣”为主题的北京论坛（2007）在北京成功举行。其中，第四分论坛由北京大学法学院和光华管理学院联合举办。近 70 位来自国内外法律、管理领域的专家学者围绕“全球化趋势下企业的跨国发展战略与社会责任”展开了热烈的讨论。

2008 年 4 月 14 日，国务院国有资产监督管理委员会与瑞典政府在北京钓鱼台国宾馆共同举办了“中瑞企业社会责任高层论坛”。本次论坛以“企业社会责任与可持续发展”为主题，针对世界经济发展面临的新挑战，共同倡导落实社会责任，探索可持续发展道路，交流经验，增进共识，促进合作。2008 年 6 月 19 ~ 20 日，由北京大学公共管理研究中心、中国香港商界环保协会主办，陶氏化学（中国）投资有限公司协办的“《企业社会责任与中国市场经济前景：公共管理的角色与作用》专家研讨会”和“中国企业社会责任国际论坛——构建和谐社会及成功企业的重要驱动力”，分别在北京大学英杰交流中心和北京香格里拉饭店举行。2010 年中国医药企业管理协会、中国外商投资企业协会药品研制和开发行业委员会（RDPAC）和人民网共同主办的 2010 中国医药企业社会责任论坛在京开幕。论坛强调，企业社会责任的兴起是经济全球化深入发展的产物。它代表着各国政府、企业和其他机构在全球化背景下实现经济和社会协调发展的共同价值观、共同语言和行为准则。对于这一点，企业和创业者应该有一个清晰的认识，这是发展的大势所趋。2011 年 1 月 9 日，“中国企业社会责任论坛“在钓鱼台国宾馆举行，通过本次论坛的讨论，进一步强化企业安全生产责任意识，促进企业安全生产主体责任的落实，促进我国安全生产形势的根本性改善。鼓励安全生产观念的树立。确保人民群众财产安全。加强安全生产法制、体制、机制和保障能力建设，加强安全队伍建设。

2016 年 11 月 23 日由中国新闻社、中国新闻周刊主办，工信部、国家工商总局、国家质检总局、国家安监总局、国务院侨办、中华全国总工会指导的第十二届中国 · 企业社会责任国际论坛暨 2016 责任中国荣誉盛典在北京钓鱼台国宾馆举行。2020 年 10 月 29 日，由中国新闻社、中国新闻周刊主办，中国慈善家协办的第十六届中国 · 企业社会责任论坛在京举行。本届论坛以“致 2020：变局 · 解局 · 新局”为主题，汇聚各领域嘉宾，共同探讨在变局之下，企业如何开创责任新局。2021 年 7 月 16 日，由中国普惠金融研究院（CAFI）主办的“新发展可持续——2021 中国社会责任投资高峰论坛 IFCII”在上海举行。论坛探讨了如何推动社会责任投资生态系统建设，进一步引导资本兼顾社会绩效和财务绩效的双重目标。

2021 年 11 月，为了深入探讨和深度交流新发展阶段的企业社会责任，探寻企业社会责任的新演化和新范式，在中国企业管理研究会的指导下，中国企业管理研究会社会责任与可持续发展专业委员会、暨南大学管理学院、北京大学战略研究所、北京师范大学经济与工商管理学院、北京融智企业社会责任研究院联合主办的“第三届可持续发展与企业社会责任学术研讨会”顺利举办，会议主题为“新发展阶段企业社会责任的新演化与新范式”，平行论坛主题研讨有“企业绿色创新”“企业环境责任”“企业伪社会责任与战略相应”“企业社会责任信息披露”“企业社会责任与融资信用”“公司治理与企业社会责任”“企业社会责任与利益相关者管理”“企业国际化与企业社会责任”等。

2022 年 4 月，2022 年（第一届）可持续发展与企业社会责任论坛在线上召开，论坛旨在探讨新时期可持续发展及企业社会责任管理的前沿和动态。该论坛以“向未来 · 新责任 · 新发展”为主题，由华东师范大学经济与管理学部主办、学部工商管理学院承办，本次论坛的合作单位为深圳希施玛数据科技有限公司，支持单位包括华东师大经管学部彪如基金（水星家纺项目）、《华东师范大学学报（哲学社会科学版）》《人力资源管理评论》。论坛上，西北工业大学管理学院副院长贾明教授发表名为“面向共同富裕的企业社会责任”的主题讲座。华东师范大学企业管理系侯仕军副教授介绍了企业共同富裕评价体系与评级研究的初步成果，深圳希施玛数据科技有限公司数据研究部张中岩博士介绍了企业共同富裕研究数据库。该论坛吸引了众多高校及业界相关人士共计千余人参会，引起了广泛的关注。本次论坛充分展示了与主题相关的前沿研究，主题分别为“数字技术、平台经济与企业社会责任”“组织行为与企业社会责任”“营销管理与企业社会责任”“公司治理与企业社会责任”“战略管理与社会责任”有助于从理论上推动跨层次多学科融合研究共同富裕等可持续发展议题，拓展本校企业社会责任研究深度，丰富高校研究团队与专业数据公司产教融合示范。

同年，2022 中国企业责任与高质量发展论坛由南方周末联合西北工业大学管理学院主办，新时代企业高质量发展研究中心、中国企业社会责任研究中心承办，CDP 全球环境信息研究中心专业支持，论坛以“低碳转型助力高质量发展——中国企业碳路径与碳披露”为主题，探讨如何以低碳化转型实现企业高质量发展，摸索出企业的可持续发展之路。论坛以线上形式展开，同时进行多平台直播，在线观看人数突破25万人次。

六、企业社会责任奖项竞相设立

随着社会的发展，企业社会责任的觉悟性提高。各种研究机构、商业协会、地方政府为了鼓励并促动企业积极履行社会责任，开始竞相设立名目各异的企业社会责任奖项，主要代表性的有以下各项：

2003年以来，亚洲管理学院的雷蒙·罗萨里奥企业社会责任中心设立“亚洲企业社会责任奖”，用以表彰在环境管理、教育支持、扶贫和企业社会责任政策方面的最佳案例，并于2003年9月19日，颁布了首届“亚洲企业社会责任奖”。2005年11月25日，上海美国商会“企业社会责任奖”，旨在表彰在企业社会责任方面做出卓越贡献的美国商会企业成员，目前该奖已连续评出三届。2006年12月21日，由中央电视台、北京大学民营经济研究院、《环球企业家》杂志社、《中国企业家》杂志社共同发起的中国企业社会责任调查活动设立“最具社会责任感企业”奖项。此外，中国台湾《远见》杂志从2005年以来开始设立“企业社会责任奖”。

2007年9月8日，新华社在京举行“企业社会责任与构建和谐社会论坛”，设立“中国最具企业社会责任贡献奖”，以充分发挥主流媒体职能，权威引领建设和谐社会的舆论导向，全面展示近年来企业社会责任的善义举措，隆重表彰有突出贡献的企业。2007年12月16日，由学习时报社、中华新闻报、中华民族品牌协会和中华企业社会责任研究会等机构联合主办的“中华民族品牌与企业社会责任高峰论坛暨2007年度企业社会责任调查活动”，设立“年度中华社会责任奖”。

2008年6月30日，第一财经整合旗下的广播、电视、日报、周刊、网站及研究院六大平台联手启动“2008第一财经·中国企业社会责任榜”评选活动，设置“中国企业社会责任榜二十杰”“中国企业社会责任榜创新企业奖”“中国企业社会责任榜雇员关怀奖”“中国企业社会责任榜社区贡献奖”“中国企业社会责任榜环境保护奖”以及中国企业社会责任榜企业案例奖”等六大奖项。2008 年 7 月 5 日，由中国生产力学会、中国国防科技工业企业管理协会主办的“2008 建设和谐社会与企业社会责任（上海浦东）论坛”设立“企业社会责任贡献奖”。2010 年中国医药企业管理协会、中国外商投资企业协会药品研制和开发行业委员会（RDPAC）和人民网共同主办的医药企业“企业社会责任奖”评选揭晓，拜耳保健医药有限公司、步长集团、神威药业有限公司和九州通医药集团等 9 家医药企业获贡献奖，北京双鹤药业、仁和集团等 10 家企业获优秀奖。

2019 年 12 月 26 日，“2019 中国社会责任公益盛典暨第十二届中国企业社会责任峰会”在北京举行。神东煤炭集团公司获得绿色环保奖。2020 企业社会责任峰会揭晓了“2020 企业社会责任绒花奖”以及“公益典范”“抗疫典范”“扶贫典范”等名单，对今年在履行社会责任方面做出突出贡献的企业进行表彰。2021 年非政府组织亚洲企业商会（Enterprise Asia）为了表彰企业落实永续经营，并提出更多具创新与创意的社会企业责任项目，颁发“2021 亚洲企业社会责任奖”（AREA 2021）。

2022 年，第十七届创业与家族企业国际研讨会与《管理学季刊》《外国经济与管理》以及《管理工程学报》三大期刊合作，推出“家族企业与共同富裕”以及“跨代创业与共同富裕”特刊，经过评审专家匿名评审与打分以及学术委员会最终评议，颁发了 2021 年“茅理翔家族企业研究学术成果奖”。

2022 年 7 月 29 日，由南方周末主办的第十四届中国企业社会责任年会在广州举行，活动现场发布了《中国企业社会责任榜（2021）》等重磅成果，并揭晓年度“责任先锋”奖项。中国企业社会责任年会是由南方周末报社主办的年度活动，发起自 2009 年。基于有 11 年历史的“中国企业社会责任评选”（国有上市企业排行榜、民营企业创富榜、世界 500 强企业在华贡献排行榜，简称三榜），中国企业社会责任研究中心多年开展对国有、民营和跨国三大类公司的责任履行情况的综合调研。中国企业社会责任研究中心是由南方周末报社发起，以全面推动企业社会责任为使命的机构。中心以“世界 500 强企业在华贡献排行榜”“中国（内地）民营企业创富榜”“国有上市企业社会责任榜”三榜评选为核心，通过设立以经营状况、社会责任为主体的指标体系，通过对在华大型企业的综合调研评估，传播研究中心“责任同行”的理念，引导企业、社会的和谐发展。

第二节　共同富裕视域下家族企业社会责任研究的展望

2021 年是“十四五”开局之年，脱贫攻坚战全面胜利，乡村振兴扬帆起航；“十三五”圆满收官，“十四五”绘制了新的路线；建党百年交出优异答卷，新征程上全国人民信心满满；生物多样性保护、“碳达峰、碳中和”国家战略推进实施，凸显大国担当，彰显大国贡献。2021 年是“十四五”开局之年，脱贫攻坚战全面胜利，乡村振兴扬帆起航；“十三五”圆满收官，“十四五”绘制了新的路线；建党百年交出优异答卷，新征程上全国人民信心满满；生物多样性保护、“碳达峰、碳中和”国家战略推进实施，凸显大国担当，彰显大国贡献……中国企业把握全球经济进入绿色复苏和包容增长阶段的机遇，更加重视社会责任管理、实践与透明度建设，对利益相关方履行社会责任，积极披露社会责任信息，加入到发布社会责任报告的行列。随着全面建成小康社会、推动全体人民共同富裕以及“30 · 60”目标的提出，企业社会责任有了更加重要的社会价值和历史使命。共同富裕背景下，全社会对于企业社会责任（corporate social responsibility，CSR）提出了更高的要求。目前有关 CSR 的研究已经积累了比较丰富的成果，但是对于家族企业的 CSR 研究却在起步和发展中，很多研究结论并不一致，并且存在相互对立的理论观点和实证研究结论。学者们已经开始从单一地看待家族企业，比较家族企业与非家族企业在履行 CSR 方面的差异以及产生差异的原因；到逐渐重视家族企业异质性和 CSR 的关系，甚至部分学者进一步探索家族企业异质性以及 CSR 的不同维度（Su et al.，2022）。

一、家族企业履行社会责任的未来展望

企业社会责任是重要的时代命题，习近平总书记指出，只有富有爱心的财富，才是真正有意义的财富，只有积极承担社会责任的企业才是最有竞争力和生命力的企业。2021 年 8 月 17 日，习近平主持召开中央财经委员会第十次会议，重点研究扎实促进共同富裕问题。会议提出，要把促进全体人民

共同富裕作为为人民谋幸福的着力点，不断夯实党长期执政基础。从实现路径看，在高质量发展中促进共同富裕就是要正确处理效率和公平的关系，构建初次分配、再分配、三次分配协调配套的基础性制度安排。每次分配都与企业社会责任相关：初次分配主要关系到劳动条件；再分配主要关系到依法缴税；三次分配主要关系到企业捐赠。共同富裕的政策倡导将极大地提升企业的社会责任意识，引导企业提高员工福利、依法缴税、积极投身公益慈善回报社会。受此影响，2022 年将会有更多企业和企业家投身负责任的投资及公益慈善，通过产业帮扶、公益基金会、慈善信托等方式，以更系统、专业的方法促进共同富裕。

第一，2021 年，我国发布《关于完整准确全面贯彻新发展理念做好碳达峰碳中和工作的意见》和《2030 年前碳达峰行动方案》两份重要文件，指导 2030 年前碳达峰工作。2022 年各部委、各重点行业和各地区都将根据这两份文件制定各自的工作意见和行动方案，转型路径更加清晰，还将开展多层级碳达峰碳中和试点示范。企业应密切关注所属行业、所在地区的政策方案，及时应对、积极响应。设立碳中和时间线、规划零碳转型路线图，更多大企业制定零碳战略，正成为各行业龙头企业的“新标配”。国资委已将双碳纳入中央企业考核评价体系，提出建立绿色低碳循环产业体系、构建清洁低碳安全高效能源体系等五个方面的要求。对跨国公司来说，在华分支有望实现超预期的“脱碳”成效，成为全球亮点。龙头民营企业也在政策和市场的驱动下加速前行，将涌现更多细分领域的“碳中和解决方案”提供方（商道纵横，2022）。

第二，家族企业要在保障员工权益，尤其是打工人权益上全力以赴。在多重政策因素驱动下，打工人的权益保障将会获得一定程度的改善。首先，是共同富裕政策，政府将加大税收、社保、转移支付等调节力度，着力扩大中等收入群体规模。其次，是鼓励生育政策，政府要鼓励年轻人生育二孩、三孩，先要保障和提升他们作为工薪阶层的待遇。再次，是脱虚向实、振兴制造业的政策，政府也要想办法让蓝领工人的工作体面起来，让学生愿意到职业学校。最后，是对虚拟经济的严管政策，政府十分关注互联网公司的“996”问题及骑手社保问题。因此，体面劳动会成为企业社会责任的一个热点（商道纵横，2022）。企业应认识到这一政策趋势、理性面对，推动良性雇佣关系的发展。客观上，这可能会推高一些行业的用工成本，对产业链布局产生长期影响；也可能会催生出新就业形态和灵活用工，这也是政府鼓励发展的一个方向。

第三，乡村振兴也是共同富裕的重要一环。2021 年，国务院扶贫办改组为国家乡村振兴局，之后各省乡村振兴局纷纷揭牌，这标志着我国在顶层设计上完成从精准脱贫到乡村振兴的过渡，乡村振兴工作将有序展开。根据《关于全面推进乡村振兴加快农业农村现代化的意见》、中央财经委员会第十次会议等文件和会议精神，当前乡村振兴工作重点是农村基础设施和公共服务体系建设，改善农村人居环境，加快农业农村现代化。从长期看，产业是乡村振兴的根基。农业农村部在《全国乡村产业发展规划（2020～2025年）》中提出，要大力发展农产品加工业、乡村特色产业、休闲农业和乡村新型服务业。企业可结合自身业务特征，把价值链延伸到农村中去，以项目而不止捐赠促进农村发展、帮助农民共同富裕。

第四，国内外市场近两年的统计数据清楚地显示，金融市场拥抱 ESG 已呈明确的加速趋势。一方面，ESG 发展以绿色金融的为依托，绿色金融发展又以双碳目标为引领，因此应对气候变化、助力双碳目标将是中国责任投资市场的主旋律；另一方面，中国市场结构和发展路径决定了以商业银行为主的信贷市场、债券市场仍占主导地位，央行及银保监会的政策措施如碳减排支持工具、金融机构气候环境压力测试、银行业金融机构绿色金融评价等将继续促进中国绿色金融的快速发展。在此背景下，上市公司对 ESG 评级的关注将持续提升（商道纵横，2022）。家族企业尤其上市家族企业应建立完善 ESG 管理体系、改进 ESG 披露，以提升 ESG 评级。此外，环境信息依法披露是中央全面深化改革的举措之一。生态环境部正在积极落实相关政策，强化企业环境信息披露。证监会态度明确，既积极又稳妥，采取鼓励而非强制方式，分步推进。因此，家族企业更要未雨绸缪，及早开展 ESG 信披、发布 ESG 报告，在实践中不断完善和提升披露质量。

第五，家族企业应围绕“多元包容”的议题，多维度关怀少数群体。在企业社会责任中，多元包容议题可以分为两大类，一是工作场所和经营场景的多元包容，即对女性等少数群体予以尊重和关怀；二是董事会的多元包容，即董事成员有女性等少数群体代表。在欧美国家，多元包容议题有升温趋势，纳斯达克在 2020 年对上市公司提出“至少两名多样性董事”的要求；

挪威主权基金也在2021年发布董事会性别多元化政策。支持者认为多元包容措施可以为企业决策带来多维视角，有助企业提高风险管理能力和招揽人才。国内多元包容的讨论聚焦在第一类，即女员工权益保护及商家营销对女性的尊重。但第二类话题也开始出现，深圳市公司治理研究会已连续三年组织“董事会多样性论坛”，港交所亦建议上市公司提升董事会和员工的性别多元化，这将对H股上市公司产生影响。家族企业应重视这一趋势，适时建立相关制度，打造多元包容的经营场所和治理结构。

第六，在互联网时代成长起来的“95后”“00后”们，更加自信且注重理性分析，正以后浪姿态为社会注入新的消费观与职场观。2021年极为火热的“国潮兴起”正是这一群体文化自信的体现，他们可以更理性看待国内外品牌之间的差异。在绿色消费方面，商道纵横的调查（2022）显示，“95后”“00后”们绿色消费意识较高，且是最愿意分享自己消费选择的群体。在职场方面，智联招聘的调查（2022）显示，“95后”“00后”们更加关注工作价值、福利待遇、工作时长、办公环境等因素，这些因素都和“95后”“00后”们的自身感受相关。因此，从这一现象及未来趋势来看，家族企业应顺势而变，包括推出更多负责任的产品，甚至可以针对“95后”“00后”们群体专门设计；多渠道推广，讲好负责任的品牌故事；以及打造负责任雇主品牌形象，吸引“95后”“00后”们的优秀人才。

二、家族企业社会责任研究的未来方向

企业社会责任（CSR）是企业界和组织研究历久弥新的话题，是企业的核心命题之一，也是市场发展的重要基石。自从20世纪50年代以来，CSR为企业带来更多竞争优势并产生显著经济效益，也已成为政府、企业家和学者们关注的热点。近年来，CSR成为中国建设“和谐社会”的重要组成部分，广泛受到学者、企业家和政策制定者的关注（Su et al.，2022）。党的十八大以来，中国共产党对共同富裕的认识达到了新的高度。共同富裕强调利益相关者，与CSR高度相关。CSR作为一种契合于政府创造公共社会价值目标的实践行为，能够创造基于利益相关方的市场合法性与社会合法性。CSR的有效履行已成为影响我国企业、社会和环境健康可持续发展的重要因素。

目前 CSR 的研究已经积累了比较丰富的成果，但是对于家族企业 CSR 却在很长时间被学者们所忽视（Dyer 和 Wheteen，2006）。

据《2020 年全球家族企业调研》数据显示，中国 A 股市场家族企业占私营企业份额已经超过 85%，已然成为资本市场上的重要力量之一。绝大多数国家中，家族企业作为经济的中坚力量（Craig & Dibrell, 2006；European Commission, 2008）。有学者认为，家族企业本身定义就有一定的 CSR，他们更加关注管家，利益相关者以及长期导向（Breton – Miller & Miller, 2016）。然而，在家族企业 CSR 研究领域，研究结论往往相异（Morck & Yeung, 2003；Bingham et al.，2011）；尤其对于 CSR 的测量缺乏公认（Marrewijk, 2003；Montiel, 2008；Dahlsrud, 2008；Pretima Bansal & Song, 2017）。因此，有学者例如 Gallo（2004）等提出 CSR 是一个宽泛的多维度构念，包括企业对于各利益相关者所履行的责任；Madden 等（2020）强调研究 CSR 投资的异质性以及选择性对其战略投资影响的重要性。

同样地，也有部分学者进一步探讨家族企业本身对于履行 CSR 存在异质性（Su et al.，2022），比如进一步探索家族涉入对不同维度 CSR 所产生的影响作用（Block &Wagner，2014）。Sahasranamam 等（2019）强调结合多种视角评估所有权结构对 CSR 影响的重要性，与 Zeng（2020）的研究结论一致，强调家族企业异质性在塑造 CSR 实践中的重要性。Bammens 等（2020）提出公司的所有权结构决定了管理者可以在其中做出生态创新决策的治理框架。由此，所有权视角作为研究家族企业异质性以及进一步探索家族企业特征的重要因素，显得尤为重要。基于所有权视角，以家族企业为研究对象，系统回顾家族企业与 CSR 在过去中取得的进展和未来面临的挑战，厘清家族企业所有权对 CSR 的影响，有助于深刻理解企业所有权和家族企业 CSR，以及丰富 CSR 理论和实践研究（Su et al.，2022）。

此外，从一种强道德范式的立场出发，重视利益相关者应该成为企业经营的目的，而不是手段，不是为了达成某种商业目的而采取的权宜之策或者公关策略。重视利益相关者本身就应该是终极价值。重视利益相关者是底线思维。并且，在现实社会中，绝大多数情况下，期望企业和企业家恪守中道平衡好各方面的利益，太过于理想化不现实。践行利益相关者理论推动共同富裕，将是一个动态调整的过程，比如利益相关者理论。相比股东利益至上理论的简洁性、可模型化和数学化，利益相关者理论是一个复杂的理论，涉及的因素很多，不容易模型化，很难推导出明确的研究假设，很难伪装成纯粹的知识。所以，利益相关者理论从来不是管理学家和经济学家的最爱。如第四章论述，从实证研究的角度上来看，关于坚持利益相关者导向与企业的经济绩效之间的关系，几十年积累下来的经验证据比较混乱，有的呈正相关、有的没有显著性的关系。

然而，通过近年来的发展积累，CSR 领域所取得的研究成果是丰硕的。CSR 的研究广泛引用各方理论，借助不同的数据来源和分析方法，对 CSR 的方式、背后的原因和产生的结果进行探究，帮助我们加深对于 CSR 的理解，未来 CSR 的相关研究还可以在以下方面进行探索（Su et al.，2022）。

第一，基于中国提出共同富裕的新背景，中国进入新发展阶段、贯彻新发展理念、构建新发展格局，对 CSR 也提出了更高的要求，更强有力地推动 CSR 高质量发展。因此，未来研究应从“共同富裕和家族企业履行 CSR 耦合机制”视角展开（如图 6.1 所示），基于所有权的结构、比例等，更多关注共同富裕背景下家族企业的管理和发展，系统地研究和识别影响家族企业 CSR 水平的关键要素，研究企业承担 CSR 是否对企业管理和发展产生影响（Su et al.，2022）；最终，激励家族企业启动共同富裕计划，提升家族企业履行 CSR 的意愿（Zhu et al.，2021），推动家族企业精准、高质量地履行 CSR，共同推动“共同富裕”建设。

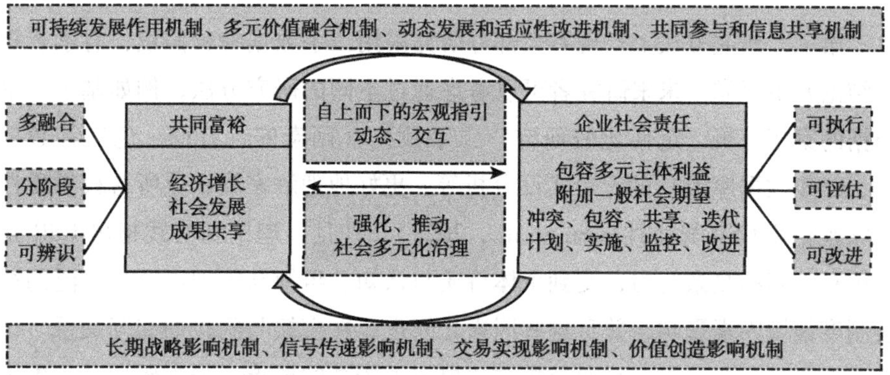

图 6.1　共同富裕和家族企业履行 CSR 耦合机制研究框架

资料来源：作者编制。

第二，未来研究应运用跨学科交叉，综合多理论视角，开展多层次和多维度的综合性研究（见图 6.2），探究家族企业所有权的异质性对不同类型 CSR 的影响，以及在发展过程中影响的差异（Su et al.，2022）。运用系统性思维深化 CSR 研究，构建共同富裕背景下家族企业履行 CSR 的意愿、行为及机制研究模型，夯实 CSR 研究的理论基础，扩展 CSR 的内涵，从而提高研究结论的普适性，有利于设计理论框架，并采用恰当、合理的实证研究方法展开分析。

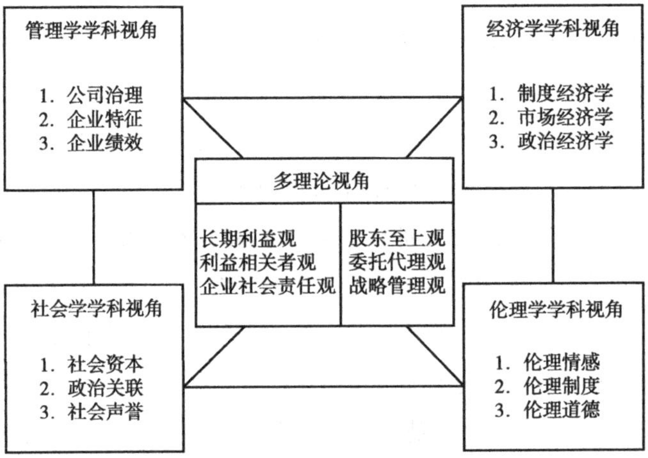

图 6.2　基于跨学科交叉、多理论视角的 CSR 未来研究框架

资料来源：作者编制。

第三，研究方法上，现有大部分研究采用二手数据检验假设，有学者提出结论并不可靠。未来研究者可以考虑通过不同的研究方法，例如基于一手数据的案例分析、定性比较研究，二手数据（国泰安、万德、色诺芬数据库、CSR 数据库等）的定量实证分析等，更好地理解家族企业所有权异质性和家族企业 CSR 异质性（Su et al.，2022）。并且，理论和实践指出 CSR 是一种有计划的复杂行为，受到个体特质与认知、组织与管理以及更广泛的社会制度情境因素影响，并且这些因素之间也存在直接与间接的交互关系。这种多因素的复杂交互关系对分析方法提出了较高的要求，未来研究可考虑更适合处理复杂因果关系的方法，比如基于集合论的定性比较分析（QCA）（杜运周和贾良定，2017）。未来，拓展研究方法，包括但不局限于小样本案例分析、大样本实证研究、QCA 定性比较研究等，最终使得研究内容在深度、广度、宽度、跨度上更加深入、细化。

第四，对于家族企业所有权和 CSR 的研究应打破同质性假设（Su et al.，2022）。目前，共同富裕背景下家族企业所有权对 CSR 的影响研究还处于初步探索阶段，大部分文献只研究了家族所有权，未来需要针对家族企业异质性展开深入系统的研究。Sahasranamam 等（2019）强调结合多种视角评估所有权结构对 CSR 影响的重要性，与 Zeng（2020）的研究结论一致，强调家族企业异质性在塑造 CSR 实践中的重要性。同样地，Faller 和 Dodo（2016）详细梳理了各类股权所有者对于积极或消极开展 CSR 关系的论据（Zhu et al.，2021）。但目前，仍没有文献基于所有权视角对于家族企业异质性影响 CSR 展开研究；未来研究可以围绕家族企业所有权的结构、比例等方面，进一步深入探索家族企业中不同所有权的影响。

第五，虽然学者们普遍认为 CSR 是一个多维度的概念，但是现有文献对 CSR 每一个细分的维度却研究甚少。Madden 等（2020）强调研究 CSR 投资的异质性。目前，绝大部分实证研究要么采用 CSR 评分衡量 CSR 总体水平，或者是单独研究 CSR 的某一个维度如慈善责任或环境责任等。但是，CSR 的维度涉及员工责任、客户责任、慈善责任、环境责任、公司治理、透明度、负面信息披露等方面，目前我们尚不清楚家族企业所有权异质性如何影响这每一个维度。

第六，未来研究可以结合更加情境化的案例研究，探索家族企业 CSR 在推动共同富裕上如何发挥能动性。并且，未来研究可以参考 Breton－Miller 等（2016）提出的一系列调节因素进行深度探索。Breton－Miller 等（2016）将主要的调节因素分成四大类，用来判断在何种条件下家族企业最倾向于追求可持续性的积极实践：（1）家族和教育背景，包括价值观、养育子女和教育经历等；（2）公司治理，包括所有权结构和组成、执行官高管特征和管理、董事会组成等；（3）企业环境，包括社区人口统计、制度逻辑、技术创新和技术经济条件等；以及（4）组织性质，包括组织战略、结构（公司规模和官僚作风）、外部联系等。

总结而言，企业社会责任是重要的时代命题。习近平总书记指出：只有富有爱心的财富，才是真正有意义的财富，只有积极承担社会责任的企业才是最有竞争力和生命力的企业。2022 年全国两会上，全国政协委员、李锦记集团执行主席李惠森提交了《关于进一步支持家族企业创新发展 积极履行社会责任 参与共同富裕的建议》的提案。随着我国经济社会的快速发展，中国家族企业也实现了快速成长，为经济发展和民众生活水平的提升做出了重要的贡献（Wang et al.，2021）。中国家族企业在履行社会责任方面也取得了较大的进步，对于其在国际竞争市场树立良好的企业形象、增强可持续的竞争优势发挥着重要作用。当前中国的家族企业正处在家族传承、新生代创业与企业转型的三重叠加期，企业家除了要积极应对上述挑战之外，还要应对严峻的疫情与外贸形势，实现稳健经营以及可持续发展。我国的民营企业在解决就业、贡献税收、承担社会责任中发挥着重要作用，企业家们作为共同富裕事业的参与者与重要贡献者，正积极投身社会公益与光彩事业，努力实现“先富带动后富”“先富帮助后富”的目标。企业正在从“承担社会责任的企业”到“社会价值驱动的企业”。家族企业作为最主要的民营企业，是社会主义市场经济的重要组成部分，是推进供给侧结构性改革、推动经济高质量发展的重要力量，是促进共同富裕的重要主体。

调研显示，家族企业社会责任建设展现出“社会责任感逐步提升”的态势，社会责任理念不断融入家族企业运营管理和活动的全过程。进入新发展阶段、贯彻新发展理念、构建新发展格局，推动家族企业社会责任高质量发展，激励家族企业启动共同富裕计划，提升家族企业履行社会责任的意愿，推动家族企业精准、高质量地履行社会责任，综合构建共同富裕视域下家族企业社会责任测度评价体系，为家族企业社会责任嵌入共同富裕战略提供更有力的理论依据和实践指导。世界正在经历百年未有之大变局，国内外政治、经济等环境进一步剧烈变化，百年来最严重的传染病大流行、全球产业链供应链重塑的加速、联合国 2030 年可持续发展目标的落实、中国对实现碳达峰与碳中和这场广泛而深刻的经济社会系统性变革的推进，以上皆促使企业社会责任在新发展阶段呈现新内涵、新变化和新演进。新时代、新气象、新征程，共同富裕视域下全社会对于民营企业社会责任提出了更高的要求。因此，家族企业应该以“我们大于我”的思维，定位于政府政策的协同者，将企业自身发展与国家战略实现有机结合，从只重视对企业的责任，以生存和利润为导向，逐步升级到对社会责任的承担以及与社会环境协调发展之上（Wang et al.，2021）。在新的发展阶段，家族企业更需要不忘初心，行稳致远；牢记使命，面向未来。家族企业应当坚定不移地贯彻党的十九大精神，力争在加快产业转型升级、加快数字化转型、高质量履行企业社会责任推动共同富裕等方面走在前列、做好表率，充分展现新时代家族企业的新作为。

进入新发展阶段，我国必须以习近平新时代中国特色社会主义思想为指导，立足新发展阶段、贯彻新发展理念、构建新发展格局，走高质量发展和共同富裕之路。研究共同富裕视域下家族企业社会责任发展将促进家族企业精准、高效地履行企业社会责任以推动共同富裕。共同富裕视域下家族企业高质量履行企业社会责任，需要通过建立内部实现机制，提升社会责任观念，包括提升企业的形象、企业声誉和企业品牌。同时，激励企业的自我承诺与协同创造机制，通过企业的自我约束和行为标准，企业设定更高的标准向社会传递积极的责任形象，如产品质量、慈善公益等；并且，在价值共创的基础上，调动命运共同体参与建设生态系统的企业社会责任行为。同时，需要建设外部实现机制，强调加强企业社会责任沟通，建立全面完善的监督机制要建立健全相关激励和约束机制（闫志军，2021；任泽平，2021），激发企业社会责任意识，从而培育打造家族企业践行社会责任的标杆，产生示范引领作用。

基于扎实推进共同富裕，构建实现高质量发展推进共同富裕的体制机制，对共同富裕和企业社会责任进行深入系统的理论研究（Su et al.，2022）。综合跨学科交叉和多理论视角，运用系统性思维深化企业社会责任研究，提出共同富裕和企业社会责任的互相促进、共同推动的“双螺旋发展”研究框架。共同富裕“螺旋”下，发挥“先富带动后富长效机制”“后富内生发展机制”以及“增量调节机制”；同时，在企业社会责任“螺旋”下，协同联动“共同信念机制”“公平获取机制””传承分享机制”等。共同富裕视域下，家族企业履行社会责任遵循“双螺旋发展”模型，本书在共同富裕和企业社会责任“双螺旋发展”研究框架上，综合构建家族企业社会责任多维度测量和评价指标体系，研究共同富裕视域下家族企业社会责任实现机制、路径与评价。建立科学合理有效的共同富裕家族企业社会责任评价指标体系，是家族企业履行社会责任推动共同富裕最终成效的关键所在，也是明确家族企业履行社会责任的方向、目标和路径方法的重要前提。

立足新发展阶段、贯彻新发展理念，家族企业履行社会责任应该放大格局、提升使命，创新战略发展，树立始终与国家和时代同频共振的发展愿景。构建新发展格局，家族企业履行社会责任应该创新企业社会责任实践范式。最终，本书通过构建共同富裕视域下家族企业社会责任测度评价体系以及研究共同富裕视域下家族企业社会责任的实现机制、路径和评价，助力家族企业履行社会责任推动共同富裕。微观层面上，推动家族企业转变商业逻辑，重新识别利益相关者，提升家族企业履行社会责任意愿，助力家族企业精准、高效地履行社会责任，实现企业高质量发展和推动共同富裕。推动家族企业主动披露社会责任信息，强化监测企业社会责任执行情况，推动社会共同发展。中观层面上，建议搭建“地方政府—行业协会—服务机构—家族企业”的联合推进机制。激励、监督与助力家族企业履行社会责任，并为家族企业社会责任的实现机制提供相关优化对策和政策建议。宏观层面上，为政府提升营商环境和精准服务的支撑体系提供政策建议。优化助力家族企业社会责任的生态建设，强化企业社会责任地位，督促企业更好地履行社会责任；强化企业社会责任，推动企业可持续发展进而助力实现共同富裕。

参考文献

[1] 尤力，王金顺．论企业的社会责任 [J]．四川大学学报（哲学社会科学版），1990（1）：41－46.

[2] 李占祥．论企业社会责任 [J]．中国工业经济研究，1993（2）：58－60，70.

[3] 刘俊海．用《合同法》对付“不平等条约” [J]．四川监察，1999（9）：9.

[4] 卢代富．公司社会责任与公司治理结构的创新 [J]．公司法律评论，2002（00）：34－45.

[5] 李正．企业社会责任信息披露研究 [D]．厦门：厦门大学，2007.

[6] 李立青，李燕凌．企业社会责任研究 [M]．北京：人民出版社，2005.

[7] 李冬生，阳秋林．关于社会责任会计涵义综述 [J]．财会研究，2006.

[8] 王怀明，宋涛．我国上市公司社会责任与企业绩效的实证研究 [J]．南京师大学报（社会科学版），2007.

[9] 李宏旺．企业社会责任与经营绩效的相关性研究 [J] 商业时代，2008（8）：111－112.

[10] 张玲丽．基于利益相关者理论的企业社会责任评价指标构建 [J]．现代经济（现代物业下半月刊），2008（5）：64－66.

[11] 张倩．基于企业社会责任视角的保险企业文化建设研究 [J]．中小企业管理与科技（中旬刊），2018（11）：136－139.

[11] 尧新瑜．“伦理”与“道德”概念的三重比较义 [J]．伦理学研究，2006（4）：21－25. DOI：10.15995/j.cnki.llxyj.2006.04.005.

[13] 常凯. 公司的社会责任与劳动关系的法律调整 [J]. 中国人力资源开发, 2003 (2): 62 - 64. DOI: 10.16471/j.cnki.11 - 2822/c.2003.02.022.

[14] 李平. 科学谋划"十二五"美好蓝图 积极探索中国环境保护新道路 [J]. 环境保护, 2010 (15): 27 -29.

[15] 李萍. 论企业责任向企业社会责任转化的限制条件 [J]. 玉溪师范学院学报, 2010, 26 (1): 3 -7.

[16] 纪建悦, 李鹏, 吕帅. 利益相关者视角的企业价值构成探讨 [J]. 现代管理科学, 2008 (2): 74 -75.

[17] 吕帅, 纪建悦, 刘晓丽. 利益相关者企业价值理论根源、内涵及研究思路探讨 [J]. 中国海洋大学学报 (社会科学版), 2008 (6): 92 -94.

[18] 王世权, 李凯. 企业社会责任解构: 逻辑起点、概念模型与履约要义 [J]. 外国经济与管理, 2009, 31 (6): 25 -31, 51.

[19] 赵琼. 国外企业社会责任理论述评——企业与社会的关系视角 [J]. 广东社会科学, 2007 (4): 172 -177.

[20] 陈伟, 芮萌. 家族企业, 如何种植长寿基因? [J]. 清华管理评论, 2014 (9): 66 -71.

[21] Gómez - Mejía L. R., Haynes K. T., Núñez - Nickel M., et al.. Socioemotional wealth and busi - ness risks in family - controlled firms: Evidence from Spanish olive oil mills [J]. Administrative Sci - ence Quarterly, 2007 (1): 106 -137.

[22] Freeman RE. Corporate Views of the Public Interest. Academy of Management Review. 1984; 9 (2): 366 -368. doi: 10.5465/AMR.1984.4277733.

[23] 贾生华, 陈宏辉. 利益相关者的界定方法述评 [J]. 外国经济与管理, 2002 (5): 13 -18.

[24] 贾生华, 陈宏辉. 基于利益相关者共同参与的战略性环境管理 [J]. 科学学研究, 2002 (2): 209 -213.

[25] 托马斯·唐纳森 (Thomas Danaldson) 和托马斯 W. 邓菲 (Thomas W. Dunfee) (2001).

[26] 陈宏辉, 贾生华. 企业社会责任观的演进与发展: 基于综合性社

会契约的理解［J］. 中国工业经济，2003（12）：85－92.

［27］肖斌，张衔. 利益相关者理论的贡献与不足［J］. 当代经济研究，2011（4）：22－26.

［28］金乐琴. 非政府组织：可持续发展制度创新的亮点［J］. 山西财经大学学报，2005（1）：33－36.

［29］郭蕾. 企业财务可持续增长的指标分析［J］. 科技情报开发与经济，2007（10）：223－224.

［30］Clarkson，1995；Mitchell、Wood，1997.

［31］刘江兵. 民营企业对我国社会经济发展的贡献分析［J］. 对外经贸，2013（2）：122－123.

［32］狄梦华. 企业环境社会责任培育过程中的政府公共政策引导［D］. 苏州：苏州大学，2012.

［33］胡杨. 企业社会责任研究：现状及趋势［N］. 光明日报，2012.

［34］李秋华. 民营企业社会责任研究［M］. 杭州：浙江工商大学出版社，2019.

［35］胡兵. 企业社会责任、营销战略与企业价值创造［M］. 广州：暨南大学出版社：2020.

［36］黄伟，骆南峰. 中国企业战略社会责任审计报告［M］. 北京：中国人民大学出版社，2020.

［37］李红岩，李玉华. 家族企业社会责任及其规制［J］. 当代世界与社会主义，2010（3）：152－153.

［38］彭松建，汪段泳. 英、美、日家族制企业历史变迁的启示［A］//中华外国经济学说研究会第十四次学术讨论会论文摘要文集［C］. 2006：351－355.

［39］刘江. 家族企业社会责任的内容及特性［J］. 企业改革与管理，2008（3）：11－12.

［40］黎友焕. 企业社会责任研究［D］. 西安：西北大学，2007.

［41］秦海霞. 社会学视角：民营企业的社会责任与道德市场的形成［J］. 现代营销（学苑版），2006（08）：24－26. DOI：10. 19932/j. cnki. 22－1256/f. 2006. 08. 007.

[42] 汪祥耀，金一禾．家族企业代际传承及二代推动战略转型的绩效研究［J］．财经论丛，2015（11）：61－70. DOI：10.13762/j.cnki.cjlc.2015.11.008.

[43] 李红岩，李玉华．家族企业社会责任及其规制［J］．当代世界与社会主义，2010（03）：152－153. DOI：10.16502/j.cnki.11－3404/d.2010.03.042.

[44] 穆丽霞，马清彪．我国当代企业环境责任研究［M］．北京：中国政法大学出版社，2020.

[45] 郭洪涛．中国企业社会责任比较研究［M］．北京：新华出版社，2018.

[46] 王时亮，胡建群．企业社会责任履行中的企业与政府作为［J］．宁波经济（三江论坛），2010（6）：45－47.

[47] 池仁勇，郑瑞钰，阮鸿鹏．企业制造过程与商业模式双重数字化转型研究［J］．科学学研究，2021（4）.

[48] 何帆，刘红霞．数字经济视角下实体企业数字化变革的业绩提升效应评估［J］．改革，2019（4）：137－148.

[49] 胡青．企业数字化转型的机制与绩效［J］．浙江学刊，2020（2）：146－154.

[50] 李新春，韩剑，李炜文．传承还是另创领地？——家族企业二代继承的权威合法性建构［J］．管理世界，2015（6）：110－124＋187－188.

[51] 陆洋，王超贤．数字化转型量化评估研究的比较分析与最新进展［J］．科技进步与策，2021（4）.

[52] 罗仲伟，陆可晶．转危为机：运用数字技术加速中小企业群体性转型升级［J］．价格理论与实践，2020（6）：10－16，36.

[53] 肖旭，戚聿东．产业数字化转型的价值维度与理论逻辑［J］．改革，2019（8）：61－70.

[54] 汪祥耀，金一禾．家族企业代际传承及二代推动战略转型的绩效研究［J］．财经论丛，2015（11）：61－70.

[55] 杨卓凡．我国产业数字化转型的模式、短板与对策［J］．中国流通经济，2020，34（7）：60－67.

[56] 郑登攀，李生校，王功博．两代共存治理、继任者培养与家族企业技术创新——基于浙江省数据的分析 [J]．科学学与科学技术管理，2020，41 (8)：80-95.

[57] 朱永明，李婧．企业社会责任对企业绩效的影响——基于 Meta 分析 [J]．财会月刊，2021 (11)：27-36.

[58] 李伟．煤炭企业履行社会责任对于财务绩效的影响——基于利益相关者视角 [J]．煤炭经济研究，2021，41 (1)：82-88.

[59] Zhu, F, Thornhill, S & Hsu, DK 2021, 'When owner, family, and community roles intertwine: Examining entrepreneurs' persistence decisions and the gender effect', Journal of Small Business Management, vol. 59, no. sup1, pp. S102-S133.

[60] 曹哲．新能源汽车企业社会责任对财务绩效的影响 [D]．天津：天津商业大学，2020.

[61] 胡美艳．机构持股、企业社会责任对能源上市公司绩效影响研究 [D]．西安：西安科技大学，2020.

[62] Zhu, F, Hsu, DK, Burmeister-Lamp, K & Fan, SX 2018, 'An Investigation of Entrepreneurs' Venture Persistence Decision: The Contingency Effect of Psychological Ownership and Adversity', Applied Psychology, vol. 67, no. 1, pp. 136-170.

[63] 年娜娜．企业社会责任对财务绩效影响研究——以食品药品业上市公司为例 [J]．价值工程，2019，38 (3)：68-70.

[64] 孟庆莹．新能源上市公司履行社会责任对财务绩效的影响研究 [D]．北京：中国石油大学，2019.

[65] 张苇．中国互联网上市公司履行企业社会责任对财务绩效的影响研究 [D]．西安：长安大学，2019.

[66] 王雅彬，吕文蓉．煤炭企业社会责任履行对企业财务绩效的影响研究 [J]．现代商贸工业，2018，39 (18)：123-125. 1672-3198.

[67] 张桠楠．企业社会责任与财务绩效关系研究 [J]．中国集体经济，2018 (5)：34-35.

[68] 姚乔茜．从利益相关者角度分析 CSR 与财务绩效的关系 [J]．会

计之友，2017（19）：93－98.

［69］彭小珈，李继志，周发明．社会责任与财务绩效关系研究——以沪深食品制造业上市公司为例［J］．财会月刊，2016（26）：63－66.2016.26.012.

［70］邵翠丽．企业社会责任对财务绩效的影响研究——以造纸业上市公司为例［J］．会计之友，2016（24）：75－79.

［71］薛力．我国上市公司企业社会责任发展研究——以宝新能源公司为例［J］．中国管理信息化，2014，17（16）：64－67.

［72］Haifeng Zhang，Zhuo Zhang，Adrian Tan，Ekaterina Steklova. Quantity，Quality，and Performance of Corporate Social Responsibility Information Disclosure by Listed Enterprises in China：A Regional Perspective［J］．International Journal of Environmental Research and Public Health，2020，17（7）.

［73］Anmar Adnan Khudhair，Norlia Mat Norwani，Azam Abdel Hakeem Khalid Ahmed，Talal Mohammed Aljajawy. The Relationship between Corporate Social Responsibility and Financial Performance of Iraqi Corporations：A Literature Review［J］．Journal of Modern Accounting and Auditing，2019，15（1）.

［74］Daniel Reimsbach，Geert Braam，Zhi Wang. Political embeddedness and the diffusion of corporate social responsibility practices in China：A trade－off between financial and CSR performance［J］．Journal of Cleaner Production，2018，198：1185－1197.

［75］Yosefa Sayekti. Strategic Corporate Social Responsibility（CSR），Company Financial Perforance，and Earning Response Coefficient：Empirical Evidence On Indonesian Listed Companies［J］．Procedia－Social and Behavioral Sciences，2015，211：411－420.

［76］Andreas Ziegler. The Effect of Corporate Social Responsibility on Performance：New Evidence for the USA and Europe［J］．Quantitative Finance，2014（9）：977－991.

［77］Su，S，Zhu，F & Zhou，H 2022，‘A systematic literature review on ownership and corporate social responsibility in family firms’，Sustainability，vol. 14，no. 13，7817.

[78] 苏琦. 企业社会责任研究——以中国民营企业为例 [M]. 北京: 中国书籍出版社, 2013.

[79] Wang, Renyang, Qingsong He, Lu Zhang, and Huiying Wang. "Coupling Cellular Automata and a Genetic Algorithm to Generate a Vibrant Urban Form—A Case Study of Wuhan, China." International Journal of Environmental Research and Public Health 18. 21 (2021): 11013.

[80] 贾生华, 陈宏辉. 利益相关者的界定方法述评 [J]. 外国经济与管理, 2002 (5): 13-18.

[81] Wang, Renyang, Weishan He, Dang Wu, Lu Zhang, and Yujia Li. "Urban Land Expansion Simulation considering the Diffusional and Aggregated Growth Simultaneously: A Case Study of Luoyang City." Sustainability (Basel, Switzerland) 13. 17 (2021): 9781.

[82] 张玲丽. 基于利益相关者理论的企业社会责任评价指标构建 [J]. 现代经济 (现代物业下半月刊), 2008 (5): 64-66.

[83] 尧新瑜. "伦理" 与 "道德" 概念的三重比较义 [J]. 伦理学研究, 2006 (4): 21-25.

[84] 苏琦, 宋丽红. 企业社会责任与财务绩效在中国: 基于元分析的检验 [A] //第六届 (2011) 中国管理学年会论文摘要集 [C]. 2011.

[85] 常凯. 公司的社会责任与劳动关系的法律调整 [J]. 中国人力资源开发, 2003 (2): 62-64.

[86] 李萍. 论企业责任向企业社会责任转化的限制条件 [J]. 玉溪师范学院学报, 2010, 26 (1): 3-7.

[87] 吕帅, 纪建悦, 刘晓丽. 利益相关者企业价值理论根源、内涵及研究思路探讨 [J]. 中国海洋大学学报 (社会科学版), 2008 (6): 92-94.

[88] 屈晓华. 企业社会责任演进与企业良性行为反应的互动研究 [J]. 管理现代化, 2003 (5): 13-16.

[89] 殷格非, 崔怡. 摆脱困惑与诱惑间的徘徊——寻求中国企业社会责任实施路径 [J]. WTO 经济导刊, 2005 (9): 34-38.

[90] 沈洪涛. 现代公司社会责任概念的发端——读 Bowen《商人的社会责任》[J]. 财务与会计, 2007 (18): 70-71.

[91] 高小玲，黎江. 企业成长理论的拓展模型：动态“能力—战略—绩效”范式 [J]. 生产力研究，2008 (19)：143 - 145，171.

[92] ESG 智享会直播课将邀请商道纵横总经理郭沛源博士解读 2022 年中国 CSR 十大趋势.

[93] 沈洪涛. 现代公司社会责任概念的发端——读 Bowen《商人的社会责任》[J]. 财务与会计，2007 (18)：70 - 71.

[94] 王世权，李凯. 企业社会责任解构：逻辑起点、概念模型与履约要义 [J]. 外国经济与管理，2009，31 (6)：25 - 31，51.

[95] 赵琼. 国外企业社会责任理论述评——企业与社会的关系视角 [J]. 广东社会科学，2007 (4)：172 - 177.

[96] 沈洪. 打假责任制有了“标准” [N]. 中国质量报，2005 - 08 - 30 (001).

[97] 贾生华，陈宏辉. 利益相关者的界定方法述评 [J]. 外国经济与管理，2002 (5)：13 - 18.

[98] 王怀明，宋涛. 我国上市公司社会责任与企业绩效的实证研究 [J]. 南京师大学报 (社会科学版)，2007.

[99] 陈玉清，马丽丽. 我国上市公司社会责任会计信息市场反应实证分析 [J]. 会计研究，2005 (11)：76 - 81.

[100] 李正. 企业社会责任信息披露研究 [D]. 厦门：厦门大学，2007.

[101] 杨熠，沈洪涛. 我国公司社会责任与财务业绩关系的实证研究 [J]. 暨南学报 (哲学社会科学版)，2008，30 (6)：60 - 68，151 - 152.

[102] 贺小刚，陆一婷. 公司社会责任与价值创造：基于社会调查的数据分析 [J]. 科学经济社会，2008 (3)：62 - 69.

[103] 陈煦江. 企业社会责任对企业价值的影响实证分析 [J]. 重庆工商大学学报 (西部论坛)，2009，19 (1)：98 - 104.

[104] 温素彬，方苑. 企业社会责任与财务绩效关系的实证研究——利益相关者视角的面板数据分析 [J]. 中国工业经济，2008 (10)：150 - 160.

[105] 姚海鑫，陆智强，李红玉. 企业社会责任对股东财富影响的实证研究 [J]. 东北大学学报 (社会科学版)，2007 (4)：315 - 320.

［106］朱金凤，杨秀强．我国企业社会责任报告解读与评析［J］．财会月刊，2008（14）：69－70.

［107］郑海东．企业社会责任行为表现：测量维度、影响因素及对企业绩效的影响［D］．杭州：浙江大学，2007.

［108］毛洪涛，张正勇．企业社会责任信息披露影响因素及经济后果研究述评［J］．科学决策，2009（8）：87－94.

［109］谢守祥，强薇．基于利益相关者的公司社会责任与公司业绩的关系研究——来自长三角地区中小企业的数据［J］．中国管理信息化，2009，12（14）：47－50.

［110］林巧，戴维奇．宁波民营企业社会责任实践现状研究：基于文本分析的方法［J］．商场现代化，2008（14）：93－95.

［111］李立清．企业社会责任评价理论与实证研究：以湖南省为例［J］．南方经济，2006（1）：105－118.

［112］黎友焕．企业社会责任研究［D］．西安：西北大学，2007.

［113］秦海霞．社会学视角：民营企业的社会责任与道德市场的形成［J］．现代营销（学苑版），2006（8）：24－26. DOI：10. 19932/j. cnki. 22－1256/f. 2006. 08. 007.

［114］杨靖云．企业社会责任、技术创新与财务绩效［D］．桂林：广西师范大学，2021.

［115］彭灿，李瑞雪，杨红，余鹏．动态及竞争环境下双元创新与企业可持续发展关系研究．［J］．科技进步与对策，2020（15）.

［116］魏佳思．企业社会责任与创新绩效研究［J］．武夷学院学报，2020，39（2）：79－84.

［117］李瑞雪，彭灿，杨晓娜．双元创新与企业可持续发展：短期财务绩效与长期竞争优势的中介作用［J］．科技进步与对策，2019（17）.

［118］刘秀华，张伟．商誉减值在个别报表和合并报表中的列示［J］．会计之友，2019（9）.

［119］顾群，王文文，郑杨．企业社会责任会影响创新吗？——基于研发异质性与产权性质视角［J］．贵州财经大学学报，2019（6）.

［120］邹非，朱庆华，王菁．基于多案例分析的中小企业社会责任实践

对绩效的影响 [J]. 科技与管理, 2019 (1): 96 - 103.

[121] 李岚. 战略导向、社会责任与服务创新绩效的关系研究 [J]. 经济经纬, 2018 (5).

[122] 唐文萍, 王爱群. 企业不同生命周期中资本运作柔性与"托宾Q"系数的关系研究 [J]. 统计与决策, 2018 (9).

[123] 龚晨, 毕克新. 低碳情境下制造企业社会责任对创新绩效的影响研究 [J]. 预测, 2018 (3): 25 - 27.

[124] 崔也光, 李博. 企业社会责任履行、R&D 投入与财务绩效——基于我国主板上市公司的经验证据 [J]. 贵州财经大学学报, 2018 (2): 60 - 69.

[125] 尹美群, 盛磊, 李文博. 高管激励、创新投入与公司绩效——基于内生性视角的分行业实证研究 [J]. 南开管理评论, 2018 (1).

[126] 刘海龙, 齐琪. 基于文献分析的企业社会责任创新研究模型构建 [J]. 财会月刊 (下), 2017 (8): 75 - 80.

[127] Mazzi, F., Slack, R., Tsalavoutas, I. & Tsoligkas, F. (2019a). Country - level corruption and accounting choice: Research & development capitalization under IFRS. The British Accounting Review, Vol. 51, no. 5, 100821, pp. 1 - 25.

[128] Mazzi, F, Slack, R, Tsalavoutas, I & Tsoligkas, F (2019b), The capitalisation debate: R&D expenditure, disclosure content and quantity and stakeholder views. ACCA research reports, ACCA.

[129] Ciftci, M. (2010). Accounting choice and earnings quality: The case of software development. European Accounting Review, 19, 429e459.

[130] Kothari, S. P., Laguerre, T., & Leone, A. (2002). Capitalization versus expensing: Evidence on the uncertainty of future earnings from capital expenditures versus R&D outlays. Review of Accounting Studies, 7, 355e382.

[131] Abrahams, T. and Sidhu, B. K. (1998). The role of R&D capitalizations in firm valuation and performance measurement. Australian Journal of Management, 23 (2), pp. 169 - 183.

[132] Lev, B. & Souginannis T. (1996). The capitalization, Amortion, and

Value Relevance of R&D. Journal of Accounting and Economics, (21): 107－138.

［133］骆南峰．企业社会责任测量与评价［M］．北京：经济管理出版社，2017.

［134］王晓光，肖红军．企业社会责任管理蓝皮书《中国上市公司环境、社会和治理研究报告（2020）》［M］．社会科学文献出版社.

［135］中共浙江省委党校．共同富裕看浙江［M］．杭州：浙江人民出版社，2021.

［136］厉以宁，黄奇帆，刘世锦，蔡昉，等．共同富裕：科学内涵与实现路径［M］．北京：中信出版社，2022.

［137］苏赛尔．宁波新生代企业家推动家族企业数字化转型研究［J］．宁波经济（三江论坛），2022（1）：3－5＋13.

［138］黄群慧，钟宏武，张蒽．企业社会责任管理蓝皮书《中国企业社会责任研究报告（2021）履行社会责任，促进共同富裕》．北京：社会科学文献出版社，2021.

［139］黄群慧，钟宏武，张蒽．企业社会责任管理蓝皮书《中国企业社会责任研究报告（2020）强化责任担当，决胜全面小康》北京：社会科学文献出版社，2020.

［140］程晨，李宛蓉，袁媛．家族企业的文化传承：起源对社会责任履行的影响研究［J/OL］．管理评论：1－13［2022－09－08］．DOI：10.14120/j.cnki.cn11－5057/f.20211207.002.

［141］程晨，李宛蓉．家族企业代际传承对企业社会责任的影响［J］．财会月刊，2019（24）：45－56.

［142］祝振铎，李新春，赵勇．父子共治与创新决策——中国家族企业代际传承中的父爱主义与深谋远虑效应［J］．管理世界，2021，37（9）：191－206，232，207.

［143］陈灿君，许长新．代际差异与企业社会责任的关系研究［J］．当代经济科学，2021，43（6）：112－123.

［144］黄钧瑶，吴炯．家族企业跨代创业研究综述及展望［J］．财会月刊，2021（23）：113－118.

［145］叶艳，李孔岳，胡桂梅．家族企业社会责任的选择性参与［J］.

北京理工大学学报（社会科学版），2019，21（3）：76－85.

［146］周念华，余明阳，辛杰．感知的企业社会责任对员工创新行为作用机制的实证研究［J］．研究与发展管理，2021，33（6）：111－123.

［147］陈灿君，许长新．“渐进”还是“激进”？家族涉入视角下企业社会责任与双元创新行为［J］．科技进步与对策，2021，38（15）：90－99.

［148］张新，刘德胜，张玉明．积极还是消极：小微企业社会责任与开放式创新［J］．科学学研究，2019，37（6）：1112－1121.

［149］Luo，Xueming，and Shuili Du. “Exploring the Relationship between Corporate Social Responsibility and Firm Innovation.” Marketing Letters 26. 4 (2015)：703－14. Web.

［150］McWilliams，Abagail，and Donald Siegel. “Corporate Social Responsibility and Financial Performance：Correlation or Misspecification?” Strategic Management Journal 21. 5（2000）：603－09. Web.

［151］Luetkenhorst，Wilfried. “Corporate Social Responsibility and the Development Agenda.” Inter Economics 39. 3（2004）：157－66. Web.

［152］Ubius，Ulle，and Ruth Alas. “The Impact of Corporate Social Responsibility on the Innovation Climate.” Inz inerine˙ Ekonomika 23. 3（2012）：310－18. Web. Rexhepi，Gadaf.

［153］Selma Kurtishi，and Gjilnaipe Bexheti. “Corporate Social Responsibility（CSR）and Innovation－The Drivers of Business Growth?” Procedia，Social and Behavioral Sciences 75（2013）：532－41. Web.

［154］Flammer，Caroline，and Aleksandra Kacperczyk. “The Impact of Stakeholder Orientation on Innovation：Evidence from a Natural Experiment.” Management Science 62. 7（2016）：1982－2001. Web.

［155］Romijn，Henny，and Manuel Albaladejo. “Determinants of Innovation Capability in Small Electronics and Software Firms in Southeast England.” Research Policy 31. 7（2002）：1053－067. Web.

［156］Saim Kashmiri，and Vijay Mahajan. “What's in a Name?：An Analysis of the Strategic Behavior of Family Firms.” International Journal of Research in Marketing 27. 3（2010）：271. Web.

[157] 李艳双，石玉莲，刘润润，等. 上市家族企业文化与绩效关系实证研究 [J]. 商业经济研究，2015 (18): 100 - 101.

[158] 李梅，石晓婷. 家族企业关系契约治理、企业财务绩效与企业社会责任——基于 A 股上市家族企业的实证研究 [J]. 西安财经学院学报，2014，27 (1): 62 - 66.

[159] 周立新，黄洁. 家族企业社会责任与企业绩效：内部能力与外部关系的调节效应 [J]. 商业经济与管理，2012 (5): 5 - 15.

[160] 马丽波，张健敏，吕云杰. 社会责任与家族企业生命周期 [J]. 财经问题研究，2009 (3): 56 - 63.

[161] Niehm, Linda S., Jane Swinney, and Nancy J. Miller. "Community Social Responsibility and Its Consequences for Family Business Performance." Journal of Small Business Management 46.3 (2008): 331 - 50. Web.

[162] O'Boyle, Ernest H., Matthew W. Rutherford, and Jeffrey M. Pollack. "Examining the Relation Between Ethical Focus and Financial Performance in Family Firms: An Exploratory Study." Family Business Review 23.4 (2010): 310 - 26. Web.

[163] Besser, Terry L, and Nancy Miller. "Is the Good Corporation Dead? the Community Social Responsibility of Small Business Operators." The Journal of Socio - economics 30.3 (2001): 221 - 41. Web.

[164] 马丽波，张健敏，吕云杰. 社会责任与家族企业生命周期 [J]. 财经问题研究，2009 (3): 56 - 63.

[165] 代吉林，李新春. 家族逻辑、企业逻辑与家族企业成长——S 公司案例研究 [J]. 管理学报，2012，9 (6): 809 - 817.

[166] Swartz, Stephen. "The Challenges of Multidisciplinary Consulting to Family - Owned Businesses." Family Business Review 2.4 (1989): 329 - 31. Web.

[167] Kepner, Elaine. "The Family and the Firm: A Coevolutionary Perspective." Organizational Dynamics 12.1 (1983): 57 - 70. Web.

[168] 王正军，谢晓. 企业社会责任履行、研发投入与财务绩效——基于内外部利益相关者视角 [J]. 财会通讯，2020 (7): 51 - 55.

[169] 汪婷. 新能源汽车上市公司社会责任、政府补助与企业绩效研究

[D]. 成都：西华大学，2020.

[170] 苏赛尔. 切实履行企业社会责任 助力共同富裕先行市建设 [N]. 宁波日报，2021-12-02 (008).

[171] 张国庆，吴有家. 企业社会责任与中国市场经济前景 [M]. 北京：北京大学出版社，2009.

[172] 罗布·范图尔德. 在动荡时代的企业责任——21 世纪面临的挑战.